W0208544

JEAN-DOMINIQUE MERCHET

Journaliste au quotidien *L'Opinion* comme correspondant Défense et Diplomatie. Il a été journaliste à *Libération* durant vingt ans. Versaillais et Franc-Comtois, il pratique la course à pied. Spécialiste des questions militaires, ancien de l'Institut des hautes études de Défense nationale (IHEDN), il a publié plusieurs ouvrages sur ce thème, dont *Une histoire des forces spéciales* (Éditions Jacob-Duvernet, 2010). Dernier ouvrage paru : *Macron-Bonaparte* (Stock, 2017).

ARTHUR NAZARET

Journaliste politique au *Journal du dimanche*. Il couvre ce secteur depuis maintenant trois présidentielles. Il a collaboré à plusieurs reprises à la revue *Charles*. Il est l'auteur d'*Une histoire de l'écologie politique* (La Tengo, 2019).

OLIVIER PÉROU

Journaliste au service politique de *L'Express*, Il a fait ses armes au *Point* pendant sept ans. Il a collaboré au quotidien breton *Le Télégramme* et au *Mensuel de Rennes*. Il a suivi la campagne de François Fillon lors de l'élection présidentielle de 2017, puis le quinquennat d'Emmanuel Macron. Éditorialiste de *Dimanche en politique* sur France 3, il est l'auteur de grands reportages en France et à l'étranger. Il s'intéresse de près aux clivages qui traversent la société, notamment autour des mutations écologiques. Il est également photographe.

TIMOTHÉE DE RAUGLAUDRE

Journaliste pour *Témoignage chrétien* et *Le Monde diplomatique*. Il est également l'auteur, avec Jean-Loup Adénor, de *Dieu est amour* (Flammarion, 2019), finaliste du prix Albert-Londres du livre en 2020, et du *Nouveau Péril sectaire* (Robert Laffont, 2021).

SAVERIA ROJEK

Journaliste politique et écrivaine. Après avoir longtemps été l'un des visages de la chaîne Public Sénat, elle collabore aujourd'hui notamment à France Info ainsi qu'à LCI. Elle est l'auteure de plusieurs ouvrages, dont *Impitoyable* (Stock, 2020), un document sur la bataille des élections municipales à Paris. Elle suit le parcours d'Emmanuel Macron depuis ses débuts en politique.

DAVID ROUSSET

D'abord pigiste, il est, depuis 2010, journaliste spécialisé dans le domaine économique et social. En complément, à ses heures perdues, il opère parfois quelques détours du côté de l'enquête et de la politique. Il privilégie les faits et l'analyse au détriment des éléments de langage et du storytelling. Sa boussole ? Les bonnes sources font les bons papiers.

FRANÇOIS SALAÜN

Athlète complet, il consacre l'essentiel de son temps libre à arpenter les forêts berrichonnes et à jouer au foot dans un gymnase. On ne s'étonnera donc pas qu'il soit l'auteur du *Guide de l'échec sentimental* (JC Lattès, 2020), fruit de vingt ans d'une enquête approfondie et néanmoins toujours en cours.

BOUALEM SANSAL

Écrivain algérien né en 1949. Après des études d'ingénieur et d'économie, il mène une carrière professionnelle qui se partage entre activités universitaires et activités de gestion dans des entreprises et des administrations. En 1996, en pleine guerre civile dans son pays, il se lance dans l'écriture romanesque et, en 1999, publie chez Gallimard un premier roman, *Le Serment des barbares*. Il a publié depuis plusieurs romans et essais dont *Le Village de l'Allemand* et *2084. La fin du monde*, Grand Prix du roman de l'Académie française (Gallimard, respectivement 2008 et 2015). Boualem Sansal vit en Algérie, à Boumerdès, près d'Alger.

CHARLES SAPIN

Journaliste politique au *Figaro*, en charge de la couverture de la droite nationaliste depuis le début du quinquennat d'Emmanuel Macron. Avec François-Xavier Bourmaud, il a publié *Macron-Le Pen : le tango des fossoyeurs* (L'Archipel, 2021). Formé au sein de la rédaction du quotidien *L'Opinion* après des études de droit, il a également travaillé pour le journal *Le Parisien* lors de la dernière présidentielle et pour la chaîne d'information CNews.

NATHALIE SEGAUNES

Journaliste à *L'Opinion*. De la conquête de la mairie de Paris par la gauche en 2001 à celle de la présidence de la République par Emmanuel Macron en 2017, elle suit la vie politique française depuis plus de vingt ans. Pour ce numéro, elle s'est plongée dans l'univers cryptique des levées de fonds pour les campagnes présidentielles.

VINCENT TRÉMOLET DE VILLERS

Directeur adjoint de la rédaction du *Figaro* en charge des pages Politique, Société, Débats-Opinion et du FigaroVox. Chroniqueur dans l'émission *28 minutes* sur Arte, il intervient régulièrement sur Europe 1 et LCI. Il a dirigé l'ouvrage collectif *Éloge de la politique* (Tallandier, 2020). Il est président du prix Aujourd'hui.

HUBERT VAN RIE

Diplômé des Arts Décoratifs de Paris, il travaille dans l'édition jeunesse comme directeur artistique. Il exerce en parallèle une activité d'illustrateur. Depuis les élections présidentielles de 2007, il se promène en observateur de meeting en meeting, de gauche à droite, un crayon, un appareil photo ou une caméra à la main.

Illustrations

FABIEN GILBERT

AURÉLIEN GODIN

BENOÎT GUILLAUME

LUCIEN GURBERT

LULU LA NANTAISE

BRUNO MANGYOKU

FANNY MONIER

Photoreportages

SOFIANE BOUKHARI

NICOLAS MELEMIS

PHILIPPE DE POULPIQUET

Au sommaire

RÉCIT

P. 6 – Mélenchon et la colère des dieux
par Charles Sapin

CARNETS SECRETS

P. 12 – Houellebecq, prophète en son pays
par Vincent Trémolet de Villers

LA MARQUE POLITIQUE

P. 24 – Extrême droite, la contagion du cool
par Raphaël Llorca

ENQUÊTE

P. 30 – Les rappeurs dans le viseur
par Paul Deutschmann

DÉCRYPTAGE

P. 42 – Crash de Com'
par Olivier Pérou

CARNETS SECRETS

P. 44 – Le maréchal Macron et les ombres de l'armée
par Jean-Dominique Merchet

DERRIÈRE LA SCÈNE

P. 52 – Roussel et Mulliez vont à la cantine
par Bérengère Bonte

GOUROU

P. 58 – Marion Maréchal, torpeur et tiraillements
par Louis Hausalter

CASH

P. 66 – Codes secrets et levées de fonds
par Nathalie Segaunes

UNE HISTOIRE FRANÇAISE

P. 72 – La présidence, accident politique et anomalie républicaine (1848-1914)
par Johann Chapoutot

LA FABRIQUE DE L'INFO

P. 76 – *Valeurs actuelles*, entre trois eaux
par Alexandre Duyck

ENQUÊTE

P. 84 – Valérie Pécresse, quitte ou double
par Saveria Rojek

COSMOLOGIE

P. 88 – La galaxie Pécresse
par Olivier Pérou

LIEU DE POUVOIR

P. 90 – La Rotonde
par Sylvie Bommel

DERRIÈRE L'ÉCRAN

P. 100 – La tyrannie du like
par Céline Cabourg

MILITANTS

P. 106 – La fin des heures de colle ?
par Arthur Nazaret

REPORTAGE

P. 112 – Jean Lassalle, droit dans ses bottes
par Ava Djamshidi

RÉCIT LITTÉRAIRE

P. 120 – Vues d'Alger
par Boualem Sansal

OPINIONS

P. 134 – Peut-on prévoir le résultat de l'élection ?
par David Rousset

REPORTAGE

P. 144 – Zemmour et les encombrants barons du Midi
par Paul Conge

RÉSEAUX

P. 152 – Le président qui n'aimait pas les francs-maçons
par Clément Fayol

LE JOUR D'APRÈS

P. 156 – Bertrand, le crash du « petit Chose »
par Olivier Beaumont

2027

P. 164 – Hugo Clément, président !?
par Cyril Lacarrière

AFFAIRE DE FAMILLE

P. 170 – Thierry Jadot, le frère business
par Timothée de Rauglaudre

SUR LE DIVAN

P. 174 – La haine (de soi) au programme
par Yann Diener

HÉRITAGE

P. 180 – Olivier Marchais, au nom du père
par Denis Demonpion

REPORTAGE

P. 182 – Sois jeune et abstiens-toi !
par Arthur Frayer-Laleix

ÉLECTEUR TYPE

P. 192 – Qu'est-ce qu'un identitaire ?
par François Salaün et Lulu la Nantaise

MACHINE À BULLES

P. 194 – Meetings en BD
par Hubert Van Rie

RÉCIT

P. 200 – Je voudrais tant tenir
par François-Xavier Ménage

LA FABRIQUE DE L'INFO

P. 208 – Hanouna électrise le débat
par Tugdual Denis

Mélenchon et la colère des dieux

Hier laïc et franc-maçon, le leader de La France insoumise a évolué sur les questions de religion, notamment en raison de l'opprobre dont les musulmans sont, selon lui, couverts. Itinéraire d'un ancien enfant de chœur à la spiritualité tourmentée.

PAR
Charles Sapin

C'est une énigme qui aura intrigué plus d'un compagnon de route de Jean-Luc Mélenchon. Que peut-il bien rester de ses pieuses années chez le leader de la gauche radicale ? Celles passées entre le Maroc et le Jura, en soutanelle et surplis, à servir la messe en latin comme c'était alors l'usage. « C'est vrai qu'en définitive, Jean-Luc aura passé plus de temps comme enfant de chœur que dans les rangs de l'Organisation communiste internationale », s'amuse son ami de plus de trente ans, Bernard Pignerol. Lors de leurs déjeuners réguliers, il n'est pas rare que s'invitent au menu, sous les yeux écarquillés de leurs convives, considérations liturgiques et débats théologiques sur les écrits, entre autres, du prêtre et philosophe Pierre Teilhard de Chardin...

Les deux compères partagent la même éducation catholique. Jean-Luc Mélenchon la doit à l'influence d'une mère très pratiquante. Bernard Pignerol, à quatorze années passées sur les bancs d'un établissement jésuite. Un parcours commun qui permet au confident de comprendre, mieux qu'aucun autre, le parcours de son aîné devenu chef de file de La France insoumise (LFI). Et d'expliquer comment s'est installée peu à peu une méfiance certaine envers les religions. Au point de faire sienne une « laïcité de combat », élément cardinal de la future identité politique de Jean-Luc Mélenchon.

Le catho « laïcard »

Mais qu'a-t-il bien pu se passer pour qu'à la veille de sa troisième candidature présidentielle, Jean-Luc le « laïcard » se voie désormais dépeint en Mélenchon l'« islamo-gauchiste » ? Comment celui qui, à gauche, a longtemps été le plus prompt à dénoncer toute collusion politique

Page précédente : Meeting de Jean-Luc Mélenchon. Paris, décembre 2021.

Photo de Quentin Veuillet. © Quentin Veuillet / ABACA

avec quelque église que ce soit peut aujourd'hui être pointé, y compris par nombre de ses anciens lieutenants, comme ayant abandonné le combat matérialiste pour se faire le complice objectif du « communautarisme » ? Sur le sujet, Jean-Luc Mélenchon n'a pas répondu à nos sollicitations. Tout comme plusieurs élus de La France insoumise. Bernard Pignerol lui-même se fait plus elliptique sur la question : « Ce n'est pas Jean-Luc qui a changé. Mais le monde autour ! » Un constat que le philosophe Henri Peña-Ruiz, celui que le leader de La France insoumise qualifiait lui-même de « pape » de la laïcité avant qu'ils ne se brouillent en 2019, balaie : « Il n'y a qu'à reprendre ses déclarations après l'attentat contre Charlie Hebdo et les comparer aux propos qu'il a tenus depuis sa participation à la marche contre l'islamophobie. Il est certain qu'il y a là un retournement... »
Retour à la fin des années 1970. « L'identité laïque et républicaine de Jean-Luc Mélenchon était incroyablement forte à l'époque, c'était quelque chose de beaucoup plus ancré que chez ses camarades trotskistes », se souvient le socialiste Gilles Casanova, qui a vu le jeune lambertiste toquer à la porte puis prendre la carte du parti à la rose. « Il était sur la ligne selon laquelle il y a toujours des forces voulant remettre en cause la laïcité, qu'il faut toujours se tenir sur la brèche pour la défendre », ajoute-t-il. Après s'être détourné des voix spirituelles maternelles, l'athéisme de Jean-Luc Mélenchon le pousse à intégrer la franc-maçonnerie dans les années 1980. Et de reprendre ainsi le tablier paternel dans une loge du Grand Orient de France. « Il a longtemps porté une étoile à cinq branches au revers de sa veste, sourit encore un ancien lieutenant. Il la faisait passer pour un symbole révolutionnaire, celui du Parti des travailleurs brésilien mais c'était l'étoile flamboyante. Celle des compagnons... »
Au sein de la franc-maçonnerie, le futur « Maître » pousse toujours un même cheval de bataille : la laïcité. Au point de reprocher à ses « frères » de ne pas davantage porter le fer contre le mouvement de l'École libre lors des débats sur la loi Savary en 1984. Ou de signer un livret maçonnique considéré alors comme « l'expression la plus aboutie du Grand Orient sur la laïcité », témoigne un initié. Le texte sera finalement publié pour le grand public sous le titre *Laïcité. Réplique au discours de Nicolas Sarkozy, chanoine de Latran* [1] en 2008, à l'occasion du discours de Nicolas Sarkozy acceptant le titre honorifique accordé par le Vatican à tous les chefs de l'État français depuis Henri IV. Jean-Luc Mélenchon est alors loin d'imaginer que plus d'une dizaine d'années plus tard, en 2020, il sera poussé à la démission de la franc-maçonnerie par ses pairs. En raison notamment de sa « régression » sur le plan de la « laïcité républicaine », comme le déplorera Georges Sérignac, actuel Grand Maître du Grand Orient de France. « Jean-Luc était là-bas poursuivi par un petit groupe lié au Conseil représentatif des institutions juives de France (CRIF), défend Bernard Pignerol, lui-même initié à la franc-maçonnerie par Mélenchon. Ces gens-là confondent antisionisme et antisémitisme... »

« Belphégor ! »

Lieutenant historique de Jean-Luc Mélenchon et cofondatrice à ses côtés du Parti de gauche, Hélène Franco se souvient, elle aussi, de cette époque où son mentor jurait que, lui, président, « jamais il n'irait à une manifestation religieuse quelle qu'elle soit, ni les membres de son gouvernement, enterrements exceptés ». Elle s'étonne de le voir aujourd'hui signer un communiqué de soutien à la grande mosquée de Paris, après que celle-ci n'a pas été conviée à la cérémonie du 11-Novembre. Quant à son évolution sémantique sur le voile, l'ancienne magistrate en rupture de ban avoue ne pas en revenir... En 2020, alors qu'une jeune étudiante syndicaliste prend la parole voilée dans le saint des saints républicain, l'Assemblée nationale, le chef du groupe La France insoumise au palais Bourbon ne trouvera rien à redire sinon qu'« elle n'a enfreint aucune loi [...]. Il n'y a pas de police du vêtement ».
Un tout autre ton que celui qu'il affectionnait encore en 2010, dans les colonnes de l'hebdomadaire Marianne notamment : « Qu'est-ce que porter le voile, si ce n'est s'infliger un stigmate ? Ils se stigmatisent eux-mêmes et se plaignent ensuite de la stigmatisation dont ils se sentent victimes. » Il est arrivé à l'homme de se montrer plus virulent en privé. Plusieurs militants socialistes se souviennent de l'avoir vu prendre à partie une femme voilée sur le port de la Rochelle en marge de l'université d'été du PS en 2005 : « Belphégor ! » aurait-il lancé. « En revenant de Lyon en 2012, Jean-Luc Mélenchon m'a

1 – Éditions Bruno Leprince.

raconté dans le train avoir interpellé une femme voilée pour la faire réagir. De lui avoir demandé de baisser les yeux puisqu'elle s'habillait comme une femme soumise », témoigne un autre lieutenant insoumis ayant depuis pris du champ, lui aussi. « Pour lui, le voile, c'était un instrument du patriarcat musulman qu'il fallait combattre », abonde son ancien conseiller d'alors, Georges Kuzmanovic.

La bascule a lieu en 2019, à l'été, lors des « Amfis » – l'université d'été du mouvement insoumis à Toulouse. Jean-Luc Mélenchon refuse de s'impliquer lorsque de jeunes militants et cadres insoumis lynchent, sur les réseaux sociaux, son ami Henri Peña-Ruiz. Le philosophe, auteur de plusieurs ouvrages sur la laïcité, est coupable d'avoir soutenu lors d'une conférence qu'on a le « droit d'être islamophobe ». La phrase, isolée sur Twitter, est réductrice de son propos. Qu'importe. Le voilà taxé de racisme. Sans que son vieux camarade bronche. Un signe annonciateur de ce qui va se dérouler deux mois plus tard et conduire au divorce définitif entre les deux hommes. Le 10 novembre de la même année, Jean-Luc Mélenchon participe dans les rues de Paris à une marche contre l'islamophobie, avec diverses organisations proches de l'islam politique et des Frères musulmans, dont le Collectif contre l'islamophobie en France (CCIF) – dissous depuis par le ministère de l'Intérieur. Et ce, après avoir personnellement signé leur appel publié dans le quotidien *Libération* avec le paraphe « Jean-Luc Mélenchon et l'ensemble du groupe parlementaire La France insoumise ».

Le texte en lui-même est une rupture. Sous-tendant un racisme d'État, il pointe des « projets ou des lois liberticides » contre les musulmans. S'ils ne l'ont pas précisé dans l'appel, les organisateurs de la manifestation reconnaissent volontiers cibler deux textes « racistes » : la loi de 2004 sur les signes religieux à l'école et celle de 2010 interdisant la dissimulation du visage dans l'espace public… « Et pourquoi pas la loi de 1905, tant qu'ils y sont ! Comment des élus LFI ont-ils pu signer ce texte ? » ne décolère pas Hélène Franco, tout comme nombre de ses camarades. « Dans le programme sur la laïcité, rien n'a bougé entre 2017 et aujourd'hui, oppose l'essayiste et référent LFI sur la laïcité Benoît Schneckenburger. On pose les problèmes de laïcité comme s'il y avait un problème exclusif avec l'islam. Ça déforme tout. Nous, on ne touche pas à la loi de 1905. La laïcité, c'est la liberté de conscience et la garantie d'exercice des cultes. » En interne, Jean-Luc Mélenchon répète son attachement à l'interdiction du voile en classe jusqu'au collège. « On était juste après la loi Asile et Immigration, pour moi, c'est cette loi-là qui était visée », plaide à ses côtés le député insoumis de Seine-Saint-Denis Éric Coquerel. Ancien du Parti de gauche passé par les rangs chevènementistes, l'élu assume avoir eu un rôle prépondérant dans la participation de La France insoumise et de son chef à la manifestation contre l'islamophobie.

Entre laïcité et antiracisme

« On a évolué ensemble, avec Jean-Luc, sur ces questions. On se parle entre nous. On se fait confiance, livre Éric Coquerel. Après l'attaque de la mosquée de Bayonne, il n'y a eu aucune autre mobilisation à gauche. Et puis, à un moment, il faut se poser la question : qu'est-ce qui monte dans ce pays, sinon le racisme antimusulman ? Est-ce que le plus grand danger imminent, c'est l'installation d'un État islamique en France ? Ou est-ce que c'est la montée de l'extrême droite qui progresse en discriminant les musulmans ? Moi, je pense que c'est la deuxième. » Entre laïcité et ce nouvel « antiracisme », le député dessine une nouvelle hiérarchisation des luttes, entérinée par Jean-Luc Mélenchon lui-même.

Les raisons de ce virage sont multiples. La première, évidente, selon plusieurs Insoumis ayant quitté le navire, est à chercher parmi ces 600 000 voix qui ont manqué au candidat malheureux de 2017 pour atteindre le second tour : « La rupture se construit là, assure François Cocq,

Une petite musique se fait alors très vite entendre dans le premier cercle autour du candidat. C'est en banlieue que les voix ont manqué.

ancien compagnon de route un temps chargé du programme "laïcité" au sein du Parti de gauche. Mélenchon a vraiment cru qu'il y serait jusqu'à ce que les résultats s'affichent à l'écran. » Une petite musique se fait alors très vite entendre dans le premier cercle autour du candidat. C'est en banlieue que les voix ont manqué. « J'étais dans des circonscriptions populaires qui ne sont pas blanches de peau, assume Éric Coquerel. J'y ai vu une, puis deux, puis trois, quatre personnes me dire : "Je voulais voter pour vous mais je ne m'étais pas inscrit ou je me suis abstenu." Ils regrettaient ça. Ils ne se seraient pas abstenus, on passait ! »

Si, pour le député insoumis, « ce n'est évidemment pas parce que vous allez à la mosquée que votre vote va être entièrement conditionné par ça », exprimer une « solidarité » envers les musulmans des banlieues permet de « se tourner vers des classes populaires qui souffrent d'inégalités ». Une stratégie qui a fini de faire se décrocher l'aile dite « républicaine » du mouvement : « C'est de l'assignation à résidence spirituelle, gronde François Cocq, aujourd'hui soutien d'Arnaud Montebourg. Soit exactement ce qu'ils s'interdisaient de faire et condamnaient jusque-là. Ils sont dans une logique électoraliste. » Depuis ses bureaux de la rue de Rivoli, l'ancien chef de l'État, François Hollande lui-même, commente pour ses visiteurs ce qu'il analyse comme une dérive à la gauche de l'échiquier : « Mélenchon a deux cerveaux. Un cerveau socialiste, républicain et laïc, qui a correspondu à une partie de sa vie. Et l'autre, qui lui dit maintenant de coller au peuple, perçu comme une addition : les Gilets jaunes, ceux qui sont pour la sortie du nucléaire, les femmes, les musulmans... Il est pour l'addition des forces électorales. Sauf qu'il en a perdu ce qui, en 2017, faisait qu'il était réconciliateur : sa dimension républicaine. »

Un autre argument, plus politicien, a pu contraindre Jean-Luc Mélenchon à de nombreuses concessions sur ce qui était jusque-là son identité politique : la pérennité de son groupe parlementaire. Au soir du second tour des élections législatives de 2017, le chef des Insoumis est élu pour la première fois à l'Assemblée nationale. À ses côtés font leur entrée seize députés. Parmi eux, cinq sont élus en Seine-Saint-Denis. « Ce n'est pas rien. Forcément, ce n'est pas la même sociologie que l'Ariège. Ça influe », souffle un ancien responsable du parti. Outre Éric Coquerel figure parmi les députés insoumis Clémentine Autain, membre du mouvement Ensemble ! et chantre d'une ligne davantage multiculturaliste. Danièle Obono, élue de Paris, fera rapidement parler d'elle. En refusant de reconnaître la « radicalisation » d'un chauffeur de bus ayant refusé de serrer la main d'une femme, par exemple, ou en qualifiant de « camarade » la porte-parole des Indigènes de la République, Houria Bouteldja, connue pour percevoir derrière la laïcité un « racisme d'État ». « Depuis le passage du Parti de gauche à La France insoumise, il y a forcément d'autres sensibilités qui s'expriment, notamment sur la laïcité, reconnaît l'essayiste et militant Benoît Schneckenburger. Jean-Luc essaie de tenir un mouvement, pas une autocratie. S'il y a un rapport de force, évidemment qu'il en tient compte. » Des rapports de force qui n'ont jamais conduit, depuis le début de la mandature, à des menaces de démissions au sein du groupe parlementaire, jurent plusieurs élus LFI. « Ils n'en ont pas eu besoin, souffle Georges Kuzmanovic. Il suffisait à Clémentine Autain de surjouer sa proximité avec la députée communiste Elsa Faucillon pour que la menace d'une bascule plane. Que quelqu'un quitte le navire avec elle et c'en était fini du groupe insoumis. » Quinze députés sont en effet nécessaires pour constituer un groupe. Et profiter ainsi des moyens et du temps de parole dans l'hémicycle qu'il procure. « La question centrale reste comment quelqu'un comme Jean-Luc Mélenchon, avec une telle culture, laisse ainsi faire le remplacement de la lutte des classes par la lutte des races », lâche l'un de ses anciens amis du Parti socialiste.

Le politologue Jérôme Sainte-Marie, qui connaît bien Jean-Luc Mélenchon pour l'avoir côtoyé de longues années, avance quant à lui une ultime piste d'explication à ce basculement. Sans infirmer toutes les autres : « Il existe une vieille doctrine trotskiste selon laquelle il est bon de construire de manière discursive. Toute concession est bonne si elle sert la Révolution. » Dans *Contre le fascisme* (1922), Léon Trotski signait ainsi : « Les communistes doivent être prêts à conclure un accord pratique avec le diable et sa grand-mère. » L'ancien enfant de chœur aurait dû se douter qu'il risquait d'y laisser son âme. ■

Entretien entre Jean-Luc Mélenchon et Jean-Jacques Bourdin sur RMC-BFMTV. Paris, octobre 2021.

Photo d'Alain Apaydin.

« Mélenchon a deux cerveaux. Un cerveau socialiste, républicain et laïc, qui a correspondu à une partie de sa vie. Et l'autre, qui lui dit maintenant de coller au peuple, perçu comme une addition : les Gilets jaunes, ceux qui sont pour la sortie du nucléaire, les femmes, les musulmans... »

FRANÇOIS HOLLANDE

CARNETS SECRETS

HOUELLEBECQ, PROPHÈTE EN SON PAYS

PAR

Vincent
Trémolet de Villers

Le plus grand écrivain français vivant décrit livre après livre, sans filtre réhausseur de couleurs, les lignes de faiblesse du monde occidental. Sans jamais les ménager, cet ethnologue de nous-mêmes attire fatalement à lui tous les politiques. Rencontre en toute intimité avec un auteur incontournable.

PARFOIS, IL INSTALLE UN SILENCE PUIS REPREND LE FIL. LES VERRES SE VIDENT, LA FUMÉE DU TABAC FLOTTE, ET L'ANECDOTE SE MÊLE À LA LITTÉRATURE, PETITS POTINS ET VUES PROFONDES.

Page précédente : Michel Houellebecq parle à la presse au restaurant Drouant. Paris, novembre 2011.

Photo de Stéphane Lemouton.

Au loin, les neiges éternelles ? Dans la géographie du pouvoir, entre les terres prospères de la banque, les chemins sinueux des médias et les contreforts robustes des grands corps s'élèvent les cimes impérieuses de la littérature. À en croire son épouse, deux romans de jeunesse d'Emmanuel Macron dorment dans une chemise. Stendhal et Gide sont sur la photo officielle du chef de l'État ; Nicolas Sarkozy, dans son dernier ouvrage [1], s'incline devant le génie de Balzac ; Éric Zemmour a lancé son aventure politique à l'ombre de Lucien de Rubempré ; Mélenchon prend appui dès qu'il le peut sur les rangées de livres qui composent sa gigantesque bibliothèque ; Bruno Le Maire oscille depuis toujours entre service de l'État et service littéraire : l'ambition, en France, s'accomplit à travers le suffrage universel direct mais en gardant toujours un œil sur une autre élection, celle qui vous mène sous la Coupole. Comme Mitterrand la roche de Solutré, il faut, régulièrement, grimper les sentiers littéraires pour un dialogue flatteur, éminemment français, entre le prince (ou celui qui veut l'être) et l'écrivain.
L'élu du peuple affiche sa vie comme un roman, le romancier vérifie dans les grandeurs d'établissement l'inaltérable pouvoir mondain du verbe. S'il fait mine de s'en moquer, ou s'il s'en moque véritablement, il sait qu'il goûte au privilège du lauréat qui seul peut mépriser pleinement le concours prestigieux qu'il a réussi. L'un et l'autre savent cependant que rien ne dure puisqu'il faut soit retrouver dans les urnes ses électeurs, soit retrouver en librairie ses lecteurs. Michel Houellebecq n'est pas (encore ?) à l'Académie française. Il ne virevolte pas comme le faisait Jean d'Ormesson, n'entonne pas les chansons des Frères Jacques comme François Sureau, n'escalade pas les tours des cathédrales comme Sylvain Tesson, ne porte pas de chapeau extravagant comme Amélie Nothomb, n'aphorise pas avec brio comme Régis Debray. Il est pourtant l'écrivain que les politiques lisent ou font mine d'avoir lu, le « prophète » qui aurait vu avant les autres le transhumanisme, la « disneylandisation » de la France, ou son islamisation. Son intelligence pénétrante intimide ; son sens aiguisé de l'âme humaine et du marketing, son œuvre écrasante de talent, de justesse, de profondeur, son succès phénoménal lui permettent d'incarner l'un des rôles les plus glorieux de la comédie humaine : celui du grand écrivain. Pas dans le genre Hugo, Gide, Sartre ou Camus, non, dans un genre tout particulier, inventé par lui-même : le genre Houellebecq. Jamais grandiloquent, très loin de Saint-Germain-des-Prés. Pas de grand orchestre, mais une note volontairement basse. L'éclat est dans la banalité, le génie dans l'économie de moyens.
Quand il entre accompagné de son éternel sac à dos, il y a dans son approche modeste, un peu embarrassée, quelque chose de Woody Allen, époque Alvy Singer, et du Louis-Ferdinand Céline à la canadienne élimée, celui de la cage à oiseaux que Roger Nimier venait voir à Meudon. Plus passe-muraille que Cyrano, il désarme par sa discrétion, intimide par sa normalité. Rien qui ne pèse ni qui ne pose (ce comédien joue naturel), le maître est là et fait part d'une ou deux interrogations pratiques – la commande d'un taxi, l'adresse de livraison d'un coursier – avant qu'une conversation riche et spontanée ne s'installe. Silhouette maigre plus que mince, visage perpétuellement changeant, regard perçant qui laisse transparaître une bonté compatissante, Houellebecq aime rire, comprendre, expliquer. Parfois, il installe un silence puis reprend le fil. Les verres se vident, la fumée du tabac flotte, et l'anecdote se mêle à la littérature, petits potins et vues profondes. On trouvera dans cette conversation comme dans son œuvre romanesque la politique sous ses deux espèces : la grande, celle qui ordonne les sociétés, et la petite, celle qui nous divertit ; Auguste Comte et Xavier Bertrand, Richelieu et François Hollande. Les grands mouvements de l'Histoire et les fourmis que l'on regarde s'agiter sur un morceau d'écorce.
« Mon premier souvenir politique, c'est la mort de Pompidou. C'était un moment étrange, les émissions s'étaient arrêtées. Jusqu'ici, j'étais complètement indifférent à ces choses, et le nom de Pompidou est entré dans mon esprit. » Hasard

ou prémonition : cette France industrielle, insouciante, qui fume des clopes et roule au gazole, nourrit la nostalgie de l'écrivain. Au lycée, c'est la gauche qui mène alors la danse, même si l'écrivain se souvient de jeunes arborant des tee-shirts « Giscard à la barre ». Il poursuit : « Je n'ai jamais été de gauche, je n'ai rien à me faire pardonner. Plus précisément, ce n'est pas un passé de gauche que beaucoup de gens de ma génération ont à se faire pardonner, c'est un passé d'extrême gauche ; c'était assez à la mode, quand j'étais au lycée, de militer dans un groupe gauchiste. »

Houellebecq n'est pas marxiste, donc, mais il partage volontiers l'analyse d'un vote de classe. Les catégories populaires chez Le Pen, la bourgeoisie propriétaire hier chez Fillon – aujourd'hui partagée entre Zemmour et Pécresse –, la nouvelle élite chez Macron. Cet esprit logique comprend mal pourquoi la droite fracturée par Mitterrand (qui la même année invente le Front national et SOS Racisme) ne parvient pas à se réunir ; pourquoi les catégories populaires réunies contre le traité de Maastricht et la constitution européenne se fragmentent en plusieurs petits camps. De toute façon, à la fin, c'est Macron qui gagne. Il n'a jamais pris sa carte dans aucun parti, mais cela n'a pas empêché la gauche vigilante de l'inscrire assez tôt sur la liste de ses proscrits. En 2002, Daniel Lindenberg, dans son tristement célèbre *Rappel à l'ordre*[2], plaçait l'écrivain entre Maurice G. Dantec et Philippe Muray. Un an plus tôt, au moment de la sortie de *Plateforme*[3], il avait confié : « La religion la plus con, c'est quand même l'islam. » Poursuivi pour injure, il sera relaxé. Le soupçon d'islamophobie renaîtra avec la publication, le 7 janvier 2015, de *Soumission*[4]. Paru le jour du massacre de *Charlie Hebdo* par les frères Kouachi, le livre a pris un tour tragiquement prophétique. L'événement littéraire et la tragédie historique sont liés pour toujours.

Dans *Anéantir*, son dernier roman[5], nous sommes en 2027 et le président achève son second mandat. À la différence de Bruno Juge, ministre des Finances librement inspiré de Bruno Le Maire et de Sarfati, réplique de Cyril Hanouna, Emmanuel Macron n'est, dans ces pages, qu'une figure lointaine. Il s'appelle le « président ». « Macron n'adhère à rien, désarme Houellebecq, fondamentalement, je pense que Macron est habité d'une seule conviction, le fait qu'il est fait pour être président. »

Les deux hommes se connaissent. Houellebecq était allé dîner à Bercy quand Emmanuel et Brigitte Macron avaient fait du ministère le salon le plus couru de Paris. L'écrivain était sorti un peu fasciné par ce couple indissociable. Le 18 avril 2019, Houellebecq est fait chevalier de la Légion d'honneur à l'Élysée par Emmanuel Macron. Il y a là son épouse Lysis, l'ancien président Nicolas Sarkozy, le philosophe Alain Finkielkraut, l'écrivain Frédéric Beigbeder, le chanteur Jean-Louis Aubert, le directeur de Valeurs actuelles Geoffroy Lejeune... Emmanuel Macron célèbre, dans son discours, un « romantique dans un monde devenu matérialiste ».

« JE N'AI JAMAIS ÉTÉ DE GAUCHE, JE N'AI RIEN À ME FAIRE PARDONNER. PLUS PRÉCISÉMENT, CE N'EST PAS UN PASSÉ DE GAUCHE QUE BEAUCOUP DE GENS DE MA GÉNÉRATION ONT À SE FAIRE PARDONNER, C'EST UN PASSÉ D'EXTRÊME GAUCHE. »

« On était bien, se souvient l'écrivain. On était dehors, on s'était bien tenus, on ne s'était pas roulés dans le gazon. » Houellebecq, lors de sa visite préalable quelques semaines plus tôt, n'était pas venu les mains vides. Sans détour, il avait demandé deux décisions politiques urgentes : d'abord, un référendum sur la sortie de l'Union européenne (nous étions à quelques semaines des élections européennes), ensuite, l'installation du référendum d'initiative populaire. Le chef de l'État n'a pas donné suite. Interloqué. En vérité, entre le chantre du progressisme et le lecteur de Flaubert, le courant n'est pas passé. « Le président, peut-on lire dans *Anéantir*, avait délaissé les fantasmes de la start-up nation qui avaient fait sa première élection, mais n'avait objectivement conduit qu'à produire quelques emplois précaires et sous-payés, à la limite de l'esclavagisme, au sein de multinationales incontrôlables. » Quelques lignes qui ajoutent au contentieux aussi profond que secret qui

1 – Nicolas Sarkozy, *Promenades*, Herscher, 2021.
2 – Daniel Lindenberg, *Le Rappel à l'ordre. Enquête sur les nouveaux réactionnaires*, Seuil, 2002.
3 – Michel Houellebecq, *Plateforme*, Flammarion, 2001.
4 – Michel Houellebecq, *Soumission*, Flammarion, 2015.
5 – Michel Houellebecq, *Anéantir*, Flammarion, 2022.

Michel Houellebecq remporte le prix Goncourt 2010 pour son livre *La Carte et le Territoire* (Flammarion).

Photo de Nivière.

oppose le président à son ministre de l'Économie. Déjà que les publications du normalien dans la collection « Blanche » chez Gallimard provoquaient une réaction aigre-douce à l'Élysée, si maintenant le ministre-écrivain devient un personnage du romancier français le plus connu au monde, la coupe littéraire est pleine.

Le ministre et l'écrivain

Ce matin de décembre (nous sommes quelques jours avant Noël), dans son bureau plein ciel, le ministre feuillette les pages du dernier roman de Houellebecq. Les journalistes l'ont reçu depuis quelques jours et déjà le Tout-Paris établit l'ordre de préséance houellebecquien. Côté politique : Bruno Juge, un prénom et un rôle centraux. Côté médias : Sarfati impose Hanouna dans la littérature française mais sous un nom d'emprunt. Louis de Raguenel, en revanche, cité nommément, rejoint la confrérie des journalistes présents dans l'œuvre de Houellebecq, entre David Pujadas, Yves Thréard et Jean-Pierre Pernaut. Et puis il y a Indy, la journaliste délatrice d'*Anéantir*. Est-elle inspirée de l'une ou l'autre des plumes qui depuis des années arpentent le chemin des listes noires, celui de la police des dîners ou du journalisme de contamination « marabout-bout de ficelle » ? « Indy n'est inspirée d'aucune figure journalistique connue », répond Houellebecq. Disons qu'Indy incarne une forme aboutie de ce type social : minauderie faussement complice, complotisme mondain, indifférence à la vérité, ressentiment dissimulé sous la plume du justicier…

Bruno Le Maire, donc, assis dans l'un des deux fauteuils de cuir blanc qui, dans son bureau, se font face, parle de Houellebecq. Le soleil d'hiver réchauffe ce matin glacé, le ministre parle lentement, cherche le mot juste pour finalement décrire un diptyque littéraire entre Proust et Houellebecq, le premier étant le romancier de la nostalgie, du passé recherché, le second étant celui de l'avenir angoissé, du futur craint. La démonstration est profonde, brillante, convaincante. Le Maire fait se répondre les décors et les personnages. Dans ce jeu de miroirs, Bruno Juge, le ministre d'*Anéantir*, serait une sorte de Saint-Loup. « À Robert de Saint-Loup, blond capitaine, marquis vif-argent, Proust donne une allure vive et nerveuse, une démarche "coup de vent", un pas fugitif et dansant de voltigeur », écrit Mathilde Brézet dans *Le Grand Monde de Proust*[6]. Il y a pire comme modèle. Le Maire reçoit avec un plaisir non feint – comment le lui reprocher ? – les formules d'*Anéantir* qui font de Bruno Juge le « meilleur ministre des Finances depuis Colbert ». Il faut imaginer les rencontres et les déambulations des deux hommes dans ce

6 – Mathilde Brézet, *Le Grand Monde de Proust*, Grasset, 2022.
7 – Michel Houellebecq, *Les Particules élémentaires*, Flammarion, 1998.
8 – Éric Zemmour, *La France n'a pas dit son dernier mot*, Éditions Rubempré, 2021.

dédale de « parallélépipèdes de verre et d'acier » qu'est le ministère. Le Maire, ligne athlétique, port impérieux, avec la touche lycée Franklin qui depuis toujours l'accompagne ; Houellebecq, un peu voûté, éternelle parka, regard perçant. Ils visitent l'appartement privé du ministre, les bureaux du cabinet, la cantine et poussent même jusqu'à la direction de la législation fiscale. Le regard cannibale du romancier intègre tout, le ministre goûte ces visites plus que beaucoup d'autres. Ils partagent, de dîners (avec Catherine Millet et quelques plumes parisiennes) en conversations par courrier électronique, un intérêt commun pour la littérature allemande, le phénomène de la désindustrialisation ou les tourments moraux que déclenche, parfois, le progrès galopant. Ils ne sont pas d'accord sur bien des sujets. Bruno Le Maire n'aurait par exemple pas signé la tribune de Michel Houellebecq qui, dans *Le Figaro*, déclassait au rang de barbares les sociétés qui légalisent l'euthanasie. Désaccords donc, mais profonde estime mutuelle. Le ministre s'arrête au seuil du mot amitié. Revient à son esprit le moment de la rencontre. Le Maire était alors conseiller de Dominique de Villepin à Matignon. C'était en 2005. Houellebecq, à cette époque exilé en Irlande, avait perdu son chien et ne savait pas comment le rapatrier pour l'enterrer sur le sol français. Matignon avait alors pris les choses en main. Les deux hommes se sont rencontrés pour ce triste événement, et depuis, ils correspondent. Tout cela est dit avec d'immenses précautions mais sans dissimuler la grande fierté pour le normalien, l'écrivain, le lecteur, le ministre de se trouver ainsi croqué par l'écrivain.

Politique du succès

Se plonger dans les rapports de l'écrivain avec les politiques, c'est croiser Laurent Wauquiez ou Jean-Pierre Chevènement, que l'auteur des *Particules élémentaires*[7] a soutenu en 2002. Houellebecq montre une affection sincère pour Sarkozy. Il goûte sa prévenance, ses flagrants délits d'humanité, ses fulgurances : « Les petits pois, c'était quand même prodigieux ! » Zemmour ? Dans son dernier ouvrage[8], l'écrivain, qui n'est pas encore un homme politique, raconte une saynète savoureuse. Lui et Houellebecq peinent à nouer leurs cravates avant d'entrer au Jockey Club où les a conviés le communicant et écrivain Marin de Viry. Les deux hommes se connaissent : ils se fréquentaient avant la présidentielle, mais s'opposent, depuis longtemps, sur nombre de sujets. Les prénoms ? « Je dénie à l'État tout droit de s'occuper de ce genre de choses ; il y a déjà trop de sujets (ayant trait le plus souvent à la santé publique) sur lesquels l'État intervient de manière indue. De quoi je me mêle ? » s'exclame le romancier. Avant de confier que la notion de « bourgeoisie patriote » invoquée par le candidat lui apparaît oxymorique. « Il est vrai que Zemmour, ça marche toujours, peut-on lire dans *Anéantir*, il suffit de prononcer son nom et la conversation se met à ronronner dans des voies balisées et gentiment prévisibles un peu comme Georges Marchais à son époque [...]. Chacun retrouve ses marqueurs sociaux, son positionnement naturel et en tire des satisfactions calmes. »

Le roman du pouvoir

Les hommes de pouvoir peuplent ses romans. Dans *Soumission*, François Bayrou est le Premier ministre du président Ben Abbes, présenté comme un « musulman modéré ». « Le vieux politicien béarnais, battu dans pratiquement toutes les élections auxquelles il s'était présenté depuis une trentaine d'années, s'employait à cultiver une image de hauteur, avec la complicité des magazines. » Plus loin, « un animal politique sans consistance, tout juste bon à prendre des postures

LES PRÉNOMS DE ZEMMOUR ? « JE DÉNIE À L'ÉTAT TOUT DROIT DE S'OCCUPER DE CE GENRE DE CHOSES ; IL Y A DÉJÀ TROP DE SUJETS (AYANT TRAIT LE PLUS SOUVENT À LA SANTÉ PUBLIQUE) SUR LESQUELS L'ÉTAT INTERVIENT DE MANIÈRE INDUE. DE QUOI JE ME MÊLE ? »

avantageuses dans les médias ». Les troisièmes couteaux servent parfois de références, ainsi ce passage inoubliable de *Plateforme* : « L'homme ressemblait à Antoine Waechter jeune, si la chose est imaginable ; mais en plus châtain, et avec une barbe bien taillée ; finalement il ne ressemblait pas à Antoine Waechter mais plutôt à Robin des Bois, avec quelque chose de suisse ou pour mieux dire de jurassien. Pour tout dire, il ne ressemblait pas à grand-chose mais il avait vraiment l'air d'un con. »

La politique, comme l'art des êtres et des situations, Houellebecq la pratique à merveille. Maîtrisant absolument les codes de la société du spectacle, connaissant sur le bout des doigts la cartographie des puissances parisiennes, promettant rien et donnant beaucoup, promettant beaucoup pour donner très peu. Il pourrait en stratège faire un prodigieux conseiller en communication. Son dialogue, par courrier électronique, avec Bernard-Henri Lévy (le livre sortira sous le titre *Ennemis publics* chez Flammarion et Grasset en 2008) est un modèle d'esquive. Son passage incessant des *Inrocks* à *Valeurs actuelles*, du *Monde* au *Figaro*, de France Inter aux revues confidentielles illustre une habileté supérieure. Le saupoudrage des noms propres dans ses romans emprunte au phénomène de cour : celui qui est mentionné par le roi est ivre de bonheur, l'absent est renvoyé à son insignifiance.

Grand lecteur de Balzac, il sait, il l'a vérifié lui-même, que « le scandale est le piédestal du succès ». Croire pourtant, comme certains critiques, qu'il dose ses livres de provocations opportunes à des fins commerciales serait rester à l'écume des choses. Chacun de ses romans est porté par une vérité profonde sans qu'il soit interdit de la revêtir pour qu'elle atteigne le plus de monde possible.

« LA SOCIÉTÉ DANS LAQUELLE JE VIS ME DÉGOÛTE ; LA PUBLICITÉ M'ÉCŒURE, L'INFORMATIQUE ME FAIT VOMIR. »

La France d'après

Réduire Houellebecq et la politique aux anecdotes serait cependant ne rien comprendre au rôle unique qu'il joue depuis *Extension du domaine de la lutte*[9] dans la description du malheur français. « Je crois que je me suis toujours senti un peu ethnologue à vrai dire… dans mon propre pays », répondait-il à un journaliste néerlandais en 2002. Jérôme Fourquet, l'auteur de *L'Archipel français*[10] et de *La France sous nos yeux*[11], portrait houellebecquien de la France d'après, ne dit pas autre chose. « Ses romans sont d'immenses sources d'inspiration. C'est à la fois de l'ethnologie et du reportage. Tout chez lui fait sens : un rayon de produits régionaux dans une station-service, un linéaire de grande surface, un bus qui relie Paris à Beauvais pour Ryanair. » La métamorphose d'un pays qui est passé en trente ans du Belmondo de *Flic ou Voyou* à *BAC Nord*, des usines aux hangars d'Amazon, se déploie, continue Fourquet, dans chacun des romans de Houellebecq. Dans *Anéantir*, on retrouve des obsessions « fourquetiennes », les Dacia qui roulent, la « démoyennisation » du pays…

Si, selon Le Maire, Houellebecq répond à Proust, on peut aussi dire qu'il offre un pendant à Balzac. Son œuvre – tableau d'une société qui se délite autant que ceux qui la peuplent – pourrait ainsi s'appeler *La Tragédie humaine*. Une liquéfaction générale qui transforme l'Occident en une triste flaque.

L'argent a tout détruit. Il a remplacé le travail, le métier par le job nécessaire et absurde. Les héros de Houellebecq vivent dans l'univers du tertiaire et des flux. Le « geste » qui donne à l'homme sa dignité a disparu. L'effort qui l'accompagne aussi. « Ce qui donnait à l'homme une dignité supplémentaire, c'était la télévision. » L'atelier n'est plus le lieu de l'accomplissement, ce sont le sexe, le supermarché, le tourisme qui orientent tous les désirs. Ceux qui cherchent à perpétuer ce geste et parmi eux le plus ancien, le geste virgilien de la culture de la terre, subissent des tracasseries par milliers et finissent, comme d'Harcourt, le paysan de *Sérotonine*, dans l'alcool, la folie et la révolte. Les vignes d'*Anéantir* rappellent aussi aux personnages déboussolés la permanence du lieu, le rythme des saisons, le mystère de la fécondité. La France industrieuse chez Houellebecq a laissé place à celle des chambres d'hôtes, des cadres moyens, des *bullshit jobs*. Le travail est un châtiment qui permet d'obtenir un salaire médiocre, rapidement englouti dans une consommation prosaïque. On songe aux lignes de Péguy dans *L'Argent* : « Le travail était une prière. Et l'atelier un oratoire. Nous avons connu des ouvriers qui avaient envie de travailler. Ils se levaient le matin (et à quelle heure !), et ils chantaient à l'idée qu'ils partaient travailler. » Auxquelles répondent celles des *Particules élémentaires* : « De tels êtres humains, historiquement, ont existé. Des êtres humains qui travaillaient toute leur vie et qui travaillaient dur, uniquement par dévouement et par amour. »

Engagement, désengagement

L'ennemi du métier, de l'artisan, du paysan, de l'ouvrier, c'est Bruxelles, l'Union européenne. Elle provoque chez Houellebecq son premier engagement public. En 1998, l'écrivain confesse à la revue *Immédiatement* une généalogie familiale communiste (généalogie qui passe aussi par l'Algérie, ce qui n'est pas anodin) et fait la liste de ses engagements : « J'ai pris deux positions politiques dans ma vie. La première, c'était un tract pour la défense de la langue française. Et la deuxième, c'était un long article dans *Les Lettres françaises*, dans lequel j'exposais pourquoi je votais non à Maastricht. D'habitude, je ne vote pas, mais là, c'était un référendum important. » L'Union européenne dans son œuvre (notamment *Sérotonine*) est la machine à délier. Résolument hostile à la vision schumpétérienne de l'économie (ce que Bernard Maris a brillamment montré dans son essai *Houellebecq économiste*, paru en 2014 chez Flammarion), celle qui dispose des êtres au gré du renouvellement de l'offre et de la demande, celle qui étend la lutte à tous les domaines, même les plus intimes de l'existence, celle que Macron revendique : « La société dans laquelle je vis me dégoûte ; la publicité m'écœure, l'informatique me fait vomir. » La fin glaçante de *Plateforme* acte le divorce avec ce « système ». « Jusqu'au bout je resterai un enfant de l'Europe, du souci et de la honte ; je n'ai aucun message d'espérance à délivrer. Pour l'Occident, je n'éprouve pas de haine, tout au plus un immense mépris. Je sais seulement que, tous autant que nous

***Rester vivant*, exposition de Michel Houellebecq au Palais de Tokyo. Reconstitution d'un salon années 1960, sa bibliothèque d'enfant et une salle consacrée à son chien Clément. Paris, juin 2016.**

Photo de Ginies.

9 – Michel Houellebecq, *Extension du domaine de la lutte*, Éditions Maurice Nadeau, 1994.
10 – Jérôme Fourquet, *L'Archipel français. Naissance d'une nation multiple et divisée*, Seuil, 2019.
11 – Jérôme Fourquet, *La France sous nos yeux. Économie, paysages, nouveaux modes de vie*, Seuil, 2021.

sommes, nous puons l'égoïsme, le masochisme et la mort. Nous avons créé un système dans lequel il est impossible de vivre ; et de plus nous continuons à l'exporter. »

La géographie subit aussi la violence de ce système. Grandes métropoles contre désertification de la France périphérique. Hangars, centre commerciaux, villes-dortoirs, villages musées, *no man's land*, banlieues hostiles : « Depuis longtemps les commerces de proximité avaient disparu, et il était impossible de sortir à pied des rues avoisinantes – les agressions contre les voitures n'étaient pas rares aux feux rouges », écrit-il à propos de Saint-Denis dans *La Carte et le Territoire* [11].

Femmes libérées

Dans cette nouvelle configuration économique, la femme joue un rôle central. Jetée à corps perdu dans la compétition, elle gagne des places et le monde perd des mères. C'est certainement l'élément le plus anachronique, le plus scandaleux de l'œuvre de Houellebecq pour l'époque. Lui qui prit le nom de sa tendre grand-mère, signe dans *Les Particules élémentaires* des pages d'une rare violence sur sa mère accusée de ne pas avoir été aimante. Elle publiera en 2008 *L'Innocente* [12], livre dans lequel elle assumera son désamour pour son fils écrivain. La femme idéale, pour Houellebecq, c'est la « femme d'avant la révolution sexuelle, pré-féministe, dévouée, fidèle, patiente » (Eugénie Bastié). C'est la grand-mère des *Particules élémentaires*, c'est Céline, la sœur du narrateur d'*Anéantir*. Mère au foyer, disant sa prière le soir, votant pour Marine Le Pen tout en s'occupant des plus démunis, elle offre par sa disponibilité les respirations d'humanité indispensables à l'existence. Ainsi, elle décore et fleurit la chambre d'hôpital de son père, cuisine patiemment pour une famille perpétuellement pressée, maintient un lien avec le monde concret, quotidien que la frénésie professionnelle, les écrans, les flux perpétuels empêchent. Elle est la reine bienfaisante des espaces qui échappent encore au dispositif. Prudence, dans le roman, est sur l'autre versant, celui des femmes investies dans la vie professionnelle. Sa vie de couple avec Paul est un croisement quotidien d'individus dans le même appartement. Pourtant, Prudence vit une émouvante redécouverte de ce que peut être l'altérité. La délicatesse qu'elle déploie pour Paul est d'autant plus émouvante qu'elle revient de très loin.

Les femmes, c'est aussi le sexe. Mais, le plus souvent, la chair est triste : « Les expériences sexuelles successives accumulées au cours de l'adolescence, écrit-il dans *Extension du domaine de la lutte*, minent et détruisent rapidement toute projection d'ordre sentimental et romanesque ; progressivement, et en fait assez vite, on devient aussi capable d'amour qu'un vieux torchon. » Plus loin, il enfonce le clou : « Phénomène rare, artificiel et tardif, l'amour ne peut s'épanouir que dans des conditions mentales spéciales, rarement réunies, en tous points opposées à la liberté de mœurs qui caractérise l'époque moderne. » Deuxième péché capital de notre époque : le désir, selon Houellebecq, s'émoussera si la sexualité est parfaitement dissociée de la génération. S'ensuit la fin du sacrifice parental qui fonde la famille. « Jean Paul II était le seul, absolument le seul à comprendre ce qui était en train de se passer en Occident », s'exclame Bruno dans *Les Particules élémentaires*. Mais Jean-Paul II a perdu. « Vivre ensemble aurait certainement conduit, à très brève échéance, à la disparition de tout désir sexuel, et nous étions encore trop jeunes pour que notre couple y survive. À une époque plus ancienne, les gens constituaient des familles, c'est-à-dire qu'après s'être reproduits ils trimaient encore quelques années, le temps que leurs enfants parviennent à l'âge adulte, puis ils rejoignaient leur Créateur. Mais c'était plutôt vers l'âge de cinquante ou de soixante ans, maintenant, qu'il était raisonnable pour un couple de se mettre en ménage, au moment où les corps vieillis, endoloris, n'éprouvent plus que le besoin d'un contact familier, rassurant et chaste » (*Soumission*).

Reste le rôle premier qu'il donne aux relations sexuelles. Souvent décevantes, parfois débridées au point d'en être insoutenables, elles peignent généralement une pratique anatomique et purement utilitaire de l'union des corps. Ceux qui en sont exclus, tel Raphaël Tisserand, le personnage d'*Extension du domaine de la lutte*, peuvent en mourir. Dans des pages admirables de son essai *L'Après Littérature* [13], Alain Finkielkraut oppose même ce loser au visage de « crapaud buffle » au discours néo-féministe sur la domination masculine.

Il serait fastidieux d'établir une sorte de Kamasutra, on y verrait ses obsessions personnelles ou l'expression d'une sexualité mimétique,

11 – Michel Houellebecq, *La Carte et le Territoire*, Flammarion, 2010.
Lucie Ceccaldi,
12 – *L'Innocente*, Éditions Scali, 2008.
13 – Alain Finkielkraut, *L'Après Littérature*, Stock, 2021.
14 – Michel Houellebecq, *La Possibilité d'une île*, Flammarion, 2005.

mécanique, dégagée de la spontanéité, de la fougue, du mélange de fièvre et de tendresse qui accompagne l'étreinte des corps amoureux. C'est frappant, dans *Anéantir*, le narrateur et Prudence, avant de se retrouver, font une sorte de rééducation sentimentale et sensuelle, comme des *born again* de l'éros.

« Le monde va devenir de plus en plus asexué, considère cependant l'écrivain, le virtuel emporte les corps et avec eux leur libido ».

L'ombre de la Croix

On l'a compris. Au commencement du désastre, il y a la dislocation des matrices originelles. « Dans son style blanc et neutre, écrit Michel Onfray, Michel Houellebecq est le greffier sobre de cette évidence : le judéo-christianisme s'effondre après deux mille ans d'une puissance épuisée. Sa singularité réside dans le fait qu'il est le romancier de cette force épuisée. »

Dans un entretien à la *Revue perpendiculaire* en 1998, Houellebecq expliquait : « Je ne crois pas à la possibilité d'une société sans religion. » Vingt ans plus tard, dans un débat avec Alain Finkielkraut mené par Jean-René Van der Plaetsen pour *Le Figaro Magazine*, il affirmait que « ce sont ceux qui croient à la vie éternelle qui survivent. La religion gagne toujours à la fin ». Le 7 janvier 2015, Philippe Lançon devait aller interviewer Houellebecq. Son nouveau roman, *Soumission*, sortait le jour même : « Le mage Houellebecq avait tout prévu, vraiment, sauf l'attentat », écrit-il. Des mois après, lors d'un cocktail, le convalescent encore faible croise Houellebecq. Le visage du romancier, plus ridé que s'il avait mille ans, est hors d'âge. Il murmure, citant saint Matthieu : « Et ce sont les violents qui l'emportent. » Une lecture sommaire a fait de *Soumission* le roman de l'« islamophobie », le récit du « grand remplacement ». C'est pourtant le grand effacement que décrit le romancier et les conséquences spirituelles qu'il entraîne. Houellebecq cherche de livre en livre quelle religion pourrait remplacer celle qui a façonné l'Europe et qui s'estompe. Le positivisme d'Auguste Comte ne le convainc plus, les fantasmes du clonage accomplis dans *La Possibilité d'une île* [14] encore moins, reste l'islam comme force qui va. Le bouddhisme aussi le passionne. Il considère même que cette sagesse n'est pas incompatible avec la vie chrétienne.

Le catholicisme hante chacun de ses livres. Il est le point final de *Sérotonine* et plane dans les pages d'*Anéantir*. Une nostalgie ? Un patrimoine condamné à disparaître ? Une fantaisie poétique et infantile ? Houellebecq, chose rare, croit au diable, à son intervention dans l'Histoire. Comme Joseph de Maistre, certains moments de déchaînement révolutionnaire sont pour lui des moments de possession collective. Sa poésie dévoile un peu plus le mystère de cette âme. « Comme une croix plantée dans un sol desséché / J'ai tenu bon, mon frère / Comme une croix de fer aux deux bras écartés. / Aujourd'hui, je reviens dans la maison du père. » Et ces vers où résonne la voix de Charles Péguy : « Nous voulons retourner dans l'ancienne demeure / Où nos pères ont vécu sous l'aile de l'archange. »

Entretien avec Michel Houellebecq. Buenos Aires, Argentine, novembre 2016.

Photo de Santiago Filipuzzi © Santiago Filipuzzi / La Nacion / GDA via ZUMA / ABACA

IL S'ÉTONNE DE L'ÉCHEC AUSSI RAPIDE DE MACRON AVANT DE LÂCHER : « J'AURAIS DÛ ME PRÉSENTER. »

Le droit de vieillir dans la dignité

« Nous voulons retrouver cette morale étrange qui sanctifiait la vie jusqu'à sa dernière heure », écrit-il encore. Ce vers éclaire de sa beauté le combat frontal qu'il mène contre l'euthanasie. Le thème hante son dernier roman. Cela fait des années que ce sujet inspire à l'écrivain des prises de position d'une très grande force. Une tribune dans *Le Monde*, après la mort de Vincent Lambert, « Il n'était même pas en fin de vie », une autre au mois d'avril 2021 dans *Le Figaro*, au moment où l'assemblée débattait d'une proposition sur le suicide assisté. La colère de Houellebecq montait d'un cran puisqu'il ne proposait rien de moins que l'euthanasie d'une société qui légaliserait l'euthanasie : « Je vais là devoir être très explicite : lorsqu'un pays – une société, une civilisation – en vient à légaliser l'euthanasie, il perd à mes yeux tout droit au respect. Il devient dès lors non seulement légitime, mais souhaitable de le détruire ; afin qu'autre chose – un autre pays, une autre société, une autre civilisation – ait une chance d'advenir. » L'écrivain confie même qu'il ne prendra plus la parole sur un autre thème. Il avait déjà commencé, en 2010, dans *La Carte et Territoire*, en dévoilant au lecteur les charmes glaçants de Dignitas, l'entreprise suisse qui proposait une mort douce et sereine sur catalogue. Locaux modernes et épurés au bord du lac de Zurich, rempli par la « quantité de cendres et d'ossements » déversés dans les eaux. Houellebecq étendait alors le domaine de la lutte à la « valeur marchande de la souffrance et de la mort [...], supérieure à celle du plaisir et du sexe ». Déjà le business tournait bien : « Une euthanasie était facturée en moyenne cinq mille euros, alors que la dose létale de pentorbarbital de sodium revenait à vingt euros et une incinération bas de gamme sans doute pas bien davantage. Sur un marché en pleine expansion, où la Suisse était en situation de quasi-monopole, ils devaient, en effet, se faire des couilles en or. »

Dans *Anéantir*, le sujet de l'euthanasie n'est pas directement présent. Certes, la Belgique reste la pointe avancée de cette pratique et des groupes d'intervention y extraient, clandestinement, certains malades des hôpitaux, mais ce sont les mois et les jours d'avant la fin qui donnent à ce roman un tour bouleversant. L'Occident est grisonnant et s'avance inexorablement vers la mort. Est-ce une raison pour l'achever ? La douceur qui, dans ses précédents livres, perçait derrière la brutalité sexuelle, la laideur du monde, la mesquinerie des êtres, apparaît désormais au grand jour. *Anéantir* est un roman de délicatesse. Celle qui, entre les douleurs et l'inquiétude de la mort qui s'approche, accompagne la vieillesse, la maladie. Les flux qui désorientent le monde sont supplantés par les attentions aux détails que provoquent, quand ils sont aimés, ceux qui souffrent. Le corps s'amoindrit, l'horizon s'obscurcit, la vie n'est plus qu'un triste hôpital ; c'est pourtant l'occasion de retrouvailles avec soi-même, avec les autres. Une formule de la tribune du *Figaro* revient à l'esprit : « Et je me vois très bien demander à mourir juste dans l'espoir qu'on me réponde : "Mais non mais non, reste avec nous." » « Reste avec nous » : c'est ce que dit la famille du narrateur au père emmuré sur son fauteuil roulant. Le fils s'assied face à lui. Ils se regardent des heures durant sans autre conversation que leur présence. Silence plein, beauté mutique. « Reste avec nous », c'est ce que dit la femme par le soin qu'elle apporte à l'homme qu'elle aime et que le cancer ronge. « Reste avec nous », c'est ce que voudraient entendre les oubliés des Ehpad. Puisque personne ne les regarde, Houellebecq se fait leur porte-voix : « Il s'approcha de la civière : un très vieil homme au visage émacié, les mains jointes sur sa poitrine, respirait faiblement, il avait l'air à peu près mort mais Paul eut l'impression d'entendre un léger râle. Près de l'entrée principale, un infirmier ou un brancardier, il n'arrivait pas à les distinguer, était enfoncé dans un fauteuil, les yeux rivés sur l'écran de son téléphone portable. "Vous avez vu, il y a quelqu'un..." dit-il en se sentant complètement idiot. » Ou encore : « Les malades qui criaient de leurs chambres, qu'on vienne s'occuper d'eux. » Ou enfin : « Elle devait nettoyer tout ça, la merde et les draps souillés et c'était désagréable, mais le pire de tout c'était leur regard implorant quand elle arrivait dans la chambre, et leur manière de lui dire : "Vous êtes bien gentille, mademoiselle." Chez elle, en Afrique, des choses comme ça ne se seraient pas produites, si c'était ça le progrès, ça ne valait pas la peine. » Comment prétendre aider les gens à mourir dans la dignité quand il leur est impossible – sauf si la famille les retire du système – de vieillir dans la dignité, de souffrir dans la dignité ?

La crise sanitaire n'est pas évoquée dans *Anéantir* mais la description des Ehpad semble profondément inspirée par ce qui restera comme la tache indélébile du printemps 2020 : vieillards emprisonnés, agonies sans regards, dépouilles sans funérailles… Le deuil en distanciel, triomphe houellebecquien de Créon sur Antigone.

2022, une élection pour rien ?

Après étude du dossier, en savons-nous un peu plus sur le bulletin de vote que Houellebecq va déposer dans l'urne en avril 2022 ? Il ne vote pas, affirme-t-il encore, et passe du champ de bataille au retrait sur l'Aventin. Il alterne avec une interview au canon en 2015 au *Corriere della Sera* : « Les gouvernements qui se sont succédé au cours des dix (vingt ? trente ?) dernières années ont lamentablement échoué, systématiquement, lourdement dans leur mission fondamentale, c'est-à-dire protéger le peuple français confié à leur responsabilité » et la promesse de ne plus jamais répondre. « Je ne réponds plus », promet-il sans toujours tenir sa parole. Disons que sa vision de l'homme l'éloigne de Rousseau, donc de Hidalgo et de Taubira, que son dégoût pour la « transformation » le rend modérément macronien, que son attachement à la France de la classe moyenne invisible l'éloigne de Valérie Pécresse. Zemmour ? Le Pen ? On a vu le résultat dans *Soumission*. Roussel ? Mélenchon ? Comme ils sont favorables à l'euthanasie, il est permis d'en douter. Le Parti animaliste ne le laisse certainement pas indifférent, mais de là à se déplacer au bureau de vote… Houellebecq candidat ? L'écrivain ne manque pas d'idées. N'a-t-il pas répondu aux questions de Geoffroy Lejeune au Cirque d'Hiver (c'était en avril 2019) sur l'Europe ? L'écrivain clôturait une soirée organisée par *Valeurs actuelles* où s'étaient succédé à la tribune Attali, Bellamy, Le Maire, Zemmour, Philippe de Villiers… Il avait même fait une impressionnante typologie des saucisses allemandes. Dans le film *Thalasso* (2019) avec Gérard Depardieu, il s'étonne de l'échec aussi rapide de Macron avant de lâcher : « J'aurais dû me présenter. »

Son programme serait très concret : esprit pratique et méthodique, il considère l'idée monarchique (constitutionnelle, pas absolue) comme tout à fait intéressante. « Il faut que le peuple puisse errer de façon démocratique autant qu'il peut, mais au-dessus, il faut un point de stabilité, explique-t-il. Je précise : je pense que le peuple erre rarement, beaucoup moins que les politiques professionnels, et que la Suisse est le pays le mieux géré du monde ; mais qu'il erre quand même parfois, et qu'il faut au-dessus de lui un principe d'ordre supérieur, pour éviter qu'il ne s'écarte de la loi morale. » Il plaide pour que les citoyens votent les budgets des ministères, qu'ils puissent aussi élire les juges. La peine de mort, même très peu pratiquée, lui paraît indispensable pour établir une véritable échelle des peines. « Le mal existe, aime-t-il à rappeler, le mal existe. » Sensible aux questions migratoires, qui ne font selon lui que commencer, il est aussi très attaché aux services publics, à l'industrie, à la redistribution.

En vérité, Houellebecq a enjambé 2022, puisque Macron préside en 2027, année durant laquelle se déroule *Anéantir*. La nouveauté de ce roman, c'est que les mouvements du monde ne parviennent pas à étrangler les personnages. Au fond, Houellebecq a tout compris à la politique, mais il donne l'impression d'y croire de moins en moins. Au fatalisme tocquevillien qui irrigue son œuvre, on pourrait ajouter, dans sa généalogie, grand sceptique de la politique, le Blaise Pascal de la misère de l'homme sans Dieu. Dans *Anéantir*, les personnes priment le collectif, le particulier l'emporte sur le général ; la littérature tient sa victoire sur le pouvoir : elle se soucie d'abord des êtres qui s'aiment et cherchent l'éternité tandis que s'estompe, en arrière-plan, la cité des hommes qui s'effondre. ■

LA MARQUE POLITIQUE

Extrême droite, la contagion du cool

PAR
Raphaël Llorca

ILLUSTRATIONS
Aurélien Godin

Dans la littérature antifasciste, cette pièce règne en maîtresse. Depuis sa première représentation, le 6 novembre 1959 au théâtre de Düsseldorf, *Rhinocéros* a remporté un immense succès, aussi bien critique que populaire. Très enseignée au lycée, la pièce d'Eugène Ionesco fait partie de ces référentiels culturels bien ancrés dans l'imaginaire collectif, contribuant à imposer une métaphore incontournable pour penser la montée du nazisme : celle de la contagion. En trois actes et quatre tableaux, la pièce dépeint en effet une étrange épidémie de « rhinocérite » qui voit progressivement l'ensemble des habitants d'une ville se métamorphoser... en rhinocéros. À quelques semaines du premier tour de l'élection présidentielle française de 2022, la pièce est d'une stupéfiante actualité : d'une part parce qu'à l'âge pandémique, l'imaginaire de l'épidémie imprègne toute l'époque – nos mots, nos gestes, et même nos pensées –, d'autre part parce que dans le même temps, les intentions de vote en faveur de l'extrême droite atteignent des niveaux inédits. Pour autant, avertit l'historien Nicolas Guilhot, « à ne prêter attention qu'à ce qui renvoie aux fascismes du passé, on risque de passer à côté de ce qui est nouveau et singulier [1] ». En l'occurrence, ici, l'évolution des usages de la métaphore de la contagion : longtemps utilisée par ses adversaires comme une arme rhétorique, elle est aujourd'hui assumée et même utilisée par l'extrême droite, sous des formes renouvelées qu'il nous faut dégager et porter au jour. Comment expliquer la progression de l'extrême droite dans les esprits ? Dans un article de sciences politiques qui a fait date, le politologue néerlandais Cas Mudde réfutait ce qu'il considérait comme le modèle explicatif dominant depuis la Seconde Guerre mondiale : le paradigme dit de la « pathologie normale » (*normal pathology paradigm*) [2]. Dans cette approche, l'adhésion à l'extrême droite serait une sorte de pathologie des temps modernes, une réaction somme toute « normale », rapportée au contexte de crise sociale, économique et politique – d'où le recours fréquent à un vocabulaire médical et psychologique pour tenter de l'éradiquer ou de soigner ses maux. C'est bien à cette logique d'éloignement sanitaire que répondait la logique de la diabolisation : pour ne pas se laisser « contaminer » par le Mal, tenons-le à distance, non seulement médiatiquement, mais aussi et surtout politiquement – c'est la fameuse doctrine du « cordon sanitaire » autour du Front national (FN), devenu le Rassemblement national (RN). Depuis son accession à la tête du FN en 2011, tout le travail de Marine Le Pen a

1 – Nicolas Guilhot, « D'un chaman à l'autre : théories du complot et impasses du *debunking* », AOC, 9 novembre 2021.
2 – Cas Mudde, « The Populist Radical Right: A Pathological Normalcy », West European Politics, novembre 2010.

précisément consisté à s'extirper de toutes ses forces de cette métaphore de la contagion, en s'efforçant de réinscrire son parti dans le champ de l'acceptable, et donc du non-pathologique : refus de l'étiquette d'« extrême droite », triangulation politique (« Jean Jaurès aurait voté Front national »), rhétorique de l'unité (« Je veux être la présidente de la paix civile »)... En s'affichant de manière répétée comme l'amie des chats sur Instagram et TikTok, en donnant à voir ses adorables boules de poils lovées sur des plaids ou nichées dans un sapin de Noël, bref, en jouant, souvent à la limite du kitsch, toute la gamme de la « mythologie du *cute*[3] », Marine Le Pen a cherché à dépeindre une image de l'extrême droite qui se trouve aux antipodes de celle de la figure féroce, brutale et déshumanisée du rhinocéros. Dans le même temps, l'efficacité de la rhétorique de la contagion s'est progressivement estompée : à force d'« épidémiologiser » le vote FN, puis RN, on a fini par reprocher à la gauche, puis à La République en marche, de pathologiser le désaccord politique pour mieux éviter de débattre du fond.

La rhétorique de la contagion est peu à peu devenue le symptôme de l'incapacité du politique à répondre aux angoisses et aux préoccupations d'une part croissante de l'électorat. On retrouve des débats similaires aux États-Unis, avec un nombre important de sympathisants démocrates qui ont cherché à disqualifier le président Trump en l'accusant d'avoir une « santé mentale défaillante » – « Trump est complètement fou », ont même conclu vingt-sept psychiatres américains[4]. Pour qualifier ces ressorts discursifs et politiques, Laure Bardiès parle d'une « psychopathologisation de l'Autre dans le conflit politique », à savoir « l'instrumentalisation stratégique de qualificatifs dégradants et disqualifiants dans la dimension de la lutte qui touche à la légitimité respective des adversaires ou des ennemis [...], destinée à affaiblir le camp adverse et à stimuler ou mobiliser le sien propre[5] ». Il n'est donc pas anodin que, lors du débat qui l'opposait à Éric Zemmour sur BFMTV le 23 septembre dernier, Jean-Luc Mélenchon ait justifié sa présence par le fait que le pays était « progressivement contaminé par les idées » du polémiste d'extrême droite. Réplique immédiate du principal intéressé : « Votre registre sémantique est intéressant. Vous estimez que je contamine le débat public, c'est-à-dire que je suis comme un virus, qui contamine. C'est votre conception de la démocratie, mais cela ne m'étonne pas, parce que dans votre camp, depuis deux siècles, on ne débat pas : on guillotine. On n'invective pas : on ostracise ; et on met dans des camps de rééducation, quand ce n'est pas dans des asiles psychiatriques. » Réaction épidermique... en apparence tout du moins. Car, en réalité, Éric Zemmour a repris à son compte la rhétorique de la contagion, en la renversant à son profit. C'est tout le procédé rhétorique de son dernier livre, *La France n'a pas dit son dernier mot*[6] : à le lire, tout ce que le pays compte d'élite politique, économique et même culturelle serait, dans l'entre-soi de déjeuners privés, secrètement d'accord avec ses constats, mais sans jamais oser le dire haut et fort. C'est cette bataille du récit de la zemmourisation des élites qui a dominé la pré-campagne d'Éric Zemmour : il ne manquait plus qu'une sorte de ruissellement des idées pour que celles-ci s'imposent enfin auprès du grand public. C'est précisément cette narration du basculement d'une minorité devenue majorité culturelle qu'a cherché à mettre en scène son clip vidéo d'annonce de candidature : « Longtemps, vous avez cru être le seul à voir, à entendre, à penser, à craindre. Vous avez eu peur de le dire, vous avez eu honte de vos impressions. Longtemps, vous n'avez pas osé dire ce que vous voyiez et surtout, vous n'avez pas osé voir ce que vous voyiez. Et puis, vous l'avez dit à votre femme, à votre mari, à vos enfants, à votre père, à votre mère, à vos amis, à vos collègues, à vos voisins. Et puis, vous l'avez dit à des inconnus, et vous avez compris que votre sentiment de dépossession était partagé par tous. La France n'était plus la France, et tout le monde s'en était aperçu. »

À l'ère des foules, si bien décrite par Gustave Le Bon, « les idées, les sentiments, les émotions, les croyances possèdent un pouvoir contagieux aussi intense que celui des microbes », et cette contagion se répand d'abord dans les couches populaires puis « passe ensuite aux couches supérieures de la société[7] ». Depuis l'avènement des citoyens-

3 – Vincent Lavoie, *Trop mignon ! Mythologies du cute*, PUF, coll. « Perspectives critiques », 2020.
4 – Bandy Lee *et al.*, *The Dangerous Case of Donald Trump: 27 Psychiatrists and Mental Health Experts Assess a President*, Thomas Dunne Books, 2017.
5 – Laure Bardiès, « La diagonale des fous », *Défense et Sécurité internationale*, janvier-février 2018.
6 – Éric Zemmour, *La France n'a pas dit son dernier mot*, Rubempré, 2021.
7 – Gustave Le Bon, *Psychologie des foules*, PUF, coll. « Quadrige », 1988.

consommateurs, la contagion des idées a besoin de relais d'influence pour faire son chemin : après s'être imposées verticalement, par les élites, les idées zemmouristes se seraient répandues horizontalement, par cercles de confiance concentriques. En réalité, la propagation de ses idées n'a pas été naturelle : elle a été le résultat d'une intense activité de fabrique de l'opinion.

La politique du LOL

Dans *La Contagion des idées*[8], l'anthropologue et chercheur en sciences cognitives Dan Sperber a proposé une véritable « épidémiologie des représentations » : comment expliquer que certaines représentations soient *contagieuses*, autrement dit qu'elles se soient si largement propagées dans les populations humaines ? Pour lui, il en va de deux facteurs : le premier, appelé « facteur écologique », renvoie aux canaux de transmission, c'est-à-dire à l'ensemble des institutions, médias et individus impliqués dans la chaîne de propagation ; le second, appelé « facteur psychologique », renvoie à la forme du message, étant entendu que certaines formes sont plus attrayantes, plus facilement mémorisables, et donc plus aisément diffusables. Ce sont précisément ces deux facteurs que les équipes d'Éric Zemmour ont mobilisés pour fabriquer (et mettre en scène) la contagion de ses idées radicales.
Beaucoup de choses ont été écrites sur le « facteur écologique » : on connaît le rôle de médias comme CNews, *Valeurs actuelles* ou Livre Noir dans la diffusion de masse de la grille de lecture zemmouriste.
La complaisance d'une partie de l'élite économique et intellectuelle a déjà été documentée[9], et avec elle le mécanisme de caution intellectuelle de certains penseurs qui, croyant voir en Zemmour un « symptôme politique », ont *in fine* validé sa vision du monde. Ce qui a peut-être été moins développé, en revanche, c'est le « facteur psychologique », c'est-à-dire le travail sur la forme du message. Le brief des équipes de Zemmour pourrait être résumé de la façon suivante : comment faire accepter un contenu radical au plus grand nombre ? Comment « abaisser le coût d'adhésion aux idées extrêmes », pour reprendre l'excellente formule du politiste italien Giuliano da Empoli[10] ? Pour répondre en une phrase : en abandonnant le pur champ doctrinal pour mener la bataille du cool. À l'ère de la domination de la pop culture, Zemmour a compris que, pour gagner les esprits, il lui fallait non plus dédiaboliser ses idées, mais bien plutôt les rendre désirables. C'est une vieille intuition spinozienne : « L'homme ne désire pas une chose parce qu'elle est vraie, mais inversement, il la croit vraie parce qu'il la désire. » Adapté aux codes d'aujourd'hui, cela s'incarne dans la figure du cool, c'est-à-dire une forme tendance, subversive, humoristique, faussement détachée. Si le cool est contagieux, c'est qu'il est normatif : il constitue une injonction à être, une incitation à imiter, un appel à faire de même. En stylisant l'extrême droite, Éric Zemmour fait le pari que ses idées ne parviendront à s'imposer qu'en passant du statut de doctrine politique à celui de style de vie, inspirant pour les autres. Il faut voir le succès des comptes de partage de mèmes, ces visuels humoristiques, pour s'en persuader : l'extrême droite épouse désormais la politique du LOL.

8 – Dan Sperber, *La Contagion des idées. Théorie naturaliste de la culture*, Odile Jacob, 1996.
9 – Ariane Chemin et Ivanne Trippenbach, « Entre Éric Zemmour et une partie de l'élite économique et intellectuelle, une étrange bienveillance », *Le Monde*, 1er décembre 2021.
10 – Giuliano da Empoli, « L'extrémisme d'Éric Zemmour n'est pas la limite qui le fera plafonner mais son carburant », Le Monde, 26 octobre 2021.

Le brief des équipes de Zemmour pourrait être résumé de la façon suivante : comment faire accepter un contenu radical au plus grand nombre ? Comment « abaisser le coût d'adhésion aux idées extrêmes. »

« Pour que l'éveil national se fasse, il est important d'arrêter de jouer avec les règles du système, il est important d'établir nos propres règles [...], d'utiliser des messages codés, du double discours, de faire de l'infiltration. »

ESTELLE REDPILL, INFLUENCEUSE IDENTITAIRE

« Le mème, c'est la caricature du XXIe siècle, à la fois underground et virale [11] », déclare l'administrateur de la page Facebook Mèmes Royalistes, l'une des plus actives de la nébuleuse identitaire. La page des Neurchi de Zemmour remporte un important succès populaire, essentiellement auprès des 18-30 ans, en remplissant plusieurs fonctions : susciter la complicité et créer un capital sympathie pour le « Z » (« Les lunettes, ça rend craquant »), dédramatiser le contenu radical de ses propositions par le rire (« Toc, toc ! C'est Rémi. – Rémi qui ? – Rémi Gration ») ou encore désamorcer des sorties polémiques (stylisation du sniper à la façon d'un James Bond) et des faux pas (iconisation du doigt d'honneur).

Plus largement, le journaliste Paul Conge a montré comment l'extrême droite cherchait à faire émerger une « culture de la dissidence identitaire [12] » *via* tout un ensemble d'influenceurs et d'influenceuses, comme Julien Rochedy, Le Raptor ou Thonia, qui

agrègent chacun des communautés de plusieurs dizaines, voire centaines de milliers de personnes. Le procédé est partout le même : partir du culturel, des modes de vie (la *food*, le *gaming*, le développement personnel) pour pousser des idées politiques radicales. Sur TikTok, Estelle Redpill illustre en scène avec du saucisson et du vin rouge, assumant de « maquiller ses idées [13] » pour mieux les diffuser. « Pour que l'éveil national se fasse, il est important d'arrêter de jouer avec les règles du système, il est important d'établir nos propres règles [...], d'utiliser des messages codés, du double discours, de faire de l'infiltration [14] », explique-t-elle froidement, face caméra. Le youtubeur Papacito, quant à lui, a bâti son succès sur des tutos identitaires expliquant quelles attitudes adopter pour ne pas être des « lopettes » ou des *soy boys* (« hommes soja », comprendre des bobos efféminés à force de manger bio). Il explicite ainsi son projet de bataille culturelle : « On est la nouvelle hype, on est ceux qui bousculent les choses [...]. Il faut faire un contre-Canal+ culturel. Qui soit aussi fun, mais porteur d'idées patriotes et plus réactionnaires [15]. » En 2022, c'est dans cet entrelacement entre esthétique et politique que se trouvent les nouvelles sphères d'influence de l'extrême droite. L'évolution de l'utilisation du thème de la contagion illustre très bien cette « rhétorique de l'inversion », déjà présente chez Drumont, à la fin du XIXe siècle, comme l'a montré l'historien Gérard Noiriel [16] : l'extrême droite a décidé de faire d'un stigmate une clé de réussite. Plutôt que de nier le rhinocéros, elle a décidé de créer le sien propre : un rhinocéros cool.

11 – Cité dans Paul Conge, *Les Grand-remplacés. Enquête sur une fracture française*, Arkhê, 2020.
12 – *Ibid.*
13 – Extrait de l'émission *Les Reportages de Martin Weill. Les nouveaux réacs attaquent*, TMC, 23 novembre 2021.
14 – « Joyeux Noël en retard », vidéo YouTube, 30 décembre 2021.
15 – « Papacito : réponse à Mélenchon », vidéo YouTube, VA Plus, 8 juin 2021.
16 – Gérard Noiriel, *Le Venin dans la plume. Édouard Drumont, Éric Zemmour et la part sombre de la République*, La Découverte, 2019.

PAR
Paul Deutschmann

ENQUÊTE

LES RAPPEURS DANS LE VISEUR

Devenus de puissantes figures populaires, les stars du rap constituent des cibles de choix pour une classe politique désireuse de toucher autant la jeunesse que les « quartiers ». Au risque de se voir accusés de récupération, certains candidats n'hésitent pas à multiplier les opérations de charme. Entre Macron, Orelsan, Gims, Pécresse, Booba et Zemmour, enquête dans les coulisses – politiques – du rap game.

« J'adore le cloud rap et j'adore PNL. »

ROSELYNE BACHELOT

Vendredi 22 octobre 2021. Une bruine persistante rafraîchit Paris en ce début de soirée. 15, rue de Vaugirard – l'entrée du palais du Luxembourg –, un ballet de berlines aux vitres teintées s'affaire. À l'intérieur, pas de sénateurs ni de députés. Ce soir, le « petit palais », qui abrite la résidence du président du Sénat, Gérard Larcher, accueille un dîner peu législatif : les Hip Hop Music Awards.

« La République célèbre le rap ! » s'exclame un participant, hilare. Sous le lustre d'un salon de Boffrand, c'est le défilé : journalistes, producteurs et directeurs de label discutent de la dernière saison de *Validé*, la série Canal+ consacrée au rap, sortie une dizaine de jours plus tôt. Un peu plus loin, les participants dégainent leurs smartphones et tentent un selfie devant l'imposante plaque d'Elchingen, sur laquelle est retranscrite une lettre de Napoléon envoyée aux sénateurs lors de sa campagne de Prusse de 1806.

L'un des convives capte immédiatement l'attention. Chemise de velours à motif léopard, col remonté et lunettes noires, le rappeur et acteur JoeyStarr s'apprête à recevoir un prix. Le cofondateur du groupe NTM est un habitué des salons policés de la reconnaissance institutionnelle. Entouré du journaliste Olivier Cachin, de la députée européenne Modem Marie-Pierre Vedrenne et du boxeur Jean-Marc Mormeck, un autre poids lourd du rap français est de la partie : Passi, qui doit lui aussi être honoré.

Contre toute attente, la maîtresse de cérémonie n'est pas la ministre de la Culture, Roselyne Bachelot – qui avait déclaré : « J'adore le cloud rap et j'adore PNL », dans une interview à Konbini –, mais Élisabeth Moreno, ministre déléguée chargée de l'Égalité entre les femmes et les hommes, de la Diversité et de l'Égalité des chances. Nommée lors du remaniement de juillet 2020, elle n'a, depuis, cessé de gagner en influence auprès d'Emmanuel Macron. Érigée en modèle de la méritocratie à la française, Moreno, née au Cap-Vert en 1970 d'un père ouvrier de chantier et d'une mère femme de ménage, a gravi tous les échelons jusqu'à devenir directrice Afrique du géant américain de l'informatique Hewlett-Packard.

Souriante, la ministre semble à son aise entre Passi et JoeyStarr. « Elle a une petite culture rap ! » glisse une proche avant de s'empresser d'ajouter qu'elle a « grandi en banlieue ». Écouter du rap et avoir grandi en banlieue ; voilà Mme Moreno revêtue des oripeaux de la « *street credibility* ». Trente ans après son émergence, le rap n'est pourtant plus l'apanage des quartiers chauds. Il s'est gentrifié et est désormais le leader incontesté du marché musical français. Il reste, malgré tout, une étrangeté aux yeux des élites politiques. Un malaise que peine à masquer cette soirée aux allures de romance artificielle.

Faux pas à Marseille

Difficile de le nier : malgré le fait qu'il soit le plus jeune président de la Vᵉ République, Emmanuel Macron n'apparaît pas comme un fan du genre. Pianiste classique de formation, diplômé du conservatoire d'Amiens, « il est plutôt Chopin, Johnny Hallyday et Francis Cabrel », confirme l'un de ses proches. Au cours de ses années estudiantines, il n'écoute pas non plus le 113 ou la Mafia K'1 Fry, contrairement à son ami et condisciple de l'ENA au sein de la promotion Léopold Sédar Senghor, Mathias Vicherat. Grand amateur de rap nommé à la tête de Sciences Po en novembre dernier, l'énarque de 43 ans a même consacré un essai à sa passion : *Pour une analyse textuelle du rap français* [1]. La relation publique d'Emmanuel Macron avec

1 – Mathias Vicherat, *Pour une analyse textuelle du rap français*, L'Harmattan, 2001.

le monde du rap a même débuté par un petit *bad buzz* qui, presque cinq ans plus tard, a laissé des traces chez les puristes. Nous sommes le 1er avril 2017, dans le 8e arrondissement de Marseille. Au cœur d'un parc Chanot survolté, le candidat se lance devant 6 000 personnes et tente un clin d'œil au groupe IAM : « Eh bien oui, la culture, notre culture, c'est ce qui nous tient, c'est ce qui permet à chacune et chacun de sortir de sa condition et d'accéder à un commun. Parce que, oui, ce n'est pas ici que je vais vous l'apprendre, nous sommes bien nés sous la même étoile ! »

Problème : si le titre du plus célèbre groupe de rap marseillais est bien *Nés sous la même étoile*, le refrain dit exactement le contraire : « On n'est PAS nés sous la même étoile. » Trop tard, le mal est fait et, pour un petit mot manquant, le futur président s'attire les moqueries des aficionados comme celles de ses opposants. Dès le lendemain, Jean-Luc Mélenchon, en meeting à Châteauroux, épingle la citation du futur chef de l'État. Benoît Hamon fera également le procès en « opportunisme » d'un candidat qui « n'a jamais écouté de rap de sa vie ».

Au sein du groupe IAM, alors en pleine promo de l'album *Rêvolution*, l'histoire fait sourire. Surtout parce que ses membres sont désormais habitués à éconduire les femmes et les hommes politiques qui leur font des avances : depuis quinze ans, le groupe a été sollicité à chaque élection présidentielle mais s'est toujours refusé à adouber quiconque. En 2017, sans surprise, les comités de soutien des candidats Macron et Hamon avaient discrètement approché les auteurs du tube *Je danse le Mia*.

Depuis la cité phocéenne, le cofondateur et architecte sonore du groupe, Imhotep, se confie : « En France, le rap a trop longtemps été relégué en "sous-culture" des quartiers sensibles pour descendants d'ex-colonisés. Aujourd'hui encore, la grande majorité des politiciens considère notre lexique culturel avec une forme de condescendance proche du mépris, qu'il soit de classe ou de "race". Ce qui ne les empêche pas de nous avoir emprunté la technique de la *punchline*. » Il ajoute : « Les rares moments d'intérêt pour notre musique sont dictés par des visées électoralistes, comme quand il faut attaquer un rappeur en justice pour ratisser des voix à l'extrême droite, ou en récupérer un autre, plus consensuel et manipulable, afin de se rallier les suffrages de la "diversité". »

Mais le rapport de force a changé, décrypte Imhotep : « C'est non seulement la culture la plus consommée, mais surtout la plus pratiquée en France et dans le monde. » Un constat qui n'échappe pas non plus aux femmes et

Page précédente :
Le groupe IAM en concert au Montreux Jazz Festival. Montreux, Suisse, juillet 2013.

Photo de Loona.
© Loona / ABACA

Élisabeth Moreno au palais de l'Élysée. Paris, novembre 2021.

Photo de Nasser Berzane.
© Nasser Berzane / ABACA

aux hommes politiques français : « À l'heure de Konbini, Brut et Snapchat, vous êtes fini si vous ne connaissez pas Orelsan et Jul », détaille un communicant proche d'Emmanuel Macron. Plus que tout autre exercice, la campagne présidentielle est, par excellence, le moment d'accaparement des références de la culture *mainstream*. La cuvée 2017 avait été un véritable festival du LOL distillé version stories sur les réseaux sociaux des prétendants à l'Élysée. Quitte à devenir des mèmes Internet, la quasi-totalité d'entre eux, de François Fillon à Philippe Poutou, s'étaient ainsi adonnés – avec plus ou moins de talent – à d'innombrables dabs et autres *Bottle Flip Challenges*. Certains n'avaient pas hésité à dégainer les deux mains pour reproduire, non sans mal, le signe de ralliement du rappeur marseillais aux plus de quatre millions d'albums vendus, Jul.
En plein enregistrement de son deuxième album dans un studio montreuillois, Lord Esperanza, 25 ans et déjà 100 millions d'écoutes en streaming, se souvient d'avoir été convié sur la scène de l'Élysée pour la fête de la musique en 2019. Il avait alors décliné, par peur d'être instrumentalisé et de se voir coller l'étiquette de « rappeur En marche ». « Les rappeurs, comme les influenceurs, sont incontestablement devenus un moyen de toucher les jeunes dépolitisés », constate-t-il, faisant référence à Mcfly et Carlito, les deux youtubeurs reçus pour le tournage d'un concours d'anecdotes avec le chef de l'État. Lord Esperanza ne s'y trompe pas. Le 2 décembre dernier, en plein carton de l'album *Civilisation* d'Orelsan, le président français avait déclaré au quotidien *Libération* avoir beaucoup apprécié le titre phare, *L'Odeur de l'essence*. Une petite sortie que balaiera sèchement le lendemain le rappeur caennais sur le plateau de *Quotidien* : « Est-ce qu'il n'essaierait pas de gratter mon buzz ? »

Conseillers de l'ombre

La petite bourde marseillaise n'a pas empêché Emmanuel Macron de retenter l'expérience une fois élu, le 22 mai 2018 au palais de l'Élysée. Au cours d'un discours sur les banlieues, il s'était autorisé une allusion à Oxmo Puccino. « On donnera aussi la parole aux mamans, certains diraient "de Ouagadougou au fin fond du Pérou" », détournant ainsi le refrain du morceau *Mama Lova*.
Derrière cette dédicace, l'humoriste Yassine Belattar, intime d'« Oxmo » qui est parrain de l'un de ses trois enfants. Nommé la même année par le chef de l'État au sein du Conseil présidentiel des villes dédié aux « banlieues », l'ex-animateur télé avait joué les maîtres de cérémonie façon stand-up lors de l'adresse du président, dont il eut un temps l'oreille. Durant la campagne de 2017, Belattar s'était affiché à plusieurs reprises avec Macron, pour lequel il avait organisé une série de rencontres en région parisienne.
Un matin d'octobre, il le reçoit dans un bar de la rue Lepic, en plein 18e arrondissement de Paris. D'emblée, le discours est prosaïque. « Les rappeurs ne sont plus dupes vis-à-vis des politiques. Ils ont bien compris qu'il s'agissait d'actions d'opportunisme, le plus souvent sans lendemain. » Le rap français, Yassine Belattar le connaît très bien pour le côtoyer au plus près depuis deux décennies. Il a fait ses classes à la radio Générations, pionnière dans la diffusion de la culture hip-hop, où il a animé la matinale de 2003 à 2007. Devant un café et une grande Vittel, l'humoriste regrette aussi une forme de « dépolitisation » des rappeurs, particulièrement « face à la montée des idées de l'extrême droite en France, incarnée par Marine Le Pen et Éric Zemmour ».
Un autre homme semble avoir récemment éveillé l'intérêt rappologique d'Emmanuel Macron : le réalisateur Jean-Pascal Zadi, reçu à l'Élysée en octobre 2020 pour une projection privée de son long métrage, *Tout simplement noir*. « Le président a beaucoup apprécié le film mais aussi les échanges qu'ils ont eus », glisse un conseiller élyséen. Le film raconte les aventures de JP, un acteur raté qui souhaite organiser une marche pour protester contre l'absence des Noirs dans les médias. Lui-même ancien « MC » au sein du groupe caennais La Cellule, Jean-Pascal Zadi a toujours gardé un pied dans la

culture hip-hop, dans laquelle il baigne depuis ses débuts et à laquelle il a consacré un documentaire en 2005, *Des halls aux bacs*. Avant Zadi, Emmanuel Macron avait déjà tenté de tisser des liens avec le slameur Abd al Malik, ou encore Soprano.

Macron, Vegedream et le concert à un million d'euros

Aéroport de Paris-Charles-de-Gaulle, vendredi 20 décembre 2019. Lunettes noires vissées sur le nez, le rappeur Vegedream descend d'un van et s'engouffre dans la salle d'embarquement. Il décolle dans moins d'une heure pour Abidjan. L'auteur de l'hymne *Ramenez la coupe à la maison* est l'invité personnel d'Emmanuel Macron pour sa tournée en Côte d'Ivoire. Si aucune photo du président français aux côtés de Vegedream ne fuite, le rappeur est bien à bord de l'A330 présidentiel. Le lendemain, il aura aussi sa place au dîner d'État donné par le président ivoirien Alassane Ouattara au Sofitel Ivoire, durant lequel il gratifiera les invités d'un petit show privé.

La présence du chanteur d'origine ivoirienne doit permettre de célébrer la « force des liens culturels entre la France et la Côte d'Ivoire », assure l'Élysée. Elle met également en scène un thème cher au président français depuis le début de son quinquennat : les diasporas africaines, « trait d'union entre l'Afrique et la France ». Six mois plus tôt, Vegedream avait déjà été invité à l'Élysée par Emmanuel Macron pour une rencontre consacrée au sujet avec le président ghanéen. « On a beaucoup encouragé Macron à travailler avec les diasporas », acquiesce Belattar.

Depuis 2017, les rappeurs ont été particulièrement courtisés par une diplomatie française en déshérence sur le continent africain et à la popularité proportionnellement inverse à celle des stars du hip-hop français. Cette stratégie aurait même dû connaître son paroxysme en juin 2020 à l'occasion du sommet Afrique-France de Bordeaux, où un grand concert de musique « urbaine » était programmé sur la place des Quinconces. Pour ce faire, une enveloppe d'un million d'euros avait été provisionnée par l'Élysée et une *shortlist* arrêtée. Sur cette dernière – soigneusement tenue secrète – figuraient notamment les noms de Gaël Faye, Aya Nakamura ou encore Gims. Naufragé du Covid-19, le rêve présidentiel ne verra le jour que dans une version remaniée, à Montpellier, en octobre 2021. Lot de consolation : un concert de Singuila et de l'étoile montante du rap ivoirien, Fior 2 Bior.

À elles seules, les diasporas africaines représenteraient plus de cinq millions de Français et quasiment autant d'électeurs potentiels. Au sein du gouvernement, une ministre est tout particulièrement chargée de mettre en musique la stratégie présidentielle : Élisabeth Moreno. Son nom revient d'ailleurs avec insistance dans l'entourage du chef de l'État pour jouer un rôle clé dans la campagne de 2022. Elle est aussi une familière d'Olivier Laouchez, patron de Trace Urban et ancien directeur de Secteur Ä, le premier label indépendant de hip-hop français. L'homme d'affaires installé à Johannesburg avait été l'architecte de la venue d'Emmanuel Macron dans la mythique boîte nigériane, le Shrine, en juillet 2018.

PS et Hip-Hop Connexion

La méthode n'est pas tout à fait nouvelle. François Hollande avait lui aussi, en son temps, fait des rappeurs des convives VIP de ses dîners officiels avec les chefs d'État africains. Durant le précédent quinquennat, Mokobé, le leader du 113, Black M et MHD ont ainsi eu leur rond de serviette au Château. « C'était à chaque fois une manière de fêter l'amitié de la France avec ces pays », se remémore Thomas Mélonio, ancien « M. Afrique » de François Hollande à l'Élysée. Aujourd'hui encore, à chaque interview pour Konbini et Brut ou sur Twitch, l'ex-président socialiste ne manque pas une occasion de dire qu'il est « fan de Booba et de PNL ». En réalité, les rappeurs, François Hollande les écoute peu mais les drague depuis longtemps. Pour sa campagne victorieuse de 2012, il en avait même fait un puissant levier de conquête du pouvoir. Il s'était à l'époque rapproché d'une figure aussi discrète qu'influente du monde du hip-hop en France : Bruno Laforestrie. Homme de médias, le quadragénaire a été le patron de

la radio Générations pendant quinze ans avant d'être nommé en 2014 par Mathieu Gallet à la tête du Mouv'.

« J'avais rencontré François Hollande deux fois quand il était venu à la radio Générations alors qu'il était encore premier secrétaire du PS », se souvient-il. C'est par l'intermédiaire de Thomas Hollande, lui-même auditeur de rap, qu'il s'était engagé, d'abord auprès de Ségolène Royal en 2007, puis pour l'ancien président socialiste cinq ans plus tard. « On a organisé plusieurs rencontres avec François Hollande et des acteurs du monde de la culture et particulièrement de la scène hip-hop », confie-t-il. Comme cette soirée du 20 février 2012, à deux mois du premier tour, autour d'une table du bar à vin Yard, rue de Mont-Louis. Le candidat PS y avait dîné en compagnie de Zoxea, Vicelow et Imhotep. « Les campagnes présidentielles sont toujours propices à ce type d'exercice, les candidats veulent rencontrer tout le monde : écrivains, artistes, etc. », rappelle un ancien membre de l'équipe de Hollande.

La politique, Bruno Laforestrie la connaît presque aussi bien que le rap. Il a toujours cultivé une double vie entre ces deux mondes que tout sépare. Brièvement encarté au PS, il y a notamment milité en faveur du traité de Maastricht. Sur les bancs de Sciences Po, rue Saint-Guillaume, au début des années 1990, il a aussi été membre de l'un des principaux clubs rocardiens : Opinions. Il y côtoie alors Manuel Valls mais aussi Alexis Kohler, l'actuel secrétaire général de l'Élysée.

« En 2012, il y avait un front du monde de la culture après cinq ans sous Nicolas Sarkozy. Ce qu'on a fait avec les rappeurs était loin d'être uniquement de la communication, les messages étaient directement relayés dans les quartiers. On avait entrepris un vrai travail de maillage. Cela s'est aussi vu dans les résultats : la banlieue a voté quasiment comme un seul homme pour Hollande. » En pleine campagne, l'actuel patron de Mouv' avait concocté l'un des plus jolis coups de com' du candidat socialiste : une vidéo mettant en scène Hollande en campagne à Aubervilliers et Aulnay-sous-Bois avec en bande sonore *Ni**as in Paris* de Jay-Z et Kanye West. La séquence, aujourd'hui introuvable sur YouTube, avait fait plus de 100 000 vues en moins de 24 heures. Outre Bruno Laforestrie, elle avait été produite par Leïla Sy, réalisatrice de nombreux clips de Kery James.

Reste que cette présence en filigrane des rappeurs dans la campagne avait provoqué des crispations jusque dans l'équipe de campagne hollandienne. Un épisode, jusqu'à présent tenu secret, avait à lui seul matérialisé les clivages futurs. Nous sommes place de la Bastille, le 7 mai 2012. François Hollande vient d'être élu président avec 51,64 % des voix face à Nicolas Sarkozy. L'ambiance est à la fête alors que se succèdent sur la scène le chanteur Cali et le groupe Blankass. En coulisse, les Sages Poètes de la Rue (groupe de hip-hop des Hauts-de-Seine) s'apprêtent à monter sur les planches mais sont subitement déprogrammés « sur ordre direct du directeur de campagne Manuel Valls », se souvient un membre de l'équipe. « Ce soir, on doit *rassembler les Français* », aurait argué l'ancien chef du gouvernement pour justifier sa décision.

« Il veut vraiment brûler les profs ? »

L'embardée est loin d'être anecdotique. « C'est le premier symbole de la rupture au sein du PS », s'emporte une ancienne ministre socialiste qui confirme le déroulé de la scène. « Alors que beaucoup d'artistes hip-hop et d'acteurs issus des banlieues avaient mouillé le maillot tout au long de la campagne, on les a trahis », poursuit-elle. Le coup de grâce ? Il arrivera quelques semaines plus tard lorsque Manuel Valls, alors ministre de l'Intérieur, enterrera le récépissé dans le cadre des contrôles d'identité en plein mois de juillet 2012. Or la mesure faisait partie des soixante engagements phares de François Hollande et avait constitué l'une des principales promesses du président socialiste aux acteurs associatifs. Le sujet sera même l'objet d'un tête-à-tête tendu à l'Élysée entre le rappeur Kery James – qui avait soutenu en 2012 le candidat socialiste – et François Hollande lui-même, quelques semaines après l'affaire Adama Traoré, en 2016.

« Comme une chimère, la figure du rappeur incarne un imaginaire encore très lié à la banlieue alors que ce n'est plus le cas aujourd'hui. Il existe une très grande diversité de styles. Quelle uniformité existe-t-il entre Jul, Orelsan et Rohff ? » résume le patron de Mouv'. Un état des lieux que partage un autre conseiller

Orelsan aux Victoires de la musique, à La Seine Musicale. Boulogne-Billancourt (Hauts-de-Seine), février 2018.

Photo de Laurent Zabulon.

de François Hollande : Pierre-Yves Bocquet, plume du président socialiste de 2014 à 2017. L'énarque n'est pas qu'un inspecteur général des affaires sociales ; il est aussi, depuis la fin des années 1990, un critique de rap américain reconnu sous le pseudo de Pierre Evil. Une « originalité » de parcours qui lui a valu une pluie d'articles. « Un fan de rap à l'Élysée » avait titré *Le Figaro* en mars 2014. Une couverture qui avait surpris l'intéressé lui-même, près de vingt-cinq ans après la révolution hip-hop en France, et à ses yeux symptomatique d'une classe médiatique pour laquelle un haut fonctionnaire auditeur de rap constituait encore une anomalie.

Sous les néons de la terrasse chauffée d'un bistrot parisien, l'énarque aux fines lunettes accepte le jeu de l'interview. Durant ses années élyséennes, un évènement l'a tout particulièrement marqué : la polémique « Black M », du nom du rappeur qui avait été convié en 2016 par le maire de Verdun à célébrer les cent ans de la bataille éponyme. Largement attisée par l'extrême droite, sa venue avait entraîné une levée de boucliers, allant jusqu'à faire trembler les murs du palais Bourbon et de l'Élysée. Sous la pression et les menaces, la mairie de Verdun avait finalement déprogrammé le concert du

« Est-ce qu'il n'essaierait pas de gratter mon buzz ? »

ORELSAN

membre fondateur de Sexion d'Assaut, dont le grand-père avait pourtant combattu avec les troupes coloniales aux côtés de l'armée française durant la Seconde Guerre mondiale.
« Je retiens qu'un gouvernement de gauche a mis plus de trois jours à réagir aux attaques contre un artiste, là où il avait mis moins de 24 heures pour le plasticien Paul McCarthy et son œuvre place des Vosges ou pour Anish Kapoor. Pourquoi ? Car c'est de l'art contemporain et c'est perçu comme de la culture légitime. Nos principes étaient en échec chez des gens de gauche », juge sévèrement le haut fonctionnaire. Il poursuit : « Quasiment aucun des plus de 40 ans à l'Élysée ne connaissait Black M alors même qu'il était à l'époque ultraconnu. Pour la première fois, j'ai ressenti le type de fracture générationnelle qu'on a pu avoir dans les années 1960 avec l'arrivée du rock. »
Une réunion de crise avait été convoquée par le secrétaire général de l'Élysée, Jean-Pierre Jouyet. Au ministère de l'Éducation, l'affaire avait tourné au mélodrame : « Mais il veut vraiment brûler les profs ? » avait questionné une conseillère de Najat Vallaud-Belkacem, en référence à son tube aux plus de 150 millions de vues sur YouTube, *Mme Pavoshko*. « L'extrême droite a gagné ce jour-là. Black M, qui portait sur lui la diversité, était en définitive renvoyé à l'image d'un jeune Noir avec une casquette de travers », résume Pierre-Yves Bocquet. Et de conclure : « On ne fait jamais crédit à un rappeur d'être un artiste. »
L'épisode a laissé des stigmates dans le monde du rap. « Quoi que vous fassiez, vous serez toujours suspecté et vos procureurs liront vos textes à voix haute sans musique. C'est le message qui a été passé », déplore le directeur d'un grand label. Avant d'ajouter : « La rupture a été consommée. Comment penser aujourd'hui qu'un rappeur puisse soutenir Anne Hidalgo en 2022 ? »

Rappeur de droite

Le 8 juin 2021, sur le compte Twitter de la présidente de la région Île-de-France, Valérie Pécresse, le rendez-vous est donné à coups d'émoticônes : « @GIMS a un message pour nous ! Pour en savoir plus, retrouvez-moi nombreux ce soir à 18 heures sur Zoom pour notre meeting numérique pour la jeunesse ! » En guise de teasing, une petite vidéo de 12 secondes où apparaît le rappeur aux éternelles lunettes noires : « Bonjour à tous, c'est Gims. Juste pour vous dire que je suis fier... » – avant que l'écran ne se coupe. Dans la vidéo intégrale qui sera diffusée durant un meeting virtuel pour les élections régionales, Gandhi Djuna – son nom à la ville – déclarera être « très fier de collaborer depuis maintenant quelques années avec Valérie Pécresse ». Un « soutien » de taille pour la candidate Les Républicains (LR) à la présidentielle, qu'elle ne manquera pas de relayer le soir même sur l'ensemble de ses réseaux. « C'était un beau coup, non ? Avoir l'un des artistes les plus populaires en France ! » sourit encore une collaboratrice de l'ancienne ministre de l'Enseignement supérieur. Si le soutien n'est pas aussi explicite que Valérie Pécresse le laisse paraître, le rappeur a bien collaboré avec plusieurs associations actives dans les « quartiers », elles-mêmes soutenues par la région Île-de-France. Alors, quand l'équipe de campagne de Pécresse le contacte pour lui proposer de tourner un petit clip en sa faveur, il accepte. « Gims n'est pas un idéologue, il a seulement reconnu la qualité du travail de la région », déclare un proche de l'ancien membre de Sexion d'Assaut, qui précise : « Il n'a toujours pas la nationalité française malgré plusieurs demandes et ne vote par conséquent même pas en France. » Reste que le coup de com' était habile pour la gagnante de la primaire LR, soucieuse de glaner des voix face à une alliance des partis de gauche.
La candidate à la magistrature suprême n'est pourtant pas une familière du rappeur. Deux ans plus tôt, elle avait déjà tenté de citer – dans la douleur – l'une de ses *punchlines*, les yeux rivés sur ses notes. Le 23 septembre 2021, dans l'émission politique de France 2, Élysée 2022, présentée par Thomas Sotto et Léa Salamé, Valérie Pécresse sera tout aussi incapable de reconnaître la musique de Gims lorsque les deux présentateurs diffuseront un morceau de l'artiste.
Cette parenthèse a néanmoins permis de relancer un vieux débat : peut-on être un rappeur et soutenir un candidat de droite ? « Un lieu commun a en effet toujours eu tendance à penser que le rap était de gauche car il s'associait à des idées de justice sociale mais en réalité, le rap n'est ni de gauche ni de droite », tranche Fred Musa, animateur star depuis 1996 de l'émission *Planète Rap* sur Skyrock. « Il y a eu une sorte d'injonction de la critique à penser que le rap devrait être un art plus politique qu'un autre.

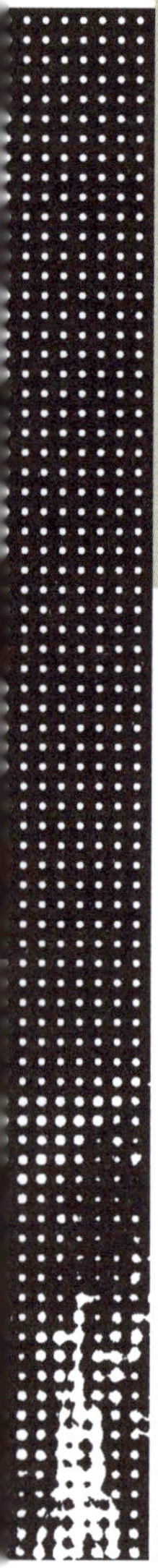

Maître Gims au Palais des Festivals et des Congrès. Cannes (Alpes-Maritimes), novembre 2018.

Photo d'Aurore Maréchal.
©Aurore Maréechal/ABACA

« C'était un beau coup, non ? Avoir l'un des artistes les plus populaires en France ! »

« Peut-on être un rappeur et soutenir un candidat de droite ? »

Mais il faut garder en tête que le premier morceau de rap est *Rapper's Delight* de The Sugarhill Gang », souligne le journaliste.

Le sujet n'est pas nouveau. En 2007, le soutien de Doc Gyneco à Nicolas Sarkozy avait provoqué un véritable tollé. Si, depuis, le rappeur a regretté sa décision, il a toujours cultivé un côté subversif à la limite de la provoc. En 1996, sur l'album *Première consultation*, il produisait déjà un morceau au titre prémonitoire : *Classez-moi dans la variet.* « Un rappeur qui soutient un candidat de droite compte double. Tout le monde se souvient du soutien de Doc Gyneco à Sarkozy mais plus personne de Disiz la Peste et de Kery James qui soutenaient Ségolène Royal », ironise un militant Les Républicains amateur du genre.

« Nicolas Sarkozy, qui avait accumulé les polémiques avec nombre de rappeurs, a suscité autant le rejet qu'une forme de fascination chez les artistes hip-hop », décrypte Fred Musa, qui avait, en 2008, lui-même accueilli Rachida Dati, alors garde des Sceaux, dans le studio de *Planète Rap*. Aujourd'hui encore, certains n'hésitent pas à s'afficher avec des figures très liées à l'ancien ministre de l'Intérieur. Lors du confinement de mars 2020, Booba, installé à Miami, a ainsi produit un petit documentaire intitulé *Corona Time*, dans lequel il interroge longuement l'ancien patron de la Direction centrale du Renseignement intérieur (DCRI) sous Sarkozy, Bernard Squarcini, dit « le Squale ». Plus discrètement, le rappeur Sofiane a quant à lui rendu un hommage appuyé à Alexandre Djouhri après avoir lu une biographie de l'homme d'affaires très proche de plusieurs barons de la droite. Sobrement intitulé *Monsieur Alexandre*, le morceau est sorti en mai 2021 sur le dernier album de l'artiste originaire du Blanc-Mesnil. Les rappeurs se sont, en fait, sans cesse joués des clivages. À l'instar de Doc Gyneco, certains Américains ont pris un malin plaisir à contredire les poncifs les concernant. Père du gangsta rap aux États-Unis, Eazy-E avait participé en mars 1991 à un dîner au Republican Senatorial Inner Circle, organisé par le très droitier George H. W. Bush, dont il avait participé financièrement à la campagne. Vingt-cinq ans plus tard, Kanye West soutiendra Donald Trump. Rien, néanmoins, à côté de la force avec laquelle Barack Obama avait réussi mobiliser derrière lui le monde du hip-hop américain, de Jay-Z à Beyoncé.

L'extrême droite et le rap : trente ans de désamour

Dans la campagne présidentielle française, une candidate met cependant un point d'honneur à garder les rappeurs à distance : Marine Le Pen. De NTM à Diam's, le Front national (FN), devenu le Rassemblement national (RN), a constitué une cible privilégiée du mouvement hip-hop depuis le début des années 1990. « Aux yeux de l'extrême droite, les rappeurs sont l'expression par excellence d'une "banlieue" fantasmée où règneraient l'insécurité et le rejet d'une certaine idée de la France. Il n'y a donc rien d'étonnant à ce que le RN érige les rappeurs en épouvantails », observe Fred Musa.

Un constat qui n'a pas empêché l'ex-députée du FN Marion Maréchal de déclarer en 2015 à la revue *Charles* : « Je vais peut-être vous surprendre mais j'écoute du rap. Il y a un rappeur que j'aime bien, même si je ne suis pas d'accord avec tout ce qu'il dit sur le fond, mais je trouve qu'il a un talent d'écriture, c'est Youssoupha. J'aime beaucoup Sexion d'Assaut et Maître Gims aussi. » La nièce de Marine Le Pen avait pourtant copieusement appelé à l'annulation de la performance de Black M à Verdun en 2016. Le FN fut aussi aux avant-postes de la déprogrammation du rappeur Médine deux ans plus tard au Bataclan. Une animosité qui a tenu en haleine les téléspectateurs de *Touche pas à mon poste* lors d'un débat organisé en septembre 2021 par Cyril Hanouna entre Booba et l'ex-cadre du RN Jean Messiha.

Nicolas Sarkozy et Doc Gyneco lors de l'université d'été de l'UMP. Marseille, septembre 2006.

Photo d'Orban Taamallah.

Une image pourrait résumer à elle seule le préjugé viscéral de l'extrême droite vis-à-vis du rap : la photo d'Emmanuel Macron lors de sa tournée en septembre 2018 sur l'île de Saint-Martin, sur laquelle le Président apparaît bras dessus bras dessous avec deux jeunes dont l'un est torse nu, majeur en l'air. Si cette photo n'a absolument aucun lien avec le rap, plusieurs cadres du RN avaient immédiatement présenté le jeune homme faisant un doigt d'honneur comme un « rappeur ». La photo est même, aujourd'hui encore, le premier résultat d'une recherche Google associant les mots « Macron » + « Rap ».

Plus de trois ans après, la seconde vie du cliché est encore vivace. Le candidat Éric Zemmour le réutilisait même le 30 novembre 2021 pour attaquer le chef de l'État face au présentateur Gilles Bouleau lors de son passage au 20 heures de TF1. Quelques heures plus tôt, le polémiste avait officialisé sa candidature sur sa chaîne YouTube, dans une vidéo où il apparaît la mine grave, en costume sombre, dans une bibliothèque. Sur fond de la *Symphonie n° 7* de Beethoven entrecoupée d'images de jeunes à capuches, il énumère d'un ton solennel : « Vous jetez un œil et une oreille aux affiches publicitaires, aux séries télévisées, aux matchs de football, aux films de cinéma, aux spectacles, aux chansons. » Un peu plus loin, il parle du « pays de Johnny et d'Aznavour, de Brassens et de Barbara ». France que l'on connaît, France que l'on ne reconnaît plus ; comment ne pas penser alors à l'ombre du rap, ce style qu'il qualifiait sur la chaîne France Ô en 2008 de « sous-culture d'analphabètes » ? Des propos qu'il réitérera dix ans plus tard, sur le plateau de CNews cette fois-ci. La relation d'Éric Zemmour avec le rap a, de fait, elle aussi été émaillée de polémiques et de procès. Or, paradoxalement, il pourrait bien être le candidat qui a le plus côtoyé les rappeurs. Chroniqueur à l'émission *On n'est pas couché* de 2006 à 2011 sur France 2, il aura en effet, en cinq ans, vu défiler sur les sièges bleu et blanc du plateau de Laurent Ruquier aussi bien Booba que La Fouine, Kool Shen, MC Jean Gab'1, et même 50 Cent.

La seule figure de la vie politique française au palmarès musical aussi étoffé, il faut aller la chercher à l'exact opposé de l'échiquier politique : au Nouveau Parti anticapitaliste (NPA). Olivier Besancenot est un passionné de rap depuis le début des années 1990. Le candidat à l'élection présidentielle de 2007 a même une longue histoire avec le mouvement hip-hop. En 2006, il avait ainsi posé en *featuring* avec JoeyStarr sur le premier album solo du cofondateur de NTM, *Gare au Jaguarr*.

Reste à savoir si, pour cette nouvelle présidentielle, le monde du rap se retrouvera dans les segmentations politiques de gauche et de droite – qu'elles soient extrêmes ou non. ■

DÉCRYPTAGE

Crash de Com'

PAR
Olivier Pérou

Juin 1940, Londres, hôtel The Connaught. Le général de Gaulle ne digère pas l'armistice signée par Philippe Pétain avec l'envahisseur allemand. Ces mots, il les aurait répétés à plusieurs reprises quand il voyait les Français ne pas réagir, selon Philippe de Gaulle, qui les rapportait dans *De Gaulle, mon père. Entretiens avec Michel Tauriac* (Plon, 2003). Plus tard, il dira ne pas se souvenir de les avoir prononcés. François Flohic, l'aide de camp du Général, raconte qu'il réitéra la phrase le 29 mai 1968, lors de son exil à Baden-Baden, pendant que la France s'enlise dans la crise de Mai 68. « Les Français sont des veaux. Les veaux sont faits pour être bouffés. Je ne veux pas rester à la tête des veaux. Je me retire ! » rapporte-t-il. Un fragment du mythe ?

La scène se passe au Salon de l'Agriculture, en février 2008. À un visiteur qui refuse de lui serrer la main, Nicolas Sarkozy lance cette réplique devenue célèbre bien au-delà des frontières de l'Hexagone. Déjà à l'époque, on entendait la même chanson dans la classe politique : la majorité fait bloc et défend une réaction « sans hypocrisie » quand l'opposition fustige l'affaiblissement du statut présidentiel. Ces mots ne sortent pourtant pas de l'imaginaire du président, ils ont une histoire… familiale. Dans le livre *Tu sais, c'est pas fini. Nicolas Sarkozy, premiers combats* (La Tengo, 2016), la journaliste Laura Pouget raconte les étés en famille en Charente-Maritime, lieu des prises de becs entre Nicolas Sarkozy et son grand frère Guillaume, qui souvent lui lançait : « Casse-toi, petit con ! »

Un président devrait-il dire ça ?

LES « SANS-DENTS »

En septembre 2014, Valérie Trierweiler sort *Merci pour ce moment* (Les Arènes), un livre explosif à plus d'un titre. L'ex-compagne de François Hollande y raconte ses années à Élysée. Dans le flot de révélations, elle rapporte une conversation privée ô combien embarrassante pour l'ex-président socialiste. « Il s'est présenté comme l'homme qui n'aime pas les riches. En réalité, le président n'aime pas les pauvres. Lui, l'homme de gauche, dit en privé : les "sans-dents", très fier de son trait d'humour. » Des propos qui marqueront le début de la chute de François Hollande.

J'AI TRÈS ENVIE D'EMMERDER LES NON-VACCINÉS !

Emmanuel Macron regrettera-t-il cette phrase ? À l'inverse du général de Gaulle et de François Hollande, ce ne sont pas des propos rapportés. À l'inverse de Nicolas Sarkozy, ce n'est pas un coup de sang mais des mots théorisés pour qu'ils aient une conséquence politique : cliver. Cliver pour mieux solidifier son socle électoral, au sein duquel, croit-il, figurent les 90 % de Français vaccinés – et qui en ont ras-le-bol de cette crise sanitaire sans fin. Une stratégie de candidat, donc, pour un président en situation de crise. Ses soutiens défendent un langage « franc », de « M. Tout-le-monde ». « Le défaut que j'ai, c'est de penser que je suis comme les autres et que les autres sont comme moi », s'est un jour justifié son prédécesseur Nicolas Sarkozy. C'est encore plus vrai pour Emmanuel Macron, qui se réclamait « président jupitérien ».

CARNETS SECRETS

LE MARÉCHAL MACRON ET LES OMBRES DE L'ARMÉE

PAR

Jean-Dominique Merchet

Le président sortant, malgré la démission de Pierre de Villiers et la tribune des généraux, aura particulièrement soigné ses troupes et le budget kaki. Pour autant, 2022 semble indéchiffrable dans les rangs militaires et la défense fait figure de grande absente des programmes.

Entre Emmanuel Macron et les militaires, ça a débuté comme ça. Mal. Nous sommes le 13 juillet 2017, c'est ma vingt-deuxième garden-party à l'hôtel de Brienne. Chaque année, à la veille du défilé, le ministère de la Défense – aujourd'hui des Armées – organise une réception dans ses jardins du 7e arrondissement de Paris. Le président de la République, chef des armées, a coutume de s'y inviter et d'y prononcer un discours. Ce 13 juillet, donc, il fait beau et nous sommes tous à la joie de revoir avant les vacances les amis, les copains et les relations. En fonction depuis deux mois, Emmanuel Macron était très attendu par ce qu'on appelle la « Communauté Défense ». Elle ne le connaissait pour ainsi dire pas. Elle n'a pas été déçue...

Alors que le jeune président dévide son allocution, c'est soudain comme un seau d'eau glacée que l'on reçoit sur la tête. Le ton sec, le regard dur, Emmanuel Macron met un bourre-pif au chef d'état-major des armées, le général Pierre de Villiers. « Je considère qu'il n'est pas digne d'étaler certains débats sur la place publique. Je suis votre chef. Les engagements que je prends devant nos concitoyens et devant les armées, je sais les tenir. Et je n'ai à cet égard besoin de nulle pression et de nul commentaire. De mauvaises habitudes ont parfois été prises. Je le regrette. » À quelques mètres de lui, blême, le général encaisse. Je me tourne vers mes voisins, dont l'un succédera bientôt à Pierre de Villiers. Nous nous regardons, stupéfaits. Dans l'assistance, personne n'avait jamais vécu une telle scène entre un « PR » (président de la République) et un « CEMA » (chef d'état-major des armées). Avec un autre général, nous prenons aussitôt un pari sur la date de la démission de Pierre de Villiers. Ce pari, je le perdrai et cela me vaudra, en septembre, une coquette addition dans un restaurant parisien.

Rapportée dans la presse, une sortie à huis clos du général de Villiers (« Je ne me laisserai pas baiser par Bercy ») avait provoqué la colère du jeune président. Plutôt que de crever l'abcès en tête à tête, il le fait devant les troupes et les invités, dont de nombreux étrangers. Rien, évidemment, n'empêchait Emmanuel Macron de limoger le chef d'état-major – qu'il venait pourtant de maintenir à son poste pour une année supplémentaire. Mais la forme était odieuse et l'humiliation insupportable. Six jours plus tard, le général de Villiers, démissionnaire, quitte Balard sous les applaudissements des militaires, qui s'empressent de diffuser la vidéo. Ce 13 juillet 2017, nous avons été nombreux à avoir mal pour Pierre de Villiers.

Ça avait mal débuté avant même cette garden-party. On l'a oublié, mais la ministre des Armées nommée par Emmanuel Macron, Sylvie Goulard (Modem), avait dû quitter son poste au bout de cinq semaines. En plein Salon du Bourget, à cause de l'affaire des « assistants parlementaires ». On avait alors entendu alors un grand « ouf » de soulagement dans les états-majors et chez les industriels, car la personnalité et les idées européennes de l'intéressée les braquaient. En urgence, la Macronie avait dû dégoter une remplaçante, la socialiste Florence Parly, tout droit venue de la SNCF. Les militaires, eux, faisaient plutôt les yeux doux à l'eurodéputé Les Républicains (LR) Arnaud Danjean, un expert reconnu. La nouvelle ministre était absolument inconnue au bataillon. Mais une ministre qui n'y connaissait rien et ne possédait pas ses propres réseaux dans l'« Institution », ce n'était pas forcément un défaut aux yeux des chefs militaires, qui se sont fait fort de lui expliquer comment ça marchait... Pour Florence Parly, le défi était de taille : il lui fallait chausser les bottes de Jean-Yves Le Drian, l'un des grands ministres de la Défense de la Ve République (2012-2017), désormais confortablement « exilé » au Quai d'Orsay et brutalement privé de sa machine de guerre, son redoutable directeur de cabinet Cédric Lewandowski.

Quels débuts ! Quand ça ne veut pas, ça ne veut pas... Si quelques « fanas mili » avaient apprécié le spectacle d'un Macron remontant les Champs-Élysées en *command car*, ils furent un peu déroutés quand il se déguisa, quelques jours plus tard, en pilote de chasse sur la base d'Istres, ou en l'entendant parler des militaires en OPEX comme de ses « hommes ». Cela frisait le ridicule. Fautes de débutant ? Emmanuel Macron découvrait en effet le monde militaire. Né en 1977, il a échappé à l'obligation du service national – ce qui fait de lui le premier président post-conscription. Rien, toutefois, ne l'empêchait de se porter volontaire pour l'effectuer puis de servir dans la réserve. Visiblement, il n'y a jamais songé.

Opération séduction

Ça a débuté comme ça, mal, mais, contre toute attente, ça n'a finalement pas laissé de traces. Et le quinquennat s'achève dans l'harmonie entre Macron et ses généraux. Qui l'aurait parié ? C'est oublier la recette magique. Elle tient en un mot de six lettres : B-U-D-G-E-T. Car Emmanuel Macron a ouvert très largement les cordons de la bourse, avec une augmentation annuelle de 1,7 milliard d'euros. Cumulables. Soit 26 milliards supplémentaires en cinq ans. Excusez du peu.
Les militaires, qui s'estiment toujours mal-aimés et incompris du monde civil, ont été les enfants gâtés des années Macron. Le budget des armées dépasse désormais les 40 milliards d'euros et tangente les 2 % du PIB – un calcul perturbé par la forte baisse puis le rebond de la croissance à cause de la pandémie. Emmanuel Macron a donc tenu sa promesse d'augmenter les crédits militaires et cela suffit pour que les généraux aient de petits cœurs dans les yeux. Pour justifier cette hausse, les états-majors expliquent que les armées doivent se préparer à un retour à la guerre de haute intensité. Ces trente dernières années – une génération –, les militaires ont tellement pris l'habitude de voir les promesses des Lois de programmation militaires (LPM) successives être reniées qu'ils en sont cette fois tout chose. L'ennemi n'est plus à l'est. À l'est de Paris, du côté de Bercy. Il a été vaincu.
Certes, la remontée en puissance avait été engagée dès 2015 – après les attentats – par François Hollande et Jean-Yves Le Drian, mais elle a été poursuivie et amplifiée par Emmanuel Macron. Après de dures et longues années de réduction de « format » et de fermetures de casernes, l'ambiance a changé. Parfois, les états-majors ont même trouvé que la hausse rapide des effectifs était compliquée à gérer en termes de RH. Des soucis de riches. D'autant que, heureux hasard du calendrier pour le pouvoir actuel, les équipements modernes commandés par les précédents présidents sont enfin arrivés en dotation. Que l'on songe au sous-marin Suffren, aux avions MRTT et A400M, aux fusils HK416 ou aux blindés Jaguar ou Griffon. Merci qui ? Y aurait-il donc eu quelque chose de beau et bon avant 2017 ?
Quoi qu'il en soit, cet argent libéralement distribué a servi à « réparer notre outil militaire et à renforcer nos capacités pour affronter de nouvelles menaces », n'ont eu de cesse d'expliquer la ministre et les grands chefs. D'une manière générale, si l'on ose dire, la haute hiérarchie militaire a eu les coudées franches durant les années Macron pour faire ce qu'elle voulait de cet argent. Les armées ne se sont vu imposer aucune réforme majeure et, en matière d'opérations militaires, la continuité a prévalu. Autrement dit : Emmanuel Macron a donné de l'argent sans demander grand-chose aux armées... si ce n'est de poursuivre sur leur erre. Ce qu'elles ont fait, non sans talent. Mais (bien) traitées de la sorte, elles n'ont aucune raison de ne pas être aux anges.
Le contraste est saisissant avec les années précédentes. Ce n'était alors que rogne et grogne au mess des officiers. Sans remonter à la grande, difficile et très réussie réforme de la professionnalisation, imposée par Jacques Chirac en 1996, les restructurations des années Sarkozy avaient laissé un goût amer. La désorganisation administrative provoquée par la création des « bases de défense » ou le chaos du logiciel Louvois pour le paiement des soldes restent dans les mémoires. Dans la troupe, on dénonçait à juste titre la médiocre qualité des équipements individuels.
La seule réforme d'ampleur à laquelle a songé Emmanuel Macron a été, en 2017, le rétablissement d'une forme de service militaire : « Nous créerons un service militaire obligatoire et universel d'un mois. Il s'adressera aux jeunes femmes et hommes aptes de toute une classe d'âge et devra intervenir dans les trois ans suivant leur dix-huitième anniversaire. Cela permettra de disposer, en cas de crise, d'un réservoir mobilisable », lisait-on dans son programme.

Le quinquennat s'achève dans l'harmonie entre Macron et ses généraux. Qui l'aurait parié ? C'est oublier la recette magique. Elle tient en un mot de six lettres : BUDGET.

Page précédente : Emmanuel Macron lors d'une cérémonie d'hommage aux treize soldats tués au Mali. Paris, décembre 2019.

Photo de Jacques Witt.

Affolés par cette promesse de campagne qui bouleversait totalement leur « modèle d'armée », les généraux ont habilement su dégonfler la baudruche et refiler le bébé au ministère de l'Éducation. Cinq ans plus tard, il n'en reste que les prémices d'un vague Service national universel (SNU) pour les ados, d'une durée de 15 jours. Plutôt que de se ruiner avec une nouvelle conscription – dont on mesure mal l'intérêt militaire –, le budget a financé un « plan famille » de 300 millions d'euros pour le personnel du ministère. Celui-ci ne s'en est pas plaint non plus.

En matière d'opérations extérieures, les OPEX, le mandat Macron s'est inscrit dans une surprenante continuité. Alors que ses prédécesseurs n'avaient eu de cesse d'en lancer de nouvelles et d'en arrêter d'autres, Emmanuel Macron n'a rien changé, si ce n'est qu'il a fait quelques adaptations de circonstances. À peine peut-il se prévaloir d'une frappe en Syrie sur des installations chimiques (opération Hamilton du 14 avril 2018), dont François Hollande avait rêvé en 2013. Pour le reste, le contraste avec le « président normal » est frappant. Tout juste élu en 2012, François Hollande retirait les troupes d'Afghanistan, puis les engageait au Mali (opération Serval en 2013) et ensuite dans tout le Sahel, avec l'opération Barkhane (2014). Ce qui ne l'empêcha pas d'intervenir en République centrafricaine (opération Sangaris, 2013-2016), puis au Levant (Syrie et Irak), à partir de l'été 2014, avec l'opération Chammal. Sans oublier la mission Lynx, un petit contingent de « réassurance » de l'OTAN dans les pays baltes face à la Russie. Et lors des attentats de 2015, il déclencha la plus grande « opération intérieure », Sentinelle, qui vit, pour la première fois, des militaires engagés massivement (10 000 soldats) sur le sol national. Même contraste avec Nicolas Sarkozy. Celui-ci avait fortement réengagé l'armée en Afghanistan après l'embuscade d'Uzbin (2008) avant de promettre de la retirer au vu des pertes trop élevées ; était intervenu en Libye pour renverser Kadhafi et avait agi avec vigueur en Côte d'Ivoire contre Laurent Gbagbo, tout en réintégrant le commandement militaire de l'OTAN. Que ce soit avec un président de gauche ou de droite, ça bougeait. Avec Emmanuel Macron ? Rien. Ou plutôt, si : il s'est simplement inscrit dans les pas de son prédécesseur.

Pourtant, lors de son élection en 2017, tout portait à croire qu'il songeait à retirer les troupes du Mali. Cinq ans plus tard, il n'a pas trouvé la solution pour le faire, malgré la réduction engagée. La situation sur le terrain n'a certes pas été favorable, avec l'enracinement du phénomène terroriste et la faiblesse des États de la région. Un autre facteur a toutefois joué : le poids de l'armée dans la prise de décision. Les militaires souhaitaient en effet rester au Sahel : pour une institution commandée par des hommes à la forte culture africaine, c'est la grande affaire de leur carrière et un gage d'attraction pour le recrutement, plus motivant que des manœuvres à Mourmelon ou des patrouilles gare du Nord... Songez : chaque année, plus de 15 000 militaires français passent par le Sahel. Depuis le début de l'opération et même si certains y sont allés plusieurs fois, cela fait environ 150 000 personnes, plus de la moitié de l'armée française !

En rang deux par deux pour aller voter Macron ?

Pour un militaire, les OPEX sont financièrement intéressantes. À leur solde – souvent peu élevée – s'ajoute en effet une prime non imposable (l'indemnité de sujétions pour service à l'étranger) qui s'élève de 2 200 euros par mois pour un militaire du rang à 7 790 euros pour un général (les derniers chiffres disponibles datant de 2016). Sachant qu'une OPEX dure en général quatre mois, le compte est bon. J'entends d'ici les cris : les militaires mettent leur vie en danger. C'est exact, pour une partie d'entre eux en tout cas. Cinquante-sept militaires sont morts au Sahel en neuf ans, sans compter les blessés, dont le nombre n'est malheureusement pas public. C'est à la fois beaucoup, trop même, mais il faut rapporter ce chiffre au nombre de militaires déployés : sur la durée, le taux de perte est d'environ 0,05 %. Ce n'est ni Austerlitz, ni Diên Biên Phu. Politiquement, ces pertes sont supportables... et c'est la raison pour laquelle les OPEX se poursuivent. Dès lors qu'elles viendraient à augmenter brusquement, le pouvoir politique reconsidérerait les choses, surtout à l'approche des élections. On l'avait vu en 2011, avec les fortes pertes en Afghanistan, qui incitèrent Nicolas Sarkozy puis François Hollande au retrait. Emmanuel Macron n'y a pas été contraint. Comme ses prédécesseurs, mais avec son style, il n'a pas manqué de rendre hommage aux militaires tombés en opération, lors de cérémonies aux Invalides au cours desquelles le chef de l'État est apparu en majesté dans ce décor sublime au milieu de l'affliction des familles. Là encore, la continuité a prévalu. Une armée chouchoutée, épargnée, honorée. Faut-il en conclure qu'en 2022 les militaires voteront comme un seul homme pour Emmanuel Macron ? On songe un instant à Tocqueville racontant le premier scrutin de 1848 au suffrage universel masculin : « La population m'avait toujours été bienveillante, mais je la retrouvai cette fois affectueuse. Nous devions aller voter ensemble au bourg de Saint-Pierre, éloigné d'une lieue de notre village. Le matin de l'élection, tous les électeurs se réunirent devant l'église. Tous ces hommes se mirent à la file deux par deux, suivant l'ordre alphabétique... »

En rang deux par deux pour aller voter Macron ? Que La République en marche (LREM) ne se fasse pas d'illusions. Cela ne se produira pas, car ce serait confondre l'Institution – légitimiste par principe et qui n'a franchement pas à se plaindre d'Emmanuel Macron – et les militaires eux-mêmes, pris dans leur individualité de citoyens et, en l'occurrence, dans le secret de l'isoloir. Et ça, c'est une tout autre affaire.

À l'évidence, les militaires penchent à droite. Massivement, et parfois très à droite. Certes, il est difficile de le démontrer de manière scientifique en l'absence d'enquêtes d'opinion exhaustives sur leur vote ou leurs préférences partisanes.

Le général Pierre de Villiers à Paris, octobre 2020.

Photo d'Élodie Grégoire.
© Élodie Grégoire / ABACA

Il existe néanmoins des études sérieuses sur le sujet. On les doit par exemple au Centre de recherches politiques de Science Po (Cevipof), avec l'institut de sondage Ipsos ou aux travaux de Jérôme Fourquet de l'Institut français d'opinion publique (IFOP), l'auteur de *L'Archipel français*[1]. Ils parviennent par exemple à montrer que les militaires votent, plus que la moyenne des Français, pour l'extrême droite (Rassemblement national). Si vous en doutez, lisez ces enquêtes sociologiques.

D'une manière subjective, fort d'une longue fréquentation personnelle, souvent amicale, de ce milieu, je suis convaincu qu'elles sont dans le vrai : les militaires sont de droite. La surreprésentation des catholiques pratiquants – c'est presque la norme – dans la hiérarchie militaire en fournit une autre preuve : la sociologie politique montre que les cathos sont plus nombreux à droite qu'à gauche. Ne sombrons pas dans la caricature du militaire facho, même s'il existe. Ce serait ridicule. Mais de droite, les militaires le sont assurément, même si l'on trouve quelques rares spécimens de gauche. Tout existe dans la nature car le Créateur n'a pas manqué d'imagination : on trouve bien un mammifère qui pond des œufs, l'ornithorynque. J'en témoigne : j'ai rencontré des militaires de gauche. Mais pas souvent.

Une anecdote : je suis jeune journaliste à la rubrique « Défense », et mon chef d'alors me demande un papier sur le thème « Comment votent TES militaires ? ». Bon soldat, mais sans cacher mon manque d'enthousiasme, je file voir un général en charge de la communication des armées. La

20 % des Français étaient prêts à voter pour le général de Villiers à la présidentielle.

Atelier de réparation à la base militaire de Gao, Mali, décembre 2021.

Photo d'Eliot Blondet.

réponse fuse : « Comment votent les militaires ? Mais comme tous les Français, pardi ! » Circulez, il n'y a rien à voir. J'insiste. À l'époque, lointaine, le Parti communiste français était autour de 10 % des suffrages. « Donc, 10 % des militaires de carrière votent communiste ? » Le général, fort sympathique au demeurant, s'étrangle : « Ça va pas, monsieur Merchet ? » « À l'issue », comme on dit dans les casernes, je quitterai son bureau avec l'aveu qu'il y a bien quelques militaires de gauche… et raffermi dans ma conviction que l'armée vote à droite. Est-ce étonnant ? Pas du tout. L'historien Raoul Girardet, qui n'était pas un homme de gauche, a bien montré le basculement à droite de l'armée française au cours du XIXe siècle, après l'épisode Révolution-Empire, au cours duquel le corps des officiers était plutôt de « gauche ».

Ce penchant de l'armée pour la droite n'est pas un phénomène français : on le retrouve dans toutes les grandes démocraties… et même dans les dictatures. Les valeurs militaires (discipline, ordre, esprit de corps, respect de la hiérarchie, tradition) sont plutôt des valeurs de droite et il est bien naturel que les individus attirés par ce corpus d'idées ou de comportements se retrouvent plus nombreux, car plus à l'aise, dans une institution qui les met en valeur. Ensuite, la « droitisation » de la société française a fait le reste.

Le putsch, dernier ressort pour imposer le sujet militaire dans la campagne ?

On l'a vu en avril 2021 avec la « lettre des généraux », publiée par l'hebdomadaire de droite *Valeurs actuelles*, qui a fait grand bruit. Au départ, c'était l'initiative d'un ancien capitaine, proche de l'extrême droite, Jean-Pierre Fabre-Bernadac. « Nous sommes disposés à soutenir les politiques qui prendront en considération la sauvegarde de la nation. En revanche, si rien n'est entrepris, le laxisme continuera à se répandre inexorablement dans la société, provoquant finalement une explosion et l'intervention de nos camarades d'active dans une mission périlleuse de protection de nos valeurs civilisationnelles. » Entre les lignes, on peut y lire l'appel à un putsch, d'autant que la publication intervenait juste au moment du soixantième anniversaire du *pronunciamiento* du « quarteron de généraux » d'Alger. Si l'on en croit le site Place d'armes, qui l'héberge, cet appel aurait reçu le soutien de 27 000 anciens militaires, dont une soixantaine d'officiers généraux, ainsi que de 70 000 civils. Une poignée (dix-huit, semble-t-il) de militaires d'active l'auraient également signé et ils ont été sermonnés par leur hiérarchie, qui n'a pas voulu trop en faire. Quelques semaines plus tard, *Valeurs actuelles* publiait un autre appel de jeunes officiers d'active, restés anonymes, mais ce texte n'a pas eu le même écho que le précédent. On attend toujours un texte d'anciens militaires appelant à une politique plus progressiste.

Si l'appel des généraux a fait un tel bruit, c'est que le terrain avait été préparé, dans l'opinion publique, par le succès du général de Villiers. Après sa brutale éviction par Emmanuel Macron, l'ancien chef d'état-major a publié trois livres, *Servir* (Fayard, 2017), *Qu'est-ce qu'un chef ?* (Fayard, 2018) et *L'équilibre est un courage* (Fayard, 2020). Ces ouvrages ont rencontré un beau succès en librairie et le général a multiplié les signatures, conférences et interventions dans les médias. De là à lui prêter une ambition politique, il n'y avait qu'un pas, vite franchi. Fin 2020, son « potentiel électoral » a été testé par l'IFOP pour *Valeurs actuelles* : 20 % des Français étaient prêts à voter pour lui à la présidentielle, parmi lesquels plus d'un tiers (38 %) d'électeurs de droite. Le général a longtemps – et habilement – entretenu l'ambiguïté sur ses intentions avant de décider finalement, comme il nous l'a confirmé, de se tenir à l'écart de la campagne de 2022. Satisfait de sa popularité et au risque de sombrer dans l'oubli, il n'affrontera pas – sur le terrain politique – l'homme qui l'a humilié devant les siens. Pierre de Villiers n'est pas un boutefeu et encore moins un bretteur d'extrême droite.

Ce n'est pas le cas d'un autre général, Bertrand de La Chesnais, qui a pris fait et cause pour Éric Zemmour. L'ancien numéro deux de l'armée de terre est devenu le

directeur de campagne du candidat. « Il ne rend pas service à l'image de l'armée », nous glisse un ancien chef d'état-major. Bertrand de La Chesnais est, en quelque sorte, l'« officier tradi » chimiquement pur, comme on en croise par brassées dans les rangs militaires, même si tous n'ont pas le courage, ou l'inconscience – c'est selon – d'en faire état publiquement en franchissant le pas de l'engagement politique. Au risque de se mettre hors des clous, car les officiers généraux en « deuxième section » – c'est-à-dire pratiquement à la retraite mais toujours à la disposition du ministère – restent tenus par le devoir de réserve propre à l'état militaire. Le ministère des Armées et les états-majors ont visiblement du mal à faire régner la discipline chez les anciens « poireaux » – le surnom des généraux, dont la pudeur m'oblige à n'en pas expliquer le sens.

Au moment où ces lignes sont écrites, début janvier 2022, aucun sujet militaire ne s'est encore imposé dans la campagne présidentielle. En 2017, il n'était question que des 2 % du PIB pour la défense, une revendication que le général de Villiers s'était employé, avec beaucoup de sens politique, à rendre incontournable pour les candidats. En 2012, on parlait du retrait d'Afghanistan et en 2007 du deuxième porte-avions. Cette année, rien. On a cru un instant que la question de l'intégration de l'OTAN pourrait faire débat, mais le thème a, semble-t-il, fait flop. À droite, le parti LR ressort les vieilles scies de l'armée dans les banlieues ou d'un retour du service militaire – propres, croit-il, à séduire l'électeur scrogneugneu, mais en oubliant que de tels projets déplaisent aux états-majors ! L'armée sera-t-elle la grande absente des élections de 2022 ? Sauf coup de sang imprévisible ou « surprise stratégique », c'est bien parti pour. ■

1 – Jérome Fourquet, *L'Archipel français*, Seuil, 2019.

DERRIÈRE LA SCÈNE

ROUSSEL ET MULLIEZ VONT À LA CANTINE

Le candidat communiste et le patriarche de la quatrième fortune de France se parlent régulièrement. Tout commence au printemps 2015, Gérard Mulliez et Fabien Roussel déjeunent ensemble au siège d'Auchan. Cinq heures improbables autour d'un taboulé-poulet.

PAR
Bérengère Bonte

« Quand des gens me font chier, je vais les voir ! C'est mon côté Taureau ascendant Bélier. » À 90 ans, le fondateur d'Auchan, d'habitude avare de confidences avec les journalistes, se marre encore de ce coup de gueule qui a tout déclenché avec Fabien Roussel. Quand, après des semaines de demandes officielles et de silences, je l'ai finalement au téléphone et prononce le nom du candidat communiste à la présidentielle, Gérard Mulliez démarre au quart de tour.

Ce samedi 21 février 2015, Gérard Mulliez, 83 ans à l'époque, gare sa voiture devant le Mouvement jeunes communistes de France, à Lille, et pousse la porte du local en pleine réunion. « Vous n'êtes pas gentils avec moi », tempête le patriarche, très remonté contre une affiche le montrant à côté d'une ouvrière. Lui, « profiteur de la crise », elle, « productrice de richesses et victime de la crise ». Lui : + 5,26 %

de fortune en un an, elle : + 0 %. « Moi, je crée des emplois avec mes supermarchés. À votre âge, j'avais déjà ouvert plusieurs magasins ! » plaide-t-il. Furieux, il appelle la Fédération du Nord du PCF. « Un monsieur te demande, il dit qu'il s'appelle Gérard Mulliez », annonce une collaboratrice à Fabien Roussel.

Une semaine plus tard, le secrétaire départemental du PCF se présente au siège d'Auchan, invité à la table du grand patron. Georges Marchais déjeunait bien avec Jean-Luc Lagardère. Pourquoi n'irait-il pas chez Mulliez ?

« Mettez-vous debout, monsieur Roussel », entame le fondateur d'Auchan à sa façon : directe. Amusé et poli, le communiste se lève.

« Tendez le bras, fermez les yeux, et pensez à quelqu'un que vous détestez. »

Roussel s'exécute. Mulliez appuie sur la main de son invité, qui s'abaisse. Normal.

« Maintenant, tendez de nouveau le bras... Et pensez à quelqu'un que vous aimez bien. »

Mulliez renouvelle l'opération. Il appuie mais, cette fois, la main ne bouge pas.

« Vous voyez, quand on pense à quelqu'un qu'on aime, on a plus de force que quand on pense à quelqu'un qu'on n'aime pas. Donc si vous voulez réussir en politique, gardez une énergie positive... et n'attaquez jamais les personnes.

– Écoutez, m'sieur Mulliez, reprend l'élu communiste. Vous avez mille fois raison... C'est d'ailleurs comme ça qu'on m'a appris la politique. Cette affiche, elle vous a ciblé, certes... mais avouez que si elle n'avait pas existé, on ne serait pas là en train de se parler. »

Mulliez marque un silence et regarde son invité. Pratiquement quarante ans les séparent. La pirouette lui plaît.

« C'est vrai, concède l'octogénaire. Allez, on va s'asseoir et on va parler. »

La pièce n'a rien des salons prestigieux du groupe

Gérard Mulliez, fondateur d'Auchan, devant le siège social d'Auchan à Croix (Nord). juillet 1993.

Photo de Bruno Delessard.

Deux Chtis. L'un est né à Roubaix, l'autre à Béthune.

Bouygues ou de la présidence d'EDF. « C'était plutôt du genre Algeco », se souvient, amusé, le député et conseiller municipal PCF de Saint-Amand-les-Eaux. Plus frugal, tu meurs. Murs blancs, lino gris, couverts en alu à manche plat comme à la cantine et au menu : taboulé au poulet. Bienvenue chez Mulliez, fondateur d'un groupe qui compte 700 000 salariés répartis dans 130 marques et enseignes [1]. « Si la bouteille de vin de la veille n'est pas terminée, explique-t-on sans gêne en interne, il est capable de la finir avec le nouvel invité. » Même s'il n'a plus de fonction officielle depuis 2006, celui qui est toujours actionnaire conserve cette petite salle privée à côté des salons de la direction générale d'Auchan. Aux fourneaux et au service, une ancienne secrétaire qu'il a personnellement affectée à cette tâche. Après les courses du matin... à Auchan, Laurence prépare le repas, sans savoir s'il sera là ou s'il préférera filer au Flunch avec un banquier ou un collaborateur. Mais avec Martine Aubry, la maire socialiste de Lille, avec certains ministres ou ici, avec Fabien Roussel, il privilégie l'intimité. Bizarrement, le face-à-face a quelque chose de naturel. Deux Chtis. L'un est né à Roubaix, l'autre à Béthune. Plutôt du genre sans filtre. « Je viens du Nord, brut de décoffrage », confirme aujourd'hui Fabien Roussel qui, après une école de journalisme (CFPJ), a débuté derrière une caméra, sur les traces de son père, Daniel, journaliste à *L'Huma* et élu communiste. « Moi, je n'ai pas fait d'études, insiste l'actionnaire richissime en montrant, au mur, la photo de son premier magasin dans le quartier des Hauts Champs à Roubaix – d'où le nom "Auchan". Les intellos apprennent et récitent. Moi, j'ai appris à faire. C'est toute la différence entre les "diseux" et les "faiseux". Et j'ai l'impression que vous êtes un faiseux comme moi. » Le vieux patron raconte ses débuts à l'usine Phildar de son père, ses deux doigts coupés dans une machine. Roussel est impressionné. Mais déjà l'assaut reprend côté Mulliez : « Pourquoi vous m'avez emmerdé à l'ouverture d'Auchan Roncq ? Les communistes ont bloqué toutes les caisses. Bon, vous n'étiez peut-être pas là... J'ai gueulé avec un haut-parleur : "Vous tuez l'emploi au lieu de le défendre !" Eux me répondaient de l'autre côté... Pendant ce temps-là, les clients pouvaient entrer dans le magasin ! » conclut-il, l'œil malicieux.

En bon élu local, Roussel est venu avec quelques idées. Il sait que le fondateur d'Auchan a mis en place un fonds d'investissement régional de plusieurs dizaines de millions d'euros pour aider les PME en difficulté.

« Votre fonds, là, c'est super. Mais on devrait le faire abonder par la région et l'État pour avoir une force de frappe de 500 millions ou un milliard. Pour empêcher la délocalisation des usines et préserver notre tissu industriel. On fait une alliance privé-public. »

Hasard du calendrier, à la veille de la descente de Mulliez chez les jeunes communistes et à l'approche des élections départementales, Fabien Roussel a déjà proposé cette idée aux douze plus grosses fortunes de la région [2]. Le courrier, daté du 20 février, avait pour destinataires, outre Mulliez, les Bonduelle, Lesaffre (levures), Roquette (amidons), Holder (Boulangeries Paul), Gaspard (Lyreco), ou encore Duforest et Souflet (Okaïdi). Aucune réponse, si ce n'est celle de l'assistante de Gérard Mulliez, qui a signalé qu'il manquait une page. « Je sais que vous avez reçu mon courrier, pourquoi on ne ferait pas ça ensemble, pour notre région... ? Ce serait intelligent d'associer public et privé. Même si on est différents. »

La réponse sidère le communiste. « Mais monsieur Roussel, que voulez-vous que je fasse avec l'argent de l'État ? Quand je vois comment le pouvoir actuel gère les deniers publics... (ndlr : François Hollande est président de la République.) Je suis l'une des premières fortunes de France, je ne demande qu'une chose à l'État, c'est qu'il ouvre les magasins le dimanche... et à la place, il me fait un chèque de 60 millions d'euros chaque année, au titre du CICE. Je n'en ai pas besoin ! Et donc, je n'ai rien à faire aujourd'hui de cet argent tant qu'il est mal géré. » Fabien Roussel remballe sa proposition. Mais il est conforté dans l'idée que ce crédit d'impôt pour la compétitivité et l'emploi est une « connerie sans nom ». Les Mulliez, Pinault, Arnault, ou même Bompard chez Carrefour – même s'il n'est pas actionnaire de son groupe – n'ont pas besoin de recevoir

1 – *Le Monde*, Juillet 2021.
2 – Selon le classement du magazine *Challenges*, 2021.

60 millions d'argent public. Pour lui, « autant donner cet argent à d'autres pour qu'ils transforment réellement les grandes surfaces et garantissent des projets rémunérateurs pour les paysans ».

« On est au moins d'accord là-dessus, monsieur Mulliez. »

L'un et l'autre éclatent de rire. Roussel enfonce le clou sur les salaires.

« Ma tante, 32 ans d'ancienneté à Auchan à temps plein, est à 1 350 € net par mois, monsieur Mulliez...

– Appelez-moi Gérard ! tente le patron.

– Ah non, je n'y arriverai jamais ! réfute le communiste. 1 350 € net, en fin de carrière, ce n'est pas possible !

– Oui, mais vous comprenez, on ne peut pas faire autrement... Moi, j'ai des centaines de milliers de salariés. Elle travaille où, votre tante ? esquive de nouveau Mulliez.

– Ah non, je ne vous le dis pas, vous êtes capable d'aller la voir pour l'engueuler ! » rigole Roussel, certain qu'il pourrait même lui proposer de l'augmenter.

Puis il redevient sérieux et attaque sur l'évasion fiscale, son cheval de bataille.

« Vous charriez, monsieur Mulliez, quand même, en réclamant moins d'impôts. Ma tante qui gagne 1 350 €, elle voit bien que vous n'en payez pas, le sermonne-t-il, pensant, à tort, qu'il s'est installé en Belgique.

– Comment ça, je ne paie pas d'impôts ? tonne Mulliez. C'est un honneur de payer mes impôts en France ! Je pourrais vous sortir ma fiche de paie et mon avis d'impôt. D'ailleurs, je trouve honteux le comportement de ceux qui, dans ma famille, font le choix de déménager pour payer moins d'impôts. »

Fabien Roussel s'excuse, lucide malgré tout sur le laïus de ce patriote fiscal qui n'a de cesse de réclamer moins de charges. Les heures défilent. Rigolade, dessert, enguirlandage, café, confidence. Le show Mulliez passe par la numérologie. Le communiste est né le 16-04-1969. Le patron débite à haute voix : « 1 + 6 = 7 + 4 = 11. Donc 1 et 1, ça fait 2, + 1 = 3 + 6. Ça fait 9 ! Vous êtes un "9". Ah tiens ? s'interrompt-il. Alors, 9 : "Tout connaître sur le ciel et le faire descendre sur terre." » Il est question de fibre humanitaire et de vocation altruiste.

« On est sur la terre pour aimer les autres, nous a dit notre Christ. Monsieur Roussel, vous êtes sur "S'aimer soi-même et aimer les autres" », explique le patron, très croyant, découvrant au passage que son hôte a lui aussi grandi en suivant les rites de l'Église.

La grand-mère catholique pratiquante qui a élevé seule ses neuf enfants après le décès de son mari apparaît dans la biographie en ligne sur le site du PCF. « Ça fait grincer les dents de quelques camarades », reconnaît Ian Brossat, son directeur de campagne pour la présidentielle. Mais Fabien tient à ce qu'on laisse. Il a dit « brut de décoffrage ».

« J'allais parfois à la messe avec ma grand-mère, explique-t-il à Mulliez. Jésus, pour moi, c'est le premier communiste. »

Mulliez éclate de rire et rétorque :

« Oui, mais c'est aussi le premier capitaliste... car il a multiplié les petits pains.

– C'est pas faux ! » se marre Roussel, qui concédera n'avoir pas vu le temps passer jusqu'à 18 heures.

S'il est aussi à l'aise avec un grand patron, c'est une histoire d'ADN. Côté maternel, une grand-mère croyante et côté Roussel, un grand-père directeur des Autobus artésiens, plus de 100 salariés à Béthune. « Évidemment que ça joue ! J'allais à son bureau, j'observais le "chef

« Je ne demande qu'une chose à l'État, c'est qu'il ouvre les magasins le dimanche... et à la place, il me fait un chèque de 60 millions d'euros chaque année, au titre du CICE. »

Meeting de Fabien Roussel. Paris, novembre 2021.

Photo de Mylène Deroche.
© Mylène Deroche / ABACA

d'entreprise communiste", comme il disait. Il essayait d'être le plus juste possible, mais je voyais aussi le côté paternaliste, à double tranchant. » À l'entendre, militer avec Alain Bocquet, maire communiste de Saint-Amand-les-Eaux, a aussi beaucoup compté. « Comme élu local, on se bat pour que les entreprises se développent, investissent, restent. En général, les patrons se plaignent rarement d'avoir un élu communiste, vous savez ? »

Dans son panthéon des grands patrons, l'ovni Mulliez aura toujours une place à part. Il en parle parfois aux camarades : « Ça passe parce que je raconte cette histoire du CICE. » En revanche, il n'a jamais dit qu'il avait déjeuné à l'automne 2021 avec Alexandre Bompard. « Comment vous avez su ça ? » s'offusque-t-il avant, finalement, de raconter. « Bompard était très agacé que je parle de Carrefour, de ses ventes en location-gérance et de son salaire mirobolant par rapport à celui des caissières. Mais c'était très intéressant, il a exposé ses logiques purement financières. Lui, il vous dirait "économiques". Sa préoccupation n'est pas la souveraineté alimentaire de la France ou le bien-être des salariés. Son souci, c'est le ROI, pour *return on investment*[3], comme ils l'appellent ! Il doit faire son ROI. On en a parlé longuement. » Les mutations de la grande distribution, il en a aussi beaucoup parlé avec Mulliez. C'était un second déjeuner, moins intimiste, presque familial : même salle, même menu, avec son assistante personnelle, Françoise Steux.

Surgir là où l'on n'attend pas un communiste. Comme à la manifestation de policiers devant l'Assemblée nationale, qui a fait couler tant d'encre. « Bien sûr que ça me plaît », reconnaît-il. Sortir de la caricature. « C'est mon boulot de confronter les projets de société. On fait le constat de nos différences et on se respecte.

3 – Le retour sur investissement est un indicateur financier qui permet de comparer et de mesurer la rentabilité des investissements.

« Une fois, c'est lui qui m'a passé un coup de fil pour que je fasse cesser une manif devant son siège : "Mais je ne suis pas la CGT, moi, monsieur Mulliez. C'est Philippe Martinez !" – Alors appelez-moi Martinez !" »

J'ai eu le même sentiment dans le débat avec Valérie Pécresse à la Fête de l'Huma en septembre – c'est une femme de droite libérale assumée, décomplexée. J'adore comment elle défend son projet parce que ça m'offre un boulevard pour développer le mien. C'est comme Mulliez ! C'est comme ça que les Français peuvent choisir la société dans laquelle ils veulent vivre. C'est pour ça que je veux débattre avec Geoffroy Roux de Bézieux, le patron du Medef. » Le ferait-il avec Bernard Arnault, qu'il avait poursuivi en justice pour non-publication de ses comptes ? « Là, je ne sais pas si on arriverait à se parler. Il est vraiment perché, sur une autre planète qui n'est même plus humaine, dans un monde à lui... avec ses enfants. Mais je le souhaite. Si demain je suis président de la République, il faudra qu'on trouve un terrain d'entente, qu'on discute autrement que *via* des avocats fiscalistes. »

Depuis leurs agapes, Mulliez a invité Roussel dans son château de Croix, où il organise des séminaires. « Là, je n'ai pas osé, quand même. Les sujets m'intéressaient, le lien social, le travail et le handicap. Mais si ça se sait que je participe à des conférences chez Mulliez... » Ça ne l'a pas empêché de l'appeler lors du premier confinement de mars 2020, pour prendre de ses nouvelles et l'interroger sur la santé de la grande distribution. « Sa cuisine avait brûlé, se souvient Roussel. Il ne pouvait pas faire de travaux de réparation parce que tout était à l'arrêt. Grâce à lui, on a découvert que Leroy Merlin était dévalisé parce que tout le monde faisait du bricolage. Je lui avais dit que, même ici, près de Valenciennes, ils n'avaient plus de béton armé. Il m'avait dit : "Donnez-moi le nom du magasin, j'appelle tout de suite..." Haha, pas question ! » Régulièrement, ils s'envoient des petits mots, des cartes de vœux. Roussel l'a appelé pour lui souhaiter son quatre-vingt-dixième anniversaire. « Une fois, c'est lui qui m'a passé un coup de fil pour que je fasse cesser une manif devant son siège :

"Mais je ne suis pas la CGT, moi, monsieur Mulliez. C'est Philippe Martinez !"

– Alors appelez-moi Martinez !" »

« Fabien Roussel est déterminé par la famille dans laquelle il est né et il est allé jusqu'au bout, il est devenu député. Donc bravo à lui, salue Gérard Mulliez. Mais dans le fond, il n'est pas communiste. Peut-être socialiste ? Il a trop d'énergie positive pour ça », s'amuse-t-il, avant de conclure : « S'il avait monté des boîtes, il aurait réussi. D'ailleurs, à 52 ans, il a encore largement le temps ! »

GOUROU

Marion Maréchal,

PAR
Louis Hausalter

À droite de la droite, elle est le fantôme de la campagne présidentielle. Déchirée entre sa tante Marine Le Pen et son ami Éric Zemmour, Marion Maréchal se retrouve face à un dilemme de taille. Sa prise de position pourrait être décisive dans la dernière ligne droite. Si toutefois la vraie-fausse retraitée de la politique se résout à se prononcer…

torpeur et tiraillements

Marion Maréchal vêtue de noir. C'est la couleur de la robe longue et des talons aiguilles qu'elle arbore ce soir, dans cette vaste salle en vieilles pierres. Des jeunes gens sur leur trente et un discutent gaiement autour de tables nappées de blanc. Des guirlandes pendent de la charpente joliment éclairée. Dans un coin, un DJ surveille la playlist. Environ 300 personnes sont réunies pour ce qui pourrait être un mariage. Le château de Saint-Trys, une propriété située aux portes du Beaujolais, a l'habitude d'accueillir les réceptions des bonnes familles lyonnaises. D'ailleurs, il y a des discours. Les orateurs défilent sur la scène, dans le fond de la salle. On se remercie, on se félicite, on s'applaudit.

Ce samedi 20 novembre 2021 a lieu le premier gala de l'Issep, l'Institut des sciences sociales, économiques et politiques. Cela fait plus de trois ans que Marion Maréchal a cofondé cette école privée installée dans le quartier de la Confluence, à Lyon. L'écho médiatique a été inversement proportionnel à la dimension réelle du projet. Ainsi, seule une dizaine d'étudiants compose chacune des deux premières promotions du magistère « Sciences politiques et management de projet ». Deux promos distinguées en même temps ce soir, car le Covid a empêché la tenue d'un gala en 2020. Les diplômés se pressent sur scène. Personne ne porte le masque. Les restrictions sanitaires ne sont pas trop le genre de la maison.

Un autre samedi, deux mois plus tôt. Marion Maréchal vêtue de blanc. Cette fois, il s'agit bien d'un mariage, et c'est même le sien. Ce 11 septembre, une jolie décapotable vert pâle la dépose devant l'église Saint-Clodoald, à Saint-Cloud, commune chic de la banlieue ouest de Paris où elle a passé son enfance. Ce jour-là, elle dit oui pour la vie à son compagnon, Vincenzo Sofo, ce trentenaire italien qui a, lui aussi, fait carrière en politique. Évidemment, sur ce parvis d'église, la presse people ne risque pas de la rater. *Public* fera aussitôt sa couverture sur Marion Maréchal et son « bel Italien ». Un peu plus discrète sera la réception dans le fameux parc de Montretout, la demeure historique de la famille Le Pen. Un temps, les fiancés avaient rêvé de se marier sur les bords du lac de Garde, près de la demeure de D'Annunzio. Mais comme souvent, Marion Maréchal est ramenée à Montretout, domaine privé depuis lequel son grand-père dirigeait le Front national (FN) pendant qu'elle grandissait à l'étage du dessus. Comme si son destin était toujours aussi inextricablement lié à l'histoire politico-familiale.

Jean-Marie Le Pen est là, mais pas Marine, qui a précisément choisi ce week-end pour faire sa rentrée à Fréjus. À vrai dire, elle risquait de ne pas croiser que des amis à ce mariage. Sur les pelouses de Montretout, ils sont nombreux, parmi les quelque 200 convives, à préférer l'invité surprise de cette rentrée politique : un certain Éric Zemmour, en pleine ascension dans les sondages.

Marion Maréchal entrevoit la suite. Elle sait que, même quand elle ne sera plus en robe blanche et couronnée de fleurs, les regards continueront à se tourner vers elle en 2022. Ce qui l'attend, c'est un choix entre noir et blanc, et tant pis si elle déteste ça. C'est tout le problème quand on n'est pas candidat : il faut bien s'en trouver un.

Page précédente :
Marion Maréchal à la Convention de la droite. Paris, septembre 2019.

Photos d'Eliot Blondet.
© Eliot Blondet / ABACA

Marion Maréchal et Marine Le Pen. Paris, mai 2012.

Photo de Jean-Louis Reichmann.
© Jean-Louis Reichmann / ABACA

Entre deux feux

Marion Maréchal garde de la dernière campagne présidentielle le souvenir d'un long chemin de croix. À l'origine, celle qui était alors députée voulait quitter la politique dès la fin de l'année 2016, et donc lâcher le FN avant le dur de la campagne. C'est son adversaire Florian Philippot qui, en déclenchant un conflit public sur le sujet de l'avortement, a retardé son départ malgré lui : pas question pour elle de lui donner raison en battant en retraite à ce moment-là. En 2017, Marion a donc fait campagne pour Marine, mais sans enthousiasme. Il a fallu encaisser les petites humiliations de sa tante, qui faisait volontiers savoir qu'elle ne la nommerait pas ministre en cas de victoire. Il a fallu regarder le calamiteux débat de l'entre-deux-tours en compagnie des militants frontistes de Carpentras, dans sa circonscription du Vaucluse, même si elle a quitté les lieux au bout d'une demi-heure. Son retrait au lendemain de la défaite de Marine Le Pen a donné aux adhérents la désagréable impression d'un lâchage en pleine tempête.

Elle n'est donc pas mécontente d'aborder 2022 dans une position différente. Plus de mandat électif, plus de carte au Rassemblement national (RN) : la clé de la liberté, pensait-elle. Mais ce n'est pas parce qu'elle a détaché le nom Le Pen de son patronyme qu'elle peut y échapper comme par magie. Dès la rentrée 2020, elle prend donc ses dispositions en déclarant dans les médias qu'elle ne compte pas se ranger derrière un candidat. Évidemment, au siège du RN, la sortie est perçue comme une déclaration de guerre. À cet instant, la possible candidature d'Éric Zemmour n'est qu'une rumeur qui ne dépasse pas certains cercles. Marion Maréchal en a eu vent, mais elle reste d'abord perplexe. Bien sûr, le chroniqueur réactionnaire a toute sa sympathie. Elle qui s'est entichée de « combat culturel » admire son verbe et pense, pour l'avoir rencontré plusieurs fois, qu'il n'est pas un esprit tordu. Il est l'un des premiers qu'elle a invités à tenir une causerie dans son école. Mais justement, pourquoi sacrifier un statut de quasi-intellectuel, de prestigieux ronds de serviette médiatiques et, au passage, un vrai confort de vie, pour se jeter dans l'arène politique ? Elle qui ne jure plus que par la « métapolitique », pour laquelle elle a déserté le champ électoral, voit Zemmour la croiser en prenant le chemin inverse. Et elle peine à comprendre.

Nous sommes à l'automne 2021 et la campagne présidentielle est déjà une série Netflix. Quelques mois auparavant, personne n'aurait pu écrire le scénario de la saison 1 : Marine Le Pen et Éric Zemmour sont au coude à coude dans les sondages et s'invectivent publiquement. Accessoirement, voilà Marion Maréchal prise entre deux feux. Le duel annoncé Macron-Le Pen n'aura peut-être pas lieu, et ce n'est pas pour lui déplaire. Mais au moins, entre ces deux-là, son choix faisait peu de doute. « Je suis dans une situation délicate », expliquait-elle mi-novembre sur le plateau du *Grand Rendez-vous* d'Europe 1, CNews et *Les Échos*. Admettre son embarras permet de ne pas le résoudre. Du moins, pas tout de suite. Quand nous la sollicitons, elle temporise encore. « Je n'ai pas de rôle dans la campagne de Zemmour, insiste-t-elle. J'ai des amis dans sa campagne, comme du côté de Marine, comme chez Les Républicains, donc il m'arrive d'échanger avec eux, mais cela s'arrête là. » À équidistance.

Le 15 novembre, Marine Le Pen reçoit la presse pour un cocktail d'inauguration de son QG de campagne. Trois étages dans un immeuble sans âme, près de la porte de Saint-Cloud, dans le 16e arrondissement de Paris. Les lieux sont étroits, mais la candidate est en forme. Près du buffet, certains de ses lieutenants glissent une explication : Marine Le Pen serait stimulée par la concurrence de Zemmour. L'épreuve lui permettrait de remobiliser ses troupes et d'évi-

> **Ce qu'Éric Zemmour ne dit pas, c'est qu'il a déjà, au moins deux fois, demandé à Marion Maréchal si elle était prête à lui apporter son soutien, sans obtenir de réponse probante.**

ter une pré-campagne plan-plan. De fait, en petit comité ce soir-là, Marine Le Pen se moque volontiers de son rival, qu'elle singe en bizuth de la politique grisé par son succès, pour mieux afficher sa sérénité. Marion Maréchal ? « C'est sûr qu'elle est amie avec Zemmour. Il n'y pas de différence entre eux sur un certain nombre de sujets qui leur tiennent à cœur : identité, immigration, souveraineté. » Voilà pour le constat. Avant la pirouette : « Elle a dit qu'elle soutiendrait le candidat mieux placé, donc je serai ravie d'enregistrer son soutien le moment venu ! » Va-t-elle en discuter avec elle ? Nouvelle esquive : « Je n'ai pas trop le temps de faire des réunions familiales, mais ça va peut-être venir avec Noël ! » Éclat de rire forcé.

Autre QG, autre candidat. Le matin du 10 décembre, c'est Éric Zemmour qui ouvre ses portes aux journalistes. Son équipe loue 400 mètres carrés dans un immeuble haussmannien du très cossu 8e arrondissement. Les reporters discutent avec les cadres de la campagne. Certains, restés dans l'ombre jusqu'ici, se montrent à la presse pour la première fois. Zemmour, lui, se fait attendre. Quand il arrive, la meute l'entoure, et roulent les questions-réponses. Un journaliste : « Marion Maréchal est plus proche de vous que de Marine Le Pen. Est-ce que vous allez travailler avec elle ? » Zemmour : « Vous êtes parfait ! Vous avez fait la question et la réponse, ne changez rien. » Il n'ajoutera qu'une chose : « Marion Maréchal est une grande amie, je l'aime beaucoup. »

Ce qu'Éric Zemmour ne dit pas, c'est qu'il a déjà, au moins deux fois, demandé à Marion Maréchal si elle était prête à lui apporter son soutien, sans obtenir de réponse probante. Leur dernier tête-à-tête remontait à novembre, à la demande de Zemmour. Elle a dû insister pour le voir sans la présence de Sarah Knafo, son inévitable conseillère et compagne, celle sur laquelle repose toute cette aventure présidentielle. À ce moment-là, après l'euphorie sondagière de la rentrée, la campagne du polémiste traversait un trou d'air. Marion Maréchal lui a donné des conseils. Élargir ses soutiens. Ne pas se cantonner à un petit cercle. Et, aussi, arrêter de taper sur Marine Le Pen, car la division de leur camp ne peut que servir leurs adversaires. Sur ce point, on ne peut pas dire que Zemmour l'ait beaucoup écoutée.

Elle n'a pas grand-chose à redire au programme. Parce que la ligne Zemmour, c'est la sienne, à quelques nuances près. Comme lui, elle croit à un « grand remplacement » et estime que la question identitaire dépasse de loin toutes les autres. Comme lui, elle relègue donc au second plan les questions liées au pouvoir d'achat, à l'Union européenne ou à la santé, même si elle ne les tient pas pour des sujets anecdotiques. Comme lui, elle est libérale sur les questions économiques et conservatrice sur les questions sociétales. Ce corpus idéologique, elle l'a poussé quand elle était députée, parfois contre Marine Le Pen. Elle grimace toujours quand elle entend sa tante affirmer que l'islam est compatible avec la République française. Et puis, la retraite à 60 ans, inscrite dans le programme du RN, très peu pour elle. D'autant plus depuis qu'elle a cofondé une entreprise et doit faire les yeux doux à des donateurs qui évoluent souvent dans l'écosystème des PME.

« Si Éric Zemmour est candidat, c'est qu'il y avait manifestement un vide », lâche-t-elle en décembre sur Sud Radio. Elle voit dans son émergence rapide la confirmation de ses intuitions. C'est aussi, sous toutes réserves, la réussite de ce qu'elle a raté. Quand elle était députée, Marion Maréchal avait tenté de s'attaquer au « cordon sanitaire » dressé en son temps par Jacques Chirac. En attirant à la fois des électeurs du RN et de la droite classique, Éric Zemmour est en train de réaliser son rêve : structurer un espace qui dépasserait cette rivalité. La fantasmatique « union des droites » en action.

Là où tout a commencé

Marion Maréchal était au premier rang le jour où Éric Zemmour a, pour la première fois, joué à l'homme politique. Il faut se rappeler ce 28 septembre 2019, lorsqu'une « Convention de la droite » a fait vibrer une salle du 15e arrondissement de Paris. Un trio de fervents marionistes était aux manettes. Erik Tegnér, un jeune militant Les Républicains (LR) féru d'agitation politique. Jacques de Guillebon, essayiste royaliste et rédacteur en chef de *L'Incorrect*, un magazine identitaire catholique lancé deux ans plus tôt. Et François de Voyer, un entrepreneur qui a quitté le FN après avoir été candidat aux législatives de 2017. La Convention de la droite est d'abord conçue comme un grand spectacle destiné à faire le buzz. Elle s'inspire de la Conservative Political Action Conference (CPAC), un rendez-vous incontournable de la droite américaine, à laquelle Marion Maréchal a d'ailleurs participé l'année précédente. Les organisateurs sont ravis de leur casting : parmi une foultitude d'intervenants, Éric Zemmour ouvrira le bal, Marion Maréchal le clôturera. Mais, dès le départ, une ambiguïté s'installe : au fond, pour qui est taillé cet événement ? Les marionistes tentent de relancer leur championne, malgré son refus de s'engager dans la présidentielle. En réalité, la Convention de la droite marque le début d'une autre manœuvre : l'opération Zemmour 2022.

C'est que, dans l'assistance, une jeune femme souriante ne perd pas une miette de ce qui se passe. Elle s'appelle Sarah Knafo et terminera à la fin de l'année sa scolarité dans la promotion Molière de l'ENA. Ceux qui la connaissent la présentent vaguement comme une proche de Zemmour, avec un sourire entendu, sans beaucoup s'étendre. Elle a participé à la préparation de la Convention et a notamment proposé, pour ne pas que l'événement reste sans lendemain, le lancement d'un mouvement politique. Elle a même suggéré un nom, « Reconquête »...

Il me faut ici employer la première personne pour raconter une anecdote. Début 2020, je mettais la dernière main à un livre consacré à Marion Maréchal[1], et j'étais devant un dilemme. Fallait-il révéler le nom de Sarah Knafo, jamais mentionné par la presse jusqu'ici ? Au cours d'une conversation téléphonique, l'intéressée, ton complice et voix enjôleuse, avait poliment plaidé pour ne pas apparaître : elle risquait des ennuis et d'ailleurs, jurait-elle, son rôle était minime. J'hésitais. D'un côté, elle n'était pas spécialement proche de Marion Maréchal. De l'autre, elle était beaucoup plus active qu'elle ne le disait, et il n'était pas anodin qu'une énarque se mette à ce point au service d'une opération politique. J'écrivis donc son nom, ce qui me valut son courroux à la sortie du livre. Un an plus tard, Sarah Knafo accompagne Éric Zemmour dans toutes ses apparitions publiques, la presse fourmille de portraits consacrés à cette grande ordonnatrice de la campagne, et *Paris Match* la paparazze aux côtés du candidat. Autant dire que je n'ai pas de regrets, sinon celui de ne m'être pas encore plus intéressé, à l'époque, à ce singulier personnage !

Sous son influence, Éric Zemmour a beau secrètement nourrir, déjà, son ambition présidentielle, il n'est pas complètement à l'aise sur la scène de la Convention. Dos voûté, voix enrouée, il ne ressemble vraiment pas à un homme politique. Son discours est trash, tout sauf rassembleur. « Les jeunes Français vont-ils accepter de vivre en minorité sur la terre de leurs ancêtres ? Si oui, ils méritent leur colonisation, sinon ils devront se battre pour leur libération. » La cour d'appel de Paris le relaxera deux ans plus tard de poursuites pour injure et provocation à la haine, avant que le parquet

Depuis qu'ils ont compris pour de bon qu'elle ne serait pas candidate, les proches de Marion Maréchal se sont éparpillés dans la nature.

1 – Louis Hausalter, *Marion Maréchal, le fantasme de la droite*, Éditions du Rocher, 2020.

général ne se pourvoie en cassation. Pas ravie du ton crépusculaire de Zemmour, Marion Maréchal, elle, s'en tient à une sorte de dissertation programmatique peu inspirée. Surtout, trois jours plus tard, elle confirme dans un tweet ce qu'elle s'échinait déjà à répéter : non, elle ne sera pas candidate en 2022. Ceux parmi ses supporters qui y croyaient encore voient s'éteindre leurs derniers espoirs.

Avec le recul, la Convention de la droite apparaît en fait comme une stupéfiante opération de substitution. Là où les partisans de Marion Maréchal la voyaient tenir la vedette, c'est Zemmour qui chipe le premier rôle. Là où elle refuse de retourner dans l'arène, lui s'y jette avec gourmandise. Un véritable chassé-croisé. Deux ans après, les organisateurs marionistes ne peuvent que constater le sens rétrospectif qu'ont pris les événements. « Chacun était venu pour pousser son candidat », lâche Jacques de Guillebon. « Peu de gens s'en sont rendu compte à l'époque, mais la Convention, c'était le *testing* Zemmour. Si l'on compare avec son meeting de Villepinte, sa capacité à faire sa mue est fascinante », note François de Voyer.

Pour un temps au moins, Marion Maréchal n'est plus l'objet des fantasmes, la potentielle revenante attendue par ses supporters et redoutée par ses détracteurs. Elle ne voulait pas prendre le gouvernail ; un autre s'est jeté dessus. Et pour l'instant, elle n'a pas embarqué.

L'influenceuse

Le marioniste est-il une espèce en voie de disparition ? En tout cas, depuis qu'ils ont compris pour de bon qu'elle ne serait pas candidate, les proches de Marion Maréchal se sont éparpillés dans la nature. Même s'ils ne sont pas partis bien loin. Il y a d'abord les « purgés », ces élus qui ont tenté de rester au FN après le départ de leur championne, mais qui ont vite déchanté. Deux d'entre eux, Thibaut Monnier et Antoine Mellies, conseillers régionaux d'Auvergne-Rhône-Alpes jusqu'en 2021, ont activement contribué au lancement de l'Issep. Cela leur a valu l'hostilité du siège du parti. Aujourd'hui, les deux trentenaires se sont mis au service de la campagne d'Éric Zemmour, même s'ils restent flou sur leur rôle. Ils sont loin d'être les seuls, dans le réseau de l'Issep, à avoir rejoint le candidat. Gérault Verny, un chef d'entreprise en charge des relations avec le monde des affaires pour l'école, occupe peu ou prou la même fonction dans la campagne. Le général Bertrand de La Chesnais, devenu directeur de campagne de Zemmour, a donné des cours à l'Issep. De même que l'énarque Vincent Uher, qui a supervisé le financement de la pré-campagne, ou le consultant Philippe Schleiter, en charge de la préparation des législatives. Schleiter avait même été envisagé comme membre du conseil scientifique de l'Issep, mais sa proximité avec le négationniste Robert Faurisson, dont il est le neveu, risquait de faire tache... Plusieurs récents diplômés de l'Issep font également partie de l'équipe Zemmour.

Un autre ancien de l'école a, lui, quitté le navire avec fracas. Il s'appelle Pierre Meurin et occupait, jusqu'en mai 2021, le poste de directeur des études de l'Issep, chargé de faire tourner l'établissement au quotidien. Ce trentenaire a coordonné, pendant l'été, des opérations militantes pro-Zemmour, avant de tourner casaque et de juger le candidat, dans un entretien à *L'Express*, trop anxiogène, trop déconnecté, trop amateur. Une interview que ce commercial de métier préfère désormais décrire comme une « note d'alerte ». D'autres marionistes ont, eux, embrassé le « combat culturel » par la voie médiatique. Coorganisateurs de la Convention

Éric Zemmour parle à la Convention de la droite. Paris, septembre 2019.

Photo d'Eliot Blondet. © Eliot Blondet / ABACA

Trois générations de Le Pen : Jean-Marie, sa fille Yann et sa petite fille Marion. Paris, avril 2007.

Photo de Thierry Orban. © Thierry Orban / ABACA

Tout en elle se confond avec l'histoire du « Front ». Soutenir Zemmour, ce serait, à coup sûr, être accusée au mieux de reniement, au pire de trahison.

de la droite, Erik Tegnér et François de Voyer ont créé une chaîne YouTube baptisée Livre Noir. Au programme : des entretiens avec des personnalités comme Jean Messiha, Mathieu Bock-Côté ou Jean-Marie Le Pen, mais aussi Jean-Christophe Cambadélis et bien sûr Marion Maréchal ; des reportages sur le « grand remplacement » ; et une couverture de la campagne présidentielle très favorable à Éric Zemmour. Le plus gros succès d'audience sur YouTube reste d'ailleurs un entretien dans lequel, en juin dernier, le pas-encore-candidat s'interrogeait sur son avenir, l'air grave. Un autre personnage gravite encore dans l'écosystème marioniste, même s'il est tenu à distance. C'est un tout juste quinquagénaire, au caractère jovial et direct. Arnaud Stephan (un pseudo) a été le collaborateur parlementaire de Marion Maréchal et, plus encore, le grand artisan de sa communication de députée. Plusieurs mois après la mise en retrait de l'intéressée, c'était toujours lui que les journalistes appelaient pour prendre des nouvelles, faute d'interlocuteurs loquaces. Mais depuis, les deux sont brouillés. C'est qu'Arnaud Stephan ne comprend pas que Marion Maréchal, cette formidable image de marque, reste aussi discrète politiquement. Il s'agace du fait qu'elle snobe ses recommandations. Peu après son retrait de la vie électorale, il lui avait rédigé une note, lui conseillant par exemple de réaliser des entretiens vidéo long format avec de grands leaders comme Trump ou Poutine, à l'occasion des conférences où elle est conviée à l'étranger. En 2019, comme d'autres marionistes, il lui a suggéré d'écrire un « bon pavé de 800 pages » pour coucher ses idées sur le papier. À ses yeux, elle gâche son talent et son potentiel en refusant d'organiser la suite et de structurer ses troupes. Attendrait-elle qu'on vienne la chercher, ce qui, en politique, est rarement une attitude gagnante ? Il la surnomme volontiers la « comtesse de Chambord », en référence au comte qui, après le Second Empire, recula devant le trône parce qu'il refusait le drapeau tricolore. Bref, dans la sphère marioniste, Arnaud Stephan est un peu l'ex déçu. La défiance est réciproque : Marion Maréchal ne l'a pas invité à son mariage. En décembre dernier, RTL a révélé que Stephan donnait désormais des conseils… à l'équipe de campagne de Marine Le Pen, avec laquelle il entretenait pourtant des relations détestables. Il soupçonne « Marion » de l'avoir balancé.

L'intéressée lèverait les yeux aux ciels à l'évocation de ces chicaneries. C'est son lot depuis longtemps, à force de ne pas intervenir quand des « proches » bavardent sur son compte. En attendant, elle vit sa vie, soucieuse d'équilibrer travail et famille. Des allers-retours réguliers à Lyon, où elle n'habite pas, pour superviser l'Issep. Des rendez-vous, de la lecture et des déplacements, même si le Covid a sérieusement ralenti les voyages à l'étranger. Derrière son statut de directrice, son rôle consiste surtout à servir de tête de gondole pour rencontrer les partenaires… et appâter les donateurs, principale source de recettes. La petite école avance à petits pas. Les promotions d'étudiants à temps plein sont passées à vingt personnes, et une trentaine d'autres suivent la formation continue, ces sessions qui ont lieu le week-end. Marion Maréchal dispense d'ailleurs quelques cours de stratégie de campagne électorale ou de *media training*. L'Issep a tissé des partenariats à l'étranger, tandis qu'à Lyon, les 400 mètres carrés de locaux deviennent trop étroits. Mais le diplôme n'est toujours pas reconnu par l'État et l'école reste très vague sur le devenir de ses étudiants. Tout juste nous assure-t-on que la plupart d'entre eux ont trouvé du travail dans des entreprises industrielles, des collectivités locales ou des médias peu connus.

Les amis de Marion Maréchal sont unanimes sur un point : un jour, elle arrêtera cette vie de vraie-fausse retraitée et retournera dans le grand bain politique, parce que c'est sa seule et unique passion. Un symptôme, parmi d'autres, de la démangeaison : son activisme pour promouvoir le « CAP », le Centre d'analyse et de prospective de l'Issep, qui pond des études sur diverses thématiques. Ainsi de cette note rédigée en novembre par un certain Jean Gierasch, présenté comme un « haut fonctionnaire » mais dont le nom est un pseudo, qui démontre pourquoi les promesses des Pécresse, Le Pen ou Zemmour de réformer la Constitution pour limiter l'immigration risquent de s'avérer décevantes pour leurs électeurs. Marion Maréchal n'aime rien tant que de disserter sur ces questions techniques, qu'il s'agisse d'immigration mais aussi de géopolitique ou de régulation des Gafam, trahissant une obsession à démontrer une hauteur de vue. En somme, elle se vit en influenceuse, occupant un statut devenu typique de nos sociétés multiécrans : celui d'une personnalité cochant les cases recherchées par les médias – la notoriété, un titre à afficher sur le bandeau du bas et une volonté d'aborder à peu près tous les sujets du débat public – et qui communique aussi bien dans des émissions très institutionnelles que sur YouTube. Au passage, Marion Maréchal a très tôt épousé la cause anti-pass sanitaire. Au point de faire, fin 2020, une vidéo commune avec son ex-meilleur ennemi, Florian Philippot, grand pourfendeur de la « coronafolie ». D'ailleurs, elle refuse obstinément de dire si elle est vaccinée.

Dans le brouillard

N'allez pas jusqu'à dire à Samuel Maréchal qu'il est un papa gaga. Mais une chose est sûre : l'ancien cadre du FN époque Jean-Marie Le Pen est fan, très fan de sa fille. Lui qui est souvent en voyage pour des affaires en Afrique – sur lesquelles il reste très discret – ne rate pas une seule de ses émissions et lui prodigue ses conseils lorsqu'il passe à Paris. À long terme, il lui voit un destin présidentiel – elle n'a que 32 ans. À court terme, il juge que son choix sera une étape décisive de l'actuelle course à l'Élysée. Qu'elle pourrait être à Zemmour ce que Bayrou fut à Macron.

À vrai dire, pour cette année 2022, les projets immédiats de Marion Maréchal sont avant tout familiaux. Côté politique, la vérité est qu'elle n'a rien décidé, et que ses « proches » qui croient le mieux savoir si elle soutiendra ou non Éric Zemmour sont ceux qui en savent le moins. Face à une décision difficile, elle préfère étirer le temps pour examiner tous les paramètres, jusqu'à la maniaquerie. C'est son caractère.

Au fond, dans un monde sans Marine Le Pen, Marion Maréchal se rangerait derrière Zemmour sans barguiner. Mais elle ne peut pas faire comme si sa tante n'était pas, elle aussi, candidate. Leurs relations sont tendues et elle exècre son entourage, mais ce n'est pas qu'une question de personne. Il y a, dans la balance, un fardeau symbolique que tout le monde ne saisit pas. Pendant plus d'une décennie, Marion Maréchal a été membre du FN – elle y a adhéré dès ses 18 ans. De sa première candidature sur une liste aux municipales à Saint-Cloud, en 2008, à son mandat de députée, sous le quinquennat Hollande, elle a milité ardemment dans les rangs du parti familial. Son ascendance, son nom, son parcours : tout en elle se confond avec l'histoire du « Front ». Alors, soutenir Zemmour, ce serait, à coup sûr, être accusée au mieux de reniement, au pire de trahison.

Cela mérite bien d'y regarder à deux fois. ■

PAR
Nathalie Segaunes

CASH

Codes secrets et levées de fonds

Depuis le début des années 2000, la pratique du *fundraising* se développe en France, au fur et à mesure que les partis politiques perdent des militants, et donc leur capacité à financer les campagnes présidentielles. Discrète et strictement encadrée par la loi, elle n'a cependant rien à voir avec les méthodes américaines et leur folklore tonitruant.

Qu'il était chouette, le temps où les lois sur le financement de la vie politique n'existaient pas ! Ceux qui l'ont connu décrivent une sorte de Far West où l'argent circulait sans exeat et ne laissait pas de traces. « À la présidentielle de 1995, on avait encore le droit de ramasser du cash, se souvient un ancien cadre du RPR. On se baladait dans les salles de meeting avec des gros tubes en plastique transparent dans lesquels on avait déjà mis des pièces de monnaie et quelques billets et on faisait la quête, comme à la messe » Un sonore « Merci pour votre générosité, messieurs-dames, qui nous a permis de réunir ce soir 153 000 francs ! » clôturait ce drôle de rituel. La générosité des militants chiraquiens n'avait évidemment pas atteint un tel sommet. « En réalité, l'argent venait d'entreprises ou de riches soutiens, c'était une sorte d'opération de blanchiment qui ne disait pas son nom », se gondole notre ami, nostalgique des vieilles méthodes.
Un quart de siècle plus tard, sous la pression des affaires, on a fini de rigoler avec les tubes en plastique et les valises de billets. Les dons par les personnes morales sont désormais interdits et ceux par les personnes physiques sont sérieusement encadrés par la loi. Ils sont strictement plafonnés (7 500 euros pour un parti, 4 600 euros pour un candidat) et contrôlés par la Commission nationale des comptes de campagne. Au-delà de 150 euros, ils doivent se faire exclusivement par virement ou par chèque bancaire. En conséquence, le job de collecteur de fonds a été confié à des gens sérieux : des financiers. « On a assaini le Far West », résume le conseiller de l'un d'entre eux.

À droite, passion collecteur

Bien décidée à prendre sa revanche sur la « victoire volée de 2017 », la droite a ainsi mis ses meilleurs banquiers d'affaires sur la campagne de Valérie Pécresse. Notamment Arnaud de Montlaur, « ami de très longue date » et ex-mandataire de François Fillon. Cet aristocrate qui se partage entre Paris et la province, un homme au contact chaleureux, ancien trader chez Dexia, a levé plus de 4 millions d'euros en 2017 pour le candidat malheureux à la présidentielle. « Vous avez plus de chances d'avoir un réseau et de connaître les chiffres quand vous êtes dans la banque que dans la plomberie, ça tombe sous le sens », sourit celui qui se définit comme « mandataire indépendant ».
Homme de droite convaincu, il a ensuite aidé, toujours par « amitié » autant que par conviction, Bruno Retailleau, puis Michel Barnier. Valérie Pécresse, au lendemain de sa victoire à la primaire, n'a pas eu de mal à convaincre le « leveur de fonds que la droite s'arrache », selon les mots du *Monde*, de se mettre à son service. « Une présidentielle, c'est excitant, c'est une adrénaline forte, confie le quinquagénaire. On est proche du candidat. Pour que les gens donnent, il faut qu'ils sentent que vous avez l'oreille du candidat » Son appartement, près de l'Assemblée nationale, accueille de nouveau, à quelques mois de l'élection, des cocktails et des dîners aussi lucratifs que confidentiels.
Mais c'est en réalité toute une nébuleuse qui, dans le Paris des beaux quartiers, met ses réseaux au service de la candidate de la droite à la présidentielle de 2022. Ainsi le banquier d'affaires Philippe Villin, figure de l'establishment, qui a organisé des dîners chez lui, quai des Célestins, ainsi que dans le Var pour Xavier Bertrand lors de la primaire, met désormais lui aussi son entregent au service de la candidate. « Comme beaucoup d'autres », confie-t-on dans l'entourage de Valérie Pécresse.

En marche : à fond la caisse

Faute de parti politique et de subventions publiques, Emmanuel Macron s'est lancé, dès avril 2016, dans une course de fonds sans précédent. Pour cela, il a lui aussi fait confiance à un banquier d'affaires : Christian Dargnat, ancien patron de BNP Paribas Asset Management, fut le grand argentier de sa campagne en 2017. « Dans cette campagne, on n'avait ni argent ni programme, rappelle un ancien de 2017. Le programme, on a fini par l'avoir en mars. L'argent, ça a été une source de stress jusqu'à la fin. »
Entouré d'Emmanuel Miquel (ancien capital-risqueur chez Ardian, devenu en 2017 conseiller du président en charge de l'attractivité, puis reparti dans le privé), de Cédric O (ancien collaborateur de Pierre Moscovici à Bercy, aujourd'hui secrétaire d'État) et de Stanislas Guerini (à l'époque

Bruno Le Maire, dans son bureau à Bercy. Paris, décembre 2020.

Photo d'Élodie Grégoire.

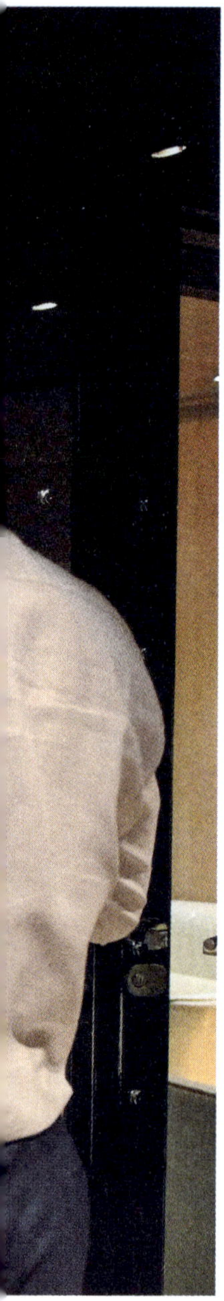

Dans le langage de la *start-up nation*, on parle de « soutirer de la maille aux gens qui ont de la thune ».

directeur de l'expérience client chez Elis et ancien d'HEC, aujourd'hui député et patron de La République en marche), Christian Dargnat a levé 13 millions d'euros en treize mois. Une somme colossale, qui représente plus de la moitié des dépenses du candidat. Au total, quelque 600 mécènes ont fait un don supérieur à 5 000 euros pour la première campagne d'Emmanuel Macron.

Les Macron Leaks, qui ont révélé les échanges de mails au sein de l'équipe du candidat, en témoignent : rien n'a été laissé au hasard dans cette quête de riches donateurs. Dans le langage de la *start-up nation*, on parle de « soutirer de la maille aux gens qui ont de la thune ». On sélectionne les jeunes patrons « très *helpful* » et les « gros potentiels de *networking* ». Les dîners ou cocktails sont organisés par réseaux (bancaires, grandes écoles) et par capillarité (des « têtes de pont » sont sollicitées, qui elles-mêmes mobilisent les potentiels donateurs un à un).

« Nous organisons le 1er juillet un déjeuner autour d'Emmanuel Macron : si vous avez des gens prêts à contribuer à hauteur de 7 500 euros, envoyez à Emmanuel Miquel et moi-même les coordonnées de ces personnes », écrit ainsi Christian Dargnat dans un mail interne en juin 2016.

Les participants sont souvent des « chefs d'entreprise *a priori* séduits par le ministre de l'Économie, mais qui cherchent à savoir à quel point sa démarche est structurée et sérieuse », décrit un cadre macroniste. D'autres participent aux dîners « comme on fait le tour des monuments de la capitale : ils viennent *voir* le candidat », sourit un collecteur.

Enfin, certaines grandes entreprises, qui souhaitent ménager l'avenir, demandent à leurs cadres dirigeants de donner. Ainsi plusieurs responsables et associés gérants de la banque Rothschild, où Emmanuel Macron a travaillé, ont-ils généreusement contribué, à titre personnel, à sa campagne.

Le rythme des levées de fonds est soutenu et ne doit jamais faiblir dans la *start-up nation*. « Les amis, les deux prochaines semaines, nous n'avons pas de dîner FR [*fundraising*], écrit Emmanuel Miquel le 20 juin 2016. Nous nous proposons avec Christian de (re)mettre la pression sur ceux qui auraient déjà dû donner, afin de les relancer pour qu'ils donnent d'ici la fin de semaine. » Une liste de sept noms est distribuée (Mathieu Laine, avocat d'affaires et essayiste libéral ; Marc Simoncini, fondateur de Meetic ; Henry Hermand, dirigeant d'entreprise et témoin de mariage d'Emmanuel Macron, décédé depuis ; Thierry Petit, cofondateur de showroomprive.com, notamment), « soit un potentiel de 53 000 euros pour cette semaine ». Ismaël Emelien, très proche conseiller d'Emmanuel Macron, se propose d'en rappeler certains, mais pas l'avant-dernier de la liste, qu'il n'a pas senti « très chaud pour payer, il aide beaucoup en termes de conseil ».

Un banquier d'affaires, ami d'Emmanuel Macron, se souvient d'avoir été sollicité par Christian Dargnat pour accueillir chez lui un dîner de donateurs. « Il fallait maximiser les profits et se focaliser sur les gens déjà convaincus et qui pouvaient donner le maximum, relate-t-il. Ils devaient payer à l'avance, le ticket d'entrée était de 15 000 euros par couple, 5 000 euros pour un jeune entrepreneur. » Pour ce prix-là, Emmanuel Macron, nouvelle sensation de la vie politique française, « fait le show » selon un timing millimétré (15 minutes de salutations, speech de 20 minutes, questions-réponses pendant 20 minutes), « dans une atmosphère de banquet », précise l'organisateur. On est dans un appartement du centre de la capitale, les tables ont été montées sur des tréteaux, on se serre sur des bancs. « On était loin des manières vaporeuses des dîners dans le 16e arrondissement », sourit un participant. Rien ne filtrera à l'époque de ces dîners confidentiels, si ce n'est cette petite phrase d'Emmanuel Macron, prononcée en décembre 2016, et qui paraîtra prémonitoire après coup : « Moi, j'ai déjà été passé au scanner, toute ma vie a été radiographiée. Fillon, pas encore... » Un mois plus tard, les premières révélations sur le train de vie du candidat de la droite font basculer la campagne.

Christian Dargnat s'est de nouveau vu confier les levées de fonds pour la campagne de 2022 et a reconstitué une équipe. Membre du bureau exécutif et président de l'association de financement de LREM, l'argentier du président, qui fuit la presse, aurait conçu une certaine amertume, dit-on, de n'avoir pas été « récompensé » après 2017. « Notre mission est toujours bénévole, assure cependant un collecteur de fonds. Il n'y a qu'aux États-Unis que ce travail est gratifié, en général par le poste d'ambassadeur à Paris... » Pamela Harriman et Charles Rivkin, nommés à Paris respectivement en 1993 et en 2009, ont été remerciés de la sorte pour leur contribution au financement des campagnes de Bill Clinton pour la première et de Barack Obama pour le second.

En 2022, eu égard à son statut de président, Emmanuel Macron ne participera pas aux levées de fonds. Il est vrai qu'il n'y a cette fois que 5 millions à trouver. Les ministres et personnalités de la majorité ont été priés en revanche d'y consacrer quelques soirées. Marlène Schiappa, ministre déléguée à la Citoyenneté, a déjà fait savoir qu'elle avait organisé un dîner de levée de fonds chez elle en décembre...

Les donateurs, une aristocratie choyée

Nicolas Sarkozy, avec son « premier cercle », fut le premier candidat à s'impliquer dans les levées de fonds, et à le faire savoir. Il en tirait même, à titre personnel, une certaine fierté. « Tu as vu, j'ai levé 60 000 euros ce soir ! » l'a entendu se vanter un proche à l'issue de l'un de ces dîners. À l'époque, les noms des participants finissaient toujours par se retrouver dans la presse. Emmanuel Macron a préféré rester discret sur sa pratique des dîners et n'a pas repris le concept de « premier cercle ». « Cela ne marche plus, constate un conseiller de l'exécutif, les gens n'ont plus envie de s'afficher » L'anonymat des donateurs est garanti par la loi, la discrétion est la règle.

S'engager pour un candidat peut, il est vrai, avoir de lourdes conséquences. Francis Holder, fondateur de l'entreprise Paul, dont la

Alain Missoffe, collecteur exclusif de Bruno Le Maire

On ne devient pas collecteur de fonds en envoyant son CV : il s'agit de gagner la confiance du candidat. Alain Missoffe, fils de François Missoffe, ancien ministre et ambassadeur du général de Gaulle, et d'Hélène Missoffe, qui fut sénatrice et secrétaire d'État sous Giscard, est tombé dans les levées de fonds pour venir en aide à son « ami de jeunesse » Bruno Le Maire en 2014. L'ancien ministre de Nicolas Sarkozy n'avait pas de fortune personnelle, et un cruel besoin d'argent pour partir à la conquête de la présidence de l'UMP – qu'il n'obtiendra pas – puis pour participer, en 2016, à la primaire de la droite – à laquelle il sera battu. À l'époque vice-président du groupe de services informatiques Cegedim, Alain Missoffe, qui compte naturellement de nombreuses relations dans les sphères économique et financière, ouvre son carnet d'adresses pour Le Maire et réunira au total, au fil de petits déjeuners, déjeuners et dîners, quelque 300 mécènes autour du candidat. « J'ai fait un travail de conviction, pas de fichier », précise-t-il. L'effet « boule de neige » lui permettra de lever en quatre ans « jusqu'à 6 millions d'euros » pour financer l'aventure de son ami. « Le soir du résultat de la primaire (Bruno Le Maire obtient 2,4 % des suffrages), confie-t-il, je n'étais pas bien par rapport aux donateurs », qui ont investi à fonds perdus. Même si certains d'entre eux, il le sait, ont aussi donné à Juppé, Fillon et Sarkozy. Il respire en revanche, six mois plus tard, lorsque son ami Bruno est nommé ministre de l'Économie d'Emmanuel Macron, à la « satisfaction générale » des donateurs cette fois. Aujourd'hui directeur général adjoint du groupe Klesia, le quinquagénaire ne veut plus organiser de levées de fonds : « La primaire m'a amusé, c'était l'occasion de belles rencontres, certains sont devenus des amis – mais c'est une mission ingrate. Je ne me vois pas revenir vers eux pour les taper de nouveau... »

fortune a été évaluée à 1,2 milliard d'euros en 2021 par le magazine *Forbes*, a apporté son soutien à François Fillon dans une vidéo en avril 2017... provoquant la colère des syndicats de son entreprise. Le lunetier multimillionnaire Alain Afflelou a lui aussi fait connaître à l'époque son soutien au candidat de la droite, qu'il avait « rencontré à un déjeuner à Londres en janvier ». Au risque de faire passer tout le réseau des franchisés pour filloniste. « Le don est un engagement, souligne un entrepreneur. Lorsqu'on porte le nom de la marque, c'est dangereux de l'afficher, en termes d'image. »

Les dîners de levée de fonds sont des événements mondains globalement très parisiens et très codés. L'un de ceux qui les ont beaucoup fréquentés compare les donateurs à un « corps intermédiaire, une aristocratie qui a besoin d'être considérée ». Dans son appartement, ou bien dans celui du candidat, à l'abri des regards indiscrets, le mandataire présente les éventuels donateurs, un à un. « Les gens qui viennent sont *a priori* sympathiques et favorables aux idées du candidat, confie l'un d'entre eux, mais il faut qu'une espèce d'alchimie se produise pour qu'ils donnent. Il faut qu'il y ait du plaisir. »

La bonne chère et les bons vins peuvent y contribuer, mais ne sont pas un élément décisif. « Le repas n'a pas besoin d'être onéreux », affirme un familier de ces agapes.

En revanche, les invités escomptent un accès privilégié au candidat. « Pour être efficace, un dîner doit être intimiste, pas plus de douze convives, estime un collecteur chevronné. Si les grandes fortunes, qui sont aussi des prescripteurs d'opinion, ne voient pas le candidat, elles ne parlent pas de lui. »

Chefs d'entreprises, capitaines d'industrie, financiers, cadres dirigeants d'entreprises du CAC 40... les plus riches donateurs ne s'abaisseront pas à demander un rendez-vous avec le candidat à son QG de campagne. En général très au fait de son programme économique, ils s'offrent, avec cette rencontre dans un cadre feutré, une discussion directe avec lui. « C'est formidablement élitiste », relate un habitué, parlant d'un « entre-soi chic et élégant ». Quant au candidat, il doit séduire. « Le bon candidat, dans ce type de soirées, c'est celui qui va raconter quelques anecdotes bien senties, mais surtout développer ses idées sur le plan économique », relate un mandataire.

L'art de tendre la sébile

La partie la plus délicate de ce rituel incombe toutefois au collecteur : il s'agit de demander au participant de traduire son engagement en faveur du candidat en aide sonnante et trébuchante. Car même après un dîner réussi, « s'il n'y a personne pour aller chercher les sous, ça ne se fait pas », constate un banquier. « Les invités ne sont pas dupes de l'objectif du dîner, mais ils veulent qu'on y mette les formes », précise un autre. Pour tendre la sébile sans perdre

Christophe Castaner et Christian Dargnat lors d'une conférence de presse. Paris, janvier 2018.

Photo de Jacques Witt.

Julien Madar, un banquier d'affaires chez Zemmour

Comme Emmanuel Macron en 2016, Éric Zemmour, lorsqu'il décide de se lancer en 2021, doit très vite trouver des fonds : la campagne d'affichage « Zemmour président », fin juin, et le meeting de Villepinte du 6 décembre coûtent cher, plusieurs centaines de milliers d'euros, et les banques refusent de prêter. Comme Emmanuel Macron en 2016, le journaliste en congé du *Figaro* confie cette mission de confiance à un banquier d'affaires : Julien Madar, 32 ans, ancien de chez Rothschild (où il s'est spécialisé dans la fusion-acquisition), directeur général de Checkmyguest, une start-up pour laquelle il a levé 7 millions d'euros. Refusant l'étiquette d'extrême droite et se disant « de filiation sarkozyste », Julien Madar, à la tête d'une équipe d'une dizaine de personnes, s'occupe donc des levées de fonds pour Zemmour. L'occasion pour le start-uppeur de présenter des « gens du monde économique » à l'éditorialiste, plus éloigné de cet univers-là que ne l'était Emmanuel Macron. Le succès des levées de fonds zemmouriennes fait des envieux dans Paris. « Il a fait le plein à chaque fois », s'étonne un membre d'une écurie présidentielle concurrente. Lors de la visite mouvementée d'Éric Zemmour à Londres en novembre, déjeuners et dîners avec des expatriés ont été organisés autour du candidat, pour lesquels les convives devaient débourser 7 500 euros. « Au total, fin 2021, on avait dépassé Macron 2016 en termes de dons », se félicite Julien Madar, soit plus de 5 millions d'euros récoltés.
Les mécènes du candidat Zemmour sont, dit-il, à 60 % d'anciens électeurs de François Fillon et à 40 % des déçus d'Emmanuel Macron. En revanche, assure-t-il, « ce sont des gens qui ne voteraient jamais Le Pen ! ».
« Ces types-là ne connaissent pas la législation : ils croient qu'il suffit de faire des repas et de ramasser le pognon, persifle un proche de Marine Le Pen. Mais leurs comptes sont déjà plombés » La Commission nationale des comptes de campagne en jugera.

Pour être efficace, un dîner doit être intimiste, pas plus de douze convives.

leur dignité, certains rappellent leurs invités le lendemain, histoire de savoir comment ils ont trouvé le candidat… En cas de réponse encourageante, ils enchaînent naturellement : « Si tu veux l'aider, tu peux faire un virement à l'association de financement de la campagne. » D'autres collecteurs, plus directs, distribuent des formulaires de dons à l'issue du dîner. « Ceux qui n'ont pas leur chéquier avec eux, j'ai leur nom en tête et je les relance le lendemain par mail ou par téléphone », précise l'un d'entre eux.
« C'est assez ingrat, confie toutefois un collecteur. D'autant qu'on sollicite cet argent en sachant qu'il n'y aura rien en retour. » C'est l'un des fantasmes les plus répandus en matière de levées de fonds : les donateurs escompteraient une contrepartie. Un soupçon balayé d'un revers de main par Arnaud de Montlaur : « Le type qui dit "Je t'ai donné 7 500 euros pour ta campagne, ce serait formidable que tu me donnes une concession d'autoroute", ça ne tient pas debout. »
Les dons au candidat et les dons au parti ouvrent droit à une déduction fiscale de 66 %, ce qui ramène l'« effort » financier maximal à un peu plus de 4 000 euros par an. Insuffisant pour corrompre un futur président.
La gauche socialiste, du temps de sa splendeur, a eu quelques généreux mécènes dans les milieux patronaux, sur lesquels elle s'est montrée très discrète. François Hollande, qui a fait de la finance son « ennemi » pendant sa campagne, a bénéficié de 1,2 million d'euros de dons de personnes physiques en 2012, sans toutefois organiser de levées de fonds. « À droite, c'est une habitude presque sociale, héritée du temps où les patrons contribuaient à la campagne de leur candidat », analyse l'ancien ministre de l'Économie Michel Sapin. Une « habitude » qui connaît de toute évidence un renouveau, à la faveur de l'effondrement des partis.

UNE HISTOIRE FRANÇAISE

La présidence, accident politique et anomalie républicaine (1848-1914)

PAR

Johann Chapoutot

ILLUSTRATIONS
Lucien Gurbert

La présidence de la République est une invention de 1848, et ce ne fut pas une initiative très heureuse, loin s'en faut.

Aucune constitution française n'avait prévu de président jusqu'alors – ni celle de 1791 (qui définit une monarchie constitutionnelle, avec, donc, un roi), ni celle de 1793 (qui définit un parlementarisme absolu), ni celle de 1795 (les cinq directeurs du Directoire), ni celle de 1799 (les trois consuls du Consulat), ni les suivantes, qui consacrent un empereur (1804) ou, derechef, un roi (1814, 1830). L'article 43 de la Constitution du 4 novembre 1848 dispose pourtant que « le peuple français délègue le Pouvoir exécutif à un citoyen qui reçoit le titre de président de la République ». Il s'agit d'un compromis entre républicains, libéraux, jacobins et monarchistes : on crée un principe d'autorité personnelle qui rappelle le monarque (des Bourbons, des Orléans ou des bonapartistes), mais qui est compatible avec la démocratie, comme l'enseigne l'exemple déjà vénérable des États-Unis d'Amérique, qui ont un président depuis 1789 sans s'en porter plus mal. Le mandat défini en 1848 est encadré : quatre ans, renouvelables, certes, mais pas successivement.

Problème : le président est élu au suffrage universel (masculin) direct, comme l'Assemblée nationale, et pour la même durée. Alors que, aux États-Unis, le mode de suffrage (indirect, *via* les grands électeurs) et la forme fédérale de l'État distinguent clairement le président des représentants et des sénateurs, la constitution de 1848 place face à face deux pouvoirs aux légitimités égales. Que se passera-t-il, dès lors, en cas de conflit entre eux ?

Le conflit arrive vite, car le président élu, Louis-Napoléon Bonaparte, neveu de l'Empereur, élu sur son patronyme prestigieux, entend bien poursuivre avec un nouveau mandat en 1852, sans intermède de quatre ans. Le parlement ayant refusé une modification de la Constitution, le conflit est tranché par un coup d'État en bonne et due forme, le 2 décembre 1851, quarante-sept ans après le couronnement de Napoléon Ier. Une nouvelle Constitution, en janvier 1852, étend à dix ans la durée du mandat présidentiel, avant que, le 2 décembre 1852, ne soit proclamé l'Empire : le président Bonaparte devient Napoléon III, empereur des Français.

Pour les républicains, le coup d'État de décembre 1851 est un traumatisme durable. Pour les libéraux aussi : Adolphe Thiers, plusieurs fois député, ministre et président du Conseil depuis 1836, est un opposant résolu à Napoléon III (« Un idiot que l'on mènera », croyait-il pourtant en 1848). Élu député au sein de l'Assemblée législative qui, en février 1871, succède au Second Empire, il est élu par ses collègues « chef du pouvoir exécutif de la République française » – un titre qui devient, en août 1871, « président de la République française ».

Thiers, qui a dirigé l'écrasement de la Commune de Paris, est un assoiffé de pouvoir qui ne tolère à ses côtés qu'un vice-président du Conseil, lui-même se considérant comme chef de l'État et chef du gouvernement tout à la fois. Ancien journaliste, historien de talent et partisan, naguère, de la monarchie constitutionnelle et des Orléans, Thiers constate que les monarchistes sont divisés (Bourbons, Orléans, bonapartistes). Il évolue donc vers la République, régime le plus stable et le plus sage selon lui, pour peu qu'elle soit fermement dirigée, et orientée vers la préservation de l'ordre social : « Déjà la France relève la tête, et – chose plus surprenante encore ! – une forme de gouvernement, qui d'ordinaire la troublait profondément, commence à entrer peu à peu dans ses habitudes [...]. Messieurs, les événements ont donné la République, et remonter à ses causes pour les discuter et pour les juger serait aujourd'hui une entreprise aussi dangereuse qu'inutile. La République existe, elle est le gouvernement légal du pays ; vouloir autre chose serait une nouvelle révolution et la plus redoutable de toutes [...]. La République sera conservatrice ou ne sera pas. »

Avec ce discours, prononcé le 13 novembre 1872, il s'aliène les monarchistes, qui limitent son temps de parole en mars 1873, puis mettent son gouvernement en minorité en mai. Thiers démissionne, et la majorité monarchiste élit le maréchal de Mac Mahon président, pour un long mandat dont la durée est peu après fixée à sept ans (loi du 20 novembre 1873). Pourquoi cette durée ? Mac Mahon demandait dix ans, comme pour les consuls de la Constitution de 1799, et les députés voulaient cinq ans, comme leur propre mandat, et celui de Thiers en 1871, élu par l'Assemblée, aussi longtemps que l'Assemblée siégerait. On coupa la poire en deux : le but était de faire durer le mandat présidentiel aussi longtemps que possible, en attendant que le successeur légitime des Bourbons, le comte de Chambord, meure. Henri d'Artois – Henri V pour les monarchistes – refusait en effet tout compromis avec la Révolution et la République (il rejetait ainsi le drapeau tricolore, au profit du seul drapeau blanc de l'Ancien Régime).

« Votons pour le plus bête ! »

Le bon mot s'impose : « Puisque Dieu ne lui a pas ouvert les yeux, attendons qu'il les lui ferme. » Il faut, en attendant, occuper la place. Mais, au fil du temps, le contexte se dégrade pour les monarchistes : à chaque scrutin, élection législative partielle ou élection locale, les républicains gagnent en influence dans le pays. Il faut donc transiger, sinon ruser, avec eux. C'est ainsi, sous le septennat de Mac Mahon, que sont votées les lois constitutionnelles de 1875, qui créent les institutions de la République, troisième du nom. Les lois constitutionnelles de 1875 gardent toutes les options ouvertes : une République parlementaire dotée d'un président fort peut verser du côté parlementaire ou, au contraire, préparer une monarchie.

C'est le pays qui en décide : les élections législatives de 1876, tenues à l'issue des cinq années de mandat de l'Assemblée élue en janvier 1871, donnent une majorité aux républicains (363 sièges sur 533). Un gouvernement dirigé par le républicain modéré Jules Simon doit faire le lien entre l'Assemblée de gauche et le président de droite, mais Mac Mahon lui reproche, dans une lettre publiée au *Journal officiel*, sa faiblesse face aux républicains anticléricaux de Gambetta. Jules Simon démissionne, remplacé par un homme de la droite dure, le duc de Broglie, auquel la Chambre des députés refuse la confiance.

Le 25 juin, Mac Mahon dissout la Chambre et de nouvelles élections sont organisées. Gambetta déclare que les républicains partent à 363, et qu'ils reviendront à 400. Dans son grand discours du 15 août 1877, il énonce une péroraison devenue célèbre : « Ne croyez pas que lorsque tant de millions de Français auront parlé, il y ait personne, à quelque degré de l'échelle politique ou administrative qu'il soit placé, qui puisse résister. Quand la France aura fait entendre sa voix souveraine, croyez-le bien, messieurs, il faudra se soumettre ou se démettre. » L'alternative est posée, qui doit définir la lecture des lois de 1875 (le gouvernement est-il l'émanation de la volonté du président, ou bien de celle du peuple souverain *via* la Chambre des députés ?), ainsi que l'équilibre des pouvoirs entre l'exécutif et le législatif.

Les élections d'octobre 1877 voient la majorité républicaine reconduite, quoique diminuée (323 députés au lieu de 363). Mac Mahon songe à une autre dissolution, puis nomme un ministère de droite, désavoué par les députés, avant de nommer un ministère républicain. Dans un message à la Chambre, le président reconnaît que « la Constitution de 1875 a fondé une République parlementaire ».

En 1879, les républicains obtiennent la majorité au Sénat : Mac Mahon démissionne avant la fin de son septennat, prévue un an plus tard. Le républicain Jules Grévy est élu président par les députés et les sénateurs : il annonce immédiatement qu'il ne fera jamais usage du droit de dissolution de la Chambre des députés, instaurant de fait un parlementarisme quasi absolu. Cette « Constitution Grévy » sera respectée par ses successeurs. C'en est bien fini de cette ambition d'instaurer un « chef roi, moins le nom et la durée » (duc de Broglie, 1873), car la présidence est faible : dans la culture politique des républicains, trois dates sont marquées du sceau de l'infamie – le 18 Brumaire (coup d'État de Bonaparte, l'oncle), le 2 décembre 1852 (coup d'État du neveu), et le 16 mai 1877 (tentative d'imposer une lecture présidentialiste des institutions).

Cette faiblesse est encore accentuée par le scandale qui frappe Jules Grévy : réélu pour un second septennat en 1886, il démissionne en 1887 car son gendre, Daniel Wilson, a eu la riche idée de vendre des légions d'honneur – c'est à la suite de ce scandale des décorations que la loi définira un nouveau délit pénal, le trafic d'influence.

Son successeur est élu sur son nom : député, plusieurs fois ministre, Sadi Carnot est le petit-fils du grand révolutionnaire Lazare Carnot. Personnage falot et humble, il ne dérange pas : « Votons pour le plus bête ! » déclare Georges Clemenceau lors de l'élection de 1887 – un bon mot qui devient une quasi-devise des élections présidentielles, où le vote pour une desserte de table élégante et factice semble désormais s'imposer. Sadi Carnot ne termine pas son septennat : en juin 1894, il est assassiné à Lyon par un anarchiste italien.

Lui succède son dernier président du Conseil, Jean Casimir-Perier, un républicain modéré (entendre : de droite), qui démissionne cependant au bout de six mois. Dans son message aux Chambres du 15 janvier 1895, il déplore l'« impuissance » à laquelle il est « condamné » : « La présidence de la République [est] dépourvue de moyens d'action et de contrôle » – une prise de conscience bien tardive.

Députés et sénateurs élisent immédiatement un autre républicain modéré, le ministre de la Marine Félix Faure. Portant beau, fasciné par l'histoire de la monarchie française – ce qui lui vaut le sobriquet journalistique de « président Soleil » –, Faure est actif dans le rapprochement avec la Russie des tsars. Peu à peu convaincu de l'innocence de Dreyfus, comme

son *Journal à l'Élysée*, récemment publié, le montre, il n'intervient cependant pas (alors que c'est à lui que le « J'accuse… ! » de Zola est adressé), pour ne pas affaiblir l'armée.
Faure, lui non plus, ne termine pas son mandat : il meurt à l'Élysée à l'âge de 58 ans, le 16 février 1899, lors d'un rendez-vous privé avec sa maîtresse. Un festival de bons mots accompagne ce décès, et exorcise ce président peut-être trop flamboyant : Marguerite Steinheil est surnommée la « pompe funèbre » tandis que Clemenceau, toujours inspiré et cruel, note que « en entrant dans le néant, il a dû se sentir chez lui », tout en observant que la mort du président, ce n'est pas « un Français en moins, mais une place à prendre ». C'est à Clemenceau, également, que l'on attribue ce chef-d'œuvre des perfidies politiques, abondamment repris par la presse : « Il voulait être César, il ne fut que Pompée. »
L'efflorescence gauloise autour de la mort de Félix Faure masque à peine le sérieux de la situation : au moment où l'affaire Dreyfus creuse un fossé entre deux camps inconciliables, les ennemis de la République, imbibés par les rumeurs qui circulent sur les causes de la mort présidentielle (moins grivoise que politique, disent-ils, car le chef de l'État était antidreyfusard), décident de passer à l'action.
Lors des funérailles du président, la Ligue des patriotes de Paul Déroulède tente de prendre d'assaut l'Élysée. Signe du niveau de violence existant alors en France, le nouveau président, Émile Loubet, élu en février en raison de son parcours républicain impeccable, mais aussi de sa discrétion sur l'affaire Dreyfus (il n'avait émis aucun avis à ce sujet), est agressé lors d'une course hippique, à l'hippodrome d'Auteuil, en juin 1899 : un baron antidreyfusard tente de monter sur la tribune et assène au président un coup de canne, qui n'atteint que son chapeau. Traduit en comparution immédiate, l'homme bredouille des excuses et se trouve condamné à quatre ans de prison ferme (il sera libéré au bout de quelques mois, dans un geste de réconciliation nationale).
Face à cette violence, la gauche s'unit en un « gouvernement de Défense républicaine » sous la présidence de Waldeck-Rousseau. Le mandat de Loubet est marqué par une grande stabilité politique et une inflexion à gauche, notamment sous le ministère d'Émile Combes. Il est le premier président à accomplir un mandat entier, tout comme son successeur, l'aimable Armand Fallières, ce « père Fallières » si populaire, qui, opposé à la peine de mort, graciait tant et plus les condamnés. Il renonce à se présenter pour un second mandat, avec une boutade sympathique devenue célèbre : « La place n'est pas mauvaise, mais il n'y a pas d'avancement. » Son mandat se termine benoîtement en 1913, quand il laisse la place à Raymond Poincaré qui, lui, va vivre cette Grande Guerre qui éclate en 1914… À suivre. ■

« Il voulait être César, il ne fut que Pompée. »

VALEURS ACTUELLES, ENTRE TROIS EAUX

En 2017, le journal s'était trouvé un champion : François Fillon. Mais en 2022, pour qui roule cet hebdomadaire dont la capacité à faire parler de lui, notamment par la polémique, est bien supérieure à ses chiffres de ventes ? Zemmour, Le Pen, Pécresse ? Les trois à la fois ?

PAR
Alexandre Duyck

PHOTOREPORTAGE
Nicolas Melemis

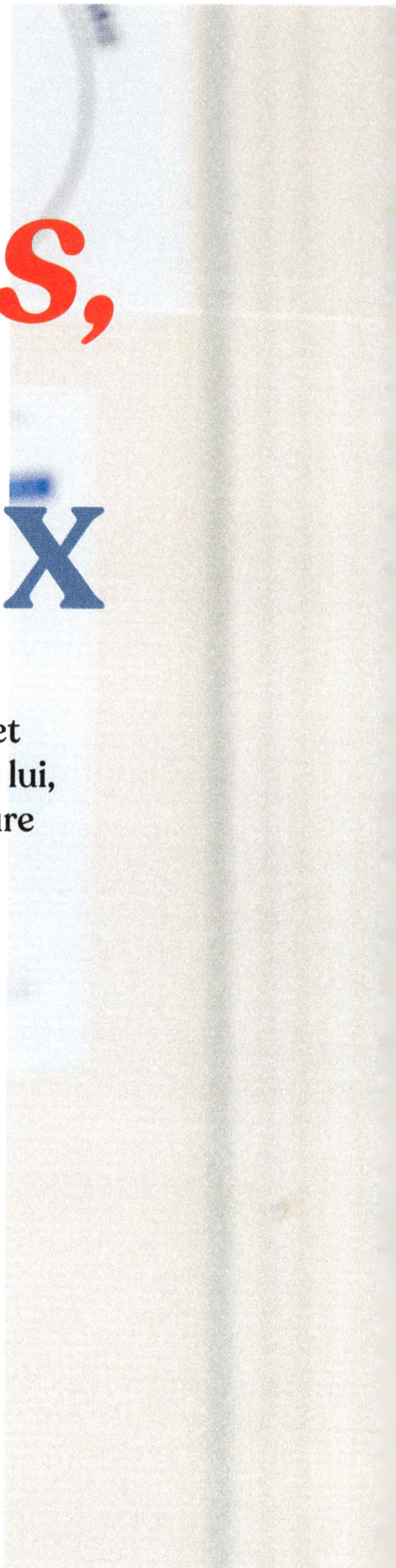

Bureaux de *Valeurs actuelles*. Paris, janvier 2022.

C'est une drôle de campagne présidentielle que celle de 2022 pour *Valeurs actuelles*. Il y a cinq ans, les choses étaient plus claires : Fillon un jour, Fillon toujours. Mais l'ancien Premier ministre, contre lequel le parquet général a requis en novembre 2021 cinq ans d'emprisonnement dont un ferme pour détournement de fonds publics et abus de biens sociaux [1], n'est pas entré à l'Élysée. L'hebdomadaire dit de la « droite décomplexée » a dû faire son travail de deuil, chose qui n'est toujours pas totalement accomplie : « Je suis orphelin de François Fillon à vie », avoue Tugdual Denis, directeur adjoint de la rédaction. Son ami et complice Geoffroy Lejeune est un copain d'enfance de Marion Maréchal, il la connaît depuis qu'il a 16 ans. « C'est l'une de mes amies les plus chères », dit-il. Le Éric Zemmour conquérant du début de l'automne 2021 a énormément séduit Geoffroy Lejeune. Il avait notamment apprécié la proposition de rendre les prénoms dits français obligatoires, lui dont le bureau est orné d'un immense portrait de... Zinédine Zidane.

Les deux se rencontrent lors d'un déjeuner de travail en 2017. Geoffroy Lejeune vient d'être nommé directeur de la rédaction. Tugdual Denis, alors journaliste à *L'Express*, arrive au restaurant avec une note qu'il vient de rédiger : « Voilà ce que tu devrais faire, à mon avis. » Lejeune la lit. Séduit, il lui propose de l'embaucher. Denis hésite, finit par dire oui, quitte *L'Express*, part au bout d'un an pour rejoindre la rédaction du *Point*, puis revient enfin treize mois plus tard. « Quand nous l'avons repris, nous étions un hebdomadaire fait au jour le jour, raconte Lejeune. Ne s'ouvrant pas assez à des personnalités éloignées de nous, pas assez haut de gamme, ne sortant pas assez d'informations. » Ne faisant pas assez parler de lui, aussi – ce qui a, depuis, bien changé.

1 – Le jugement sera rendu le 9 mai 2022.

Nous sommes en 2022. À eux deux, Lejeune et Denis n'ont pas 80 ans. Ils dépassent à peine un siècle si l'on ajoute la troisième figure médiatique du magazine, Charlotte d'Ornellas, une ancienne du site Boulevard Voltaire, créé par Robert Ménard, aujourd'hui maire extrême droite de Béziers. Trois trentenaires, trois jeunes loups chargés d'incarner et de faire vivre le successeur du vieux journal boursier *Aux écoutes de la finance*, devenu *Finance*, propriété du groupe Valmonde, détenu par le richissime homme d'affaires franco-libanais Iskandar Safa. Une mission compliquée quand on n'a pas de champion attitré (le Zemmour de fin 2021 leur plaisait déjà moins que celui de l'automne, et ni Le Pen ni Pécresse ne sont totalement leur tasse de thé), des ventes limitées, une publicité rare, une équipe dévouée à la cause mais composée d'une trentaine de personnes seulement (stagiaires et alternants compris)... et qui évolue au sein d'un métier, celui du journalisme de presse écrite, que l'on sait plus que fragile économiquement. Quand on interroge Tugdual Denis sur le lecteur type de *Valeurs actuelles*, il répond : « Un notaire d'Angers ! » Comprenez : CSP+, conservateur, provincial et plutôt âgé. Le lecteur du site Internet est plus populaire, plus opposé à l'Europe et plus jeune. En 2017, selon Tugdual Denis, dans leur globalité, les lecteurs ont voté à 73 % pour François Fillon, à 19 % pour Marine Le Pen, et à seulement 3 % pour Emmanuel Macron. « C'est ce qu'Édouard Philippe a résumé en évoquant la "droite Trocadéro" venue défendre François Fillon sous la pluie à Paris en mars 2017, résume Geoffroy Lejeune. Une troisième voie qui trouve Les Républicains (LR) trop mous et le Rassemblement national (RN) pas assez sophistiqué. » *Valeurs actuelles*, organe d'Éric Zemmour ? Au Rassemblement national, dont les dirigeants n'apprécient guère l'hebdomadaire, on le surnomme « Zemmour actuelles », comme la chaîne CNews est appelée « ZNews ». « On incarne de nombreuses composantes du zemmourisme », reconnaît Geoffroy Lejeune, auteur d'*Une élection ordinaire*[2]. L'ouvrage, publié en 2015 et réédité en 2021 chez Ring, imaginait l'accession au pouvoir en 2017 d'un candidat que personne n'avait vu venir, un certain Éric Zemmour... « En réalité, Fillon, Zemmour, Le Pen : on tourne autour de ces trois-là, reprend-il. Nous sommes

On le surnomme « Zemmour actuelles ».

2 – Geoffroy Lejeune, *Une élection ordinaire*, Ring, 2015.
3 – Tugdual Denis, *La Vérité sur le mystère Fillon*, Plon, 2020.
4 – Geoffroy Lejeune, *Zemmour président, de la fiction à la réalité*, Ring, 2021.

le journal de tous ces gens qui les soutiennent. C'est sûr que vous trouverez ici plus de journalistes pour défendre Éric Zemmour qu'au sein de la rédaction de *Télérama*. » Tugdual Denis ajoute : « En même temps, on a été les premiers à le critiquer après son interview devant le Bataclan à l'automne 2021 et à dire alors qu'il ne se présidentialisait pas assez. Aucun de nous ne se fond complètement dans le RN, Zemmour ou la droite de LR. On veut garder notre côté punk ! »
Commercialement parlant, c'est en 2017 qu'arrive le jour de gloire du magazine. En forte hausse au moment de l'élection d'Emmanuel Macron, avec un pic historique à 53 000 exemplaires vendus en kiosque en une semaine, les ventes se sont depuis effritées. Selon ses dirigeants, l'hebdomadaire compte 55 000 abonnés au journal papier et vend entre 17 000 et 24 000 exemplaires de chaque numéro, auxquels s'ajoutent 15 000 abonnés numériques. En comparaison des 500 000 exemplaires revendiqués par *Paris Match*, aux 370 000 de son grand rival idéologique *Le Figaro Magazine* ou aux 273 000 exemplaires du *Point*, « *VA* » ne joue pas dans la même cour. « Lors de la présidentielle, si l'hebdomadaire apparaît comme l'organe officiel d'Éric Zemmour, il prendra un grand risque, analyse un confrère. Que Zemmour gagne ou s'incline, *VA* perdra toute indépendance journalistique et son image en souffrira. L'image du journal, mais aussi celle de ceux qui l'incarnent. »
Car, heureusement pour *VA*, il reste l'habileté de ses journalistes à faire parler d'eux... et donc de leur hebdomadaire. Un atout de poids, notamment en période électorale où ils trustent les plateaux pour éditorialiser sur l'actualité politique. Lejeune, Denis et d'Ornellas, notamment, sont régulièrement invités sur les plateaux et derrière les micros de BFMTV, CNews, France Info, Sud Radio, RTL, Radio J, Europe 1, RMC, et même ceux de France 5, chez *C à vous*. Ils publient des livres à succès, sur Fillon [3] ou Zemmour [4], par exemple, qui sont une autre caisse de résonance non négligeable leur permettant d'être davantage invités dans les médias. Enfin, et surtout, il y a la capacité du magazine à « faire le buzz ». « Leur notoriété est devenue le principal relais du média, plus que

« Nous devons demeurer un journal provocateur, politiquement incorrect. »

les ventes, analyse Pierre Mathiot, directeur de Sciences Po Lille. Ils occupent pour la presse écrite une sorte de monopole idéologique. Est-ce clairement un média d'extrême droite ? La question mérite d'être posée. En tout cas, ils jouent une petite musique qui sent mauvais. Mais je demeure persuadé qu'ils ne pensent pas entièrement ce qu'ils disent. N'oublions pas la prime à l'outrance qui régit notre époque. »
Pour faire parler de lui, *VA* est souvent prêt à tout. En 2015, le directeur de publication d'alors, Yves de Kerdrel, et la société Valmonde, éditrice du journal, sont condamnés en appel à 2 000 euros d'amende pour provocation à la discrimination, la haine ou la violence envers les Roms pour un dossier intitulé « Roms, l'overdose ». Une semaine plus tard, nouvelle condamnation pour provocation à la discrimination envers les musulmans pour leur une représentant une Marianne voilée. Septembre 2021, rebelote : le nouveau directeur de publication, Erik Monjalous, est envoyé devant le tribunal pour injure publique envers un particulier en raison de son origine », ainsi que Geoffroy Lejeune et le journaliste Laurent Dandrieu. Tous trois sont condamnés à une amende de 1 500 euros chacun et à verser 5 000 euros de dommages et intérêts à la députée de La France insoumise Danièle Obono. En cause, un article de politique-fiction intitulé « Obono l'Africaine », accompagné de dessins de la députée de Paris représentée en esclave, collier en fer autour du cou. *VA* présente alors ses excuses, auxquelles l'avocat de Danièle Obono, Me Xavier Sauvignet, accorde peu de crédit : « Cette caricature était infamante et raciste. Ces jeunes loups, cette jeune garde teste, fait parler d'elle par le *bad buzz*, comme une bande de potes turbulents dans la cour du lycée. Et comme eux, parfois ils se font attraper. Mais ils pensent sans doute que le plus important est de faire parler d'eux. » Une affaire qui a coûté cher au magazine quand de nombreux annonceurs ont décidé de se retirer de ses pages. Un retrait qui court toujours, et que surveille de près le mouvement Sleeping Giants, qui interpelle et dénonce les marques qui s'aventureraient à y publier des annonces. « *Valeurs actuelles* joue avec les limites de la légalité comme un enfant avec les règles quand il se construit, reprend Me Sauvignet. C'est la même chose quand Geoffroy Lejeune publie une fiction montrant Éric Zemmour conseiller Napoléon à Waterloo. Il imagine alors l'empereur monter une jument d'un noir d'ébène qui s'appelle Corinne – comme par hasard, le prénom typiquement français que Zemmour donne en exemple pour remplacer les prénoms étrangers. Ça passe crème et eux, ça les fait bien marrer. »
Une autre fois, au printemps 2021, *Valeurs actuelles* occupe de nouveau le devant de la scène médiatique en publiant un premier puis un second appel de militaires. « L'heure est grave, la France est en péril, plusieurs dangers mortels la menacent. » Ainsi commence la tribune signée par une vingtaine de généraux retraités de l'armée française, publiée le 21 avril par l'hebdomadaire. En réalité, il s'agit d'un texte initialement mis en ligne sur le site d'anciens militaires, Place d'armes. Trois semaines plus tard, nouvelle pétition sur le site Internet, signée par des militaires en service actif qui s'exprimeraient sous couvert d'anonymat. Adressé au président de la République, l'appel critique l'action du gouvernement et agite la menace d'une future guerre civile : « Oui, si une guerre civile éclate, l'armée maintiendra l'ordre sur son propre sol, parce qu'on le lui demandera. C'est même la définition de la guerre civile. Personne ne peut vouloir une situation aussi terrible, nos

aînés pas plus que nous, mais oui, de nouveau, la guerre civile couve en France et vous le savez parfaitement. » Ces textes remportent un succès certain. La ministre des Armées, Florence Parly, exige d'impossibles sanctions, accentuant involontairement la notoriété du magazine. Rusée, la rédaction lance un « compteur de soutiens » qui, selon elle, s'affole, mais que de nombreux médias analysent et contestent – renforçant, là encore, inévitablement la visibilité de l'initiative. Les fondements de ces tribunes sont toutefois contestés, notamment par le général Vincent Desportes, ancien directeur de l'École de guerre : « C'est une manipulation. *Valeurs actuelles* a fait quelque chose qui a beaucoup rebondi dans l'opinion et sans doute boosté leurs ventes mais, en réalité, c'est quoi, ce truc ? Un capitaine de gendarmerie qui lance une initiative et eux qui font croire que des généraux la signent. Je peux vous dire que pas un seul général ne signe une pétition lancée par un capitaine ! Je ne dis pas que personne ne partage ces opinions, mais un militaire n'a pas à s'exprimer en tant que militaire. J'ai souvent donné des interviews à *Valeurs actuelles* mais pour parler de mon métier en tant que professionnel, pas pour donner mes convictions morales ou politiques. »

Comme tous les hebdomadaires, *VA* compte beaucoup sur ses unes pour faire vendre. On se souvient de celle qualifiant l'ancienne ministre Najat Vallaud-Belkacem d'« ayatollah », de celles avec Lilian Thuram (« Les racistes anti-Blancs »), Greta Thunberg (« Les charlatans de l'écologie »), ou encore celles aux titrailles alarmistes telles que « Ceux qui détestent l'homme blanc », « Le racisme antifrançais tue » ou « Comment les féministes sont devenues folles ». « Ils mettent souvent en une des personnages qu'ils se disputent avec *Le Figaro Magazine*, ceux que les gens de droite aiment détester comme Najat Vallaud-Belkacem, Christiane Taubira ou Anne Hidalgo, analyse Bruno Jeudy, rédacteur en chef de *Paris Match* et éditorialiste à BFMTV.

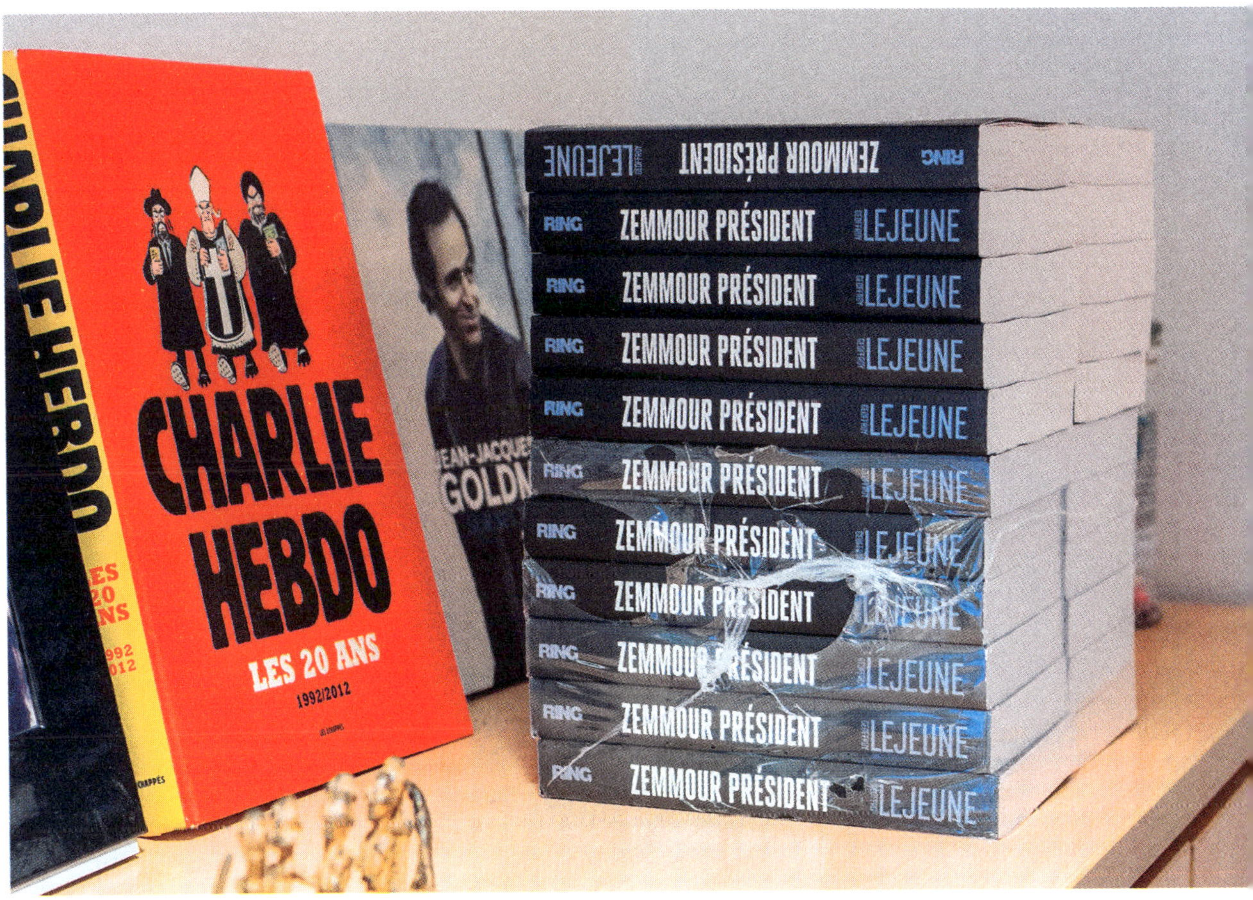

Sous François Hollande, *VA* était banni à l'Élysée.

Ça marche auprès de leur lectorat. Ils occupent le créneau de la perte des valeurs, l'espace de la droite dite "hors les murs". » Sous François Hollande, *VA* était banni à l'Élysée. Pas d'interview du président, pas de rendez-vous « off » avec des conseillers... Les choses ont changé avec Emmanuel Macron, qui, lui, accorde une longue interview plus ou moins *off the record* dans un avion survolant l'océan Indien, en octobre 2019. Histoire de se confier sur l'immigration et l'islam. « Avec Macron, ils ont du mal à trouver la bonne distance, reprend Jeudy. Il y a toujours la tentation de vouloir s'approcher du soleil. Quand Macron leur a parlé dans l'avion, ils n'en sont pas revenus. C'était un énorme coup pour eux. Mais en réalité, c'est lui qui les a utilisés pour marcher sur les plates-bandes des Républicains sur le terrain de l'immigration. » Et, tant qu'à le faire, autant le faire dans ce média-là. « Ce sont des jeunes gens très cultivés, qui écrivent bien, qui réalisent de très bons portraits et enquêtes, souligne une journaliste politique réputée. Mais ils s'enivrent de leur aptitude à faire du bruit. Les appels des militaires ont aussi démontré une vraie légèreté journalistique de leur part. Un appel antirépublicain alors que tu passes ton temps à défendre le régalien, l'ordre ? C'était totalement irresponsable ! »

À la fin de l'été 2016, Nicolas Sarkozy, qui se prépare à concourir à la primaire de droite, hésite. Normalement, il donne toujours une interview de rentrée à *Paris Match*, mais cette fois-ci, l'ancien président fait languir l'hebdomadaire du groupe Lagardère. Il accorde finalement un long entretien à *Valeurs actuelles*. Privé de la parole sarkozyste, Bruno Jeudy contacte Emmanuel et Brigitte Macron, en vacances à Biarritz. *Deal* ! La couverture de *Paris Match* est conclue... juste avant que le ministre de l'Économie, de l'Industrie et du Numérique ne démissionne et se lance dans la course (victorieuse) à l'Élysée tandis que Sarkozy se confie à *VA*. « Ça ne lui a pas porté chance ! » se souvient Bruno Jeudy. *Valeurs actuelles* réalise toutefois un bon coup avec cet entretien de l'ancien président, défait à la primaire de la droite. La volonté répétée de la nouvelle et jeune équipe d'ouvrir la revue à d'autres personnalités politiques que les habitués porte ses fruits. Depuis, de très nombreux ministres de La République en marche se sont bousculés au portillon. Seuls deux s'y refusent toujours : Éric Dupond-Moretti et surtout Olivier Véran, « qui rechigne même à prendre un café avec nous juste pour discuter », assure Geoffroy Lejeune. Ce que confirme l'entourage du ministre de la Santé : « Pour nous, c'est impossible. *Valeurs actuelles* est clairement un journal d'extrême droite qui ne partage pas les idées républicaines. La discussion avec eux n'est pas possible, tout est faussé d'avance. » À l'inverse, d'autres ont dit oui, comme Marlène Schiappa (« Quand on fait son interview, on sait qu'on va faire râler nos lecteurs, mais c'est un vrai sujet et nous devons demeurer un journal provocateur, politiquement incorrect », affirme Tugdual Denis), Jean-Michel Blanquer, Gérald Darmanin ou Gabriel Attal. Dont l'interview, là encore, fait sensation : non pas tellement pour son contenu mais pour la couverture du magazine, consacrée cette semaine-là au « délire transgenre ». Ouvertement gay, Gabriel Attal se dit « heurté » tout en assumant son entretien. « En tant que porte-parole du gouvernement, par principe, il n'ostracise aucun média qui reste dans le champ républicain, justifie son cabinet. Nous n'avons pas servi la soupe et sommes restés à contre-courant de ce que les lecteurs du magazine pensent. On peut être d'accord ou non avec leurs idées, mais c'est tout de même une jeune génération de journalistes brillants et cultivés qui sait parfaitement comment fonctionne le système médiatique. Et nous, à travers eux, on touche un public qu'on ne toucherait pas autrement. » Pour quelle efficacité politique ? C'est une autre question. Le porte-parole du gouvernement s'est-il senti piégé par le titre en une ? Officiellement, non. Aucune question n'avait été posée à ce sujet, aucun accord passé, sauf pour le petit encart annonçant l'entretien placé au-dessus du titre principal. « Peut-être n'avons-nous pas été assez curieux, mais, en même temps, nous n'avons pas à décider de la couverture d'un journal », se justifie l'un de ses conseillers. Pas rancunier, le cabinet du ministre rêve aujourd'hui de le voir affronter, toujours dans le même magazine, Marion Maréchal. Histoire d'incarner, par anticipation, la relève du duel Macron-Le Pen en 2027 ?

Reste que, à accorder des entretiens à *Valeurs actuelles*, ceux qui estiment combattre les idées que prône l'hebdomadaire ne contribuent-ils pas à lui conférer une vraie légitimité journalistique ? C'est la thèse défendue par le chercheur postdoctoral de Sciences Po Grenoble Jérôme Pacouret, qui travaille depuis 2019 sur l'information en ligne et notamment sur l'appréciation de *VA* au sein de la profession. « Pour une majorité de journalistes que j'ai rencontrés, c'est le pire média qui existe, assure-t-il. L'impression générale est celle d'un média raciste, sexiste. Quand on demande aux journalistes quel est le média qui incarne la presse d'extrême droite, c'est toujours *Valeurs actuelles* qui revient. Mais si ce média peut être estimé comme à la limite de la légitimité journalistique, il est tout de même considéré comme un vrai média. Il est même apprécié d'une partie non négligeable des journalistes. » Le chercheur est également frappé par le souci qu'ont les membres de la rédaction de *VA* de toujours se poser en « journalistes », même quand il faut revenir sur les inévitables polémiques. « Ils parlent de maladresses mais insistent toujours sur le fond de leurs articles. En réalité, on peut l'analyser comme un double jeu : discours radicaux et extrémistes comme gages de sérieux journalistique. » Rappelant celui traditionnellement pratiqué par le Front national puis le Rassemblement national ? « Ils veulent pouvoir élargir la sphère de leurs interlocuteurs, montrer qu'ils peuvent parler à tout le monde. C'est difficile mais cela se fait petit à petit, reprend Jérôme Pacouret. Quand les dirigeants politiques répondent à leurs invitations, qu'ils le veuillent ou non, ils participent à cette entreprise de légitimation à la fois politique et journalistique. Ils sont motivés par le fait d'être visibles, quitte à faire polémique. » Gabriel Attal, Jean-Michel Blanquer, Gérald Darmanin, Emmanuel Macron, Valérie Pécresse, Marlène Schiappa, ou encore Xavier Bertrand avant sa défaite à la primaire LR... tous vont désormais à *VA*, comme d'autres allaient à Canossa. Ils y vont en se pinçant le nez, pour la plupart. En prétextant tous qu'il faut occuper le terrain de ceux que l'on affirme combattre pour mieux contrer leurs idées, faire passer d'autres messages, convaincre... Efficace ? Pas sûr. « De notre point de vue, quel intérêt y a-t-il à leur parler ? se demande-t-on chez Olivier Véran. Aucun. Leur lectorat ne peut pas être intéressé ou du moins convaincu par nos idées. Par contre, eux, ça leur fait de la pub. » En tout cas, ça accroît la notoriété et renforce la légitimité, voire la respectabilité, d'une revue qui ne demande que cela.

ENQUÊTE

VALÉRIE PÉCRESSE, QUITTE OU DOUBLE

PAR
Saveria
Rojek

Contre toute attente, c'est une femme, Valérie Pécresse, qui va porter les couleurs de la droite à la présidentielle. Longtemps dépeinte en bonne élève pincée, elle s'est construite à l'ombre de Chirac et de Sarkozy. Elle doit aujourd'hui relever un défi : faire revenir les électeurs séduits par Zemmour et ceux partis chez Macron.

Qu'a-t-elle ressenti, ce 2 décembre 2021, quand une première rumeur affleure ? Puis, quelques minutes plus tard, quand un appel de Christian Jacob, le patron des Républicains (LR), confirme l'impensable ? Valérie Pécresse est qualifiée pour le second tour de la primaire face à Éric Ciotti, et sera donc, à coup sûr, la candidate de la droite républicaine à la prochaine présidentielle. Pense-t-elle à tous ceux qui ne l'ont jamais réellement crue capable d'atteindre les sommets de cet univers délétère qu'est la politique ? Pense-t-elle aux remarques acides de Dominique de Villepin, qui la jugeait trop « normale », car « en politique, il n'y a que des névrosés » ? À Laurent Ruquier, qui interrogeait la jeune députée d'alors sur les hommes avec qui elle aurait « couché pour en arriver là », sous les ricanements gras de l'assistance ? À la distance que lui a toujours imposée Nicolas Sarkozy, mal à l'aise avec cette « bac + 18 », « une techno sans charisme » ? Pense-t-elle plus évidemment à Jacques Chirac, Chirac le Corrézien, Chirac qui, le premier, la repère et lui donne le plus important : la confiance en elle ?

Non, la mine toujours sérieuse, elle lâche néanmoins un cri de joie et se laisse embrasser par Jérôme, son mari, alors qu'autour d'elle les applaudissements se déchaînent. Après quelques minutes, elle passe un premier coup de fil à son père. La nuit, ensuite, est courte, scandée par les messages de félicitations affluant de tous bords et jusqu'au surlendemain : de François Baroin à Claude Chirac (« Tout commence pour notre famille politique ») en passant par Alain Delon (« Je le savais depuis le début »).

Sur le fil

Pourtant, la partie était loin d'être gagnée. Depuis des mois, Valérie Pécresse plaide pour une primaire ouverte, alors que les militants lui font grief d'avoir quitté le parti deux ans plus tôt et de tenir une ligne moins droitière que Michel Barnier ou Éric Ciotti. « Il faut quand même l'avouer : on a fait le casse du siècle ! On sentait bien que Bertrand, ça ne prenait pas, mais qu'il arrive quatrième, ça nous a scotchés. » Alexandra Dublanche est l'une des plus proches de la candidate, sa « petite sœur », dit même Valérie Pécresse. Elles se sont connues dix ans plus tôt et travaillent main dans la main depuis. « On a le même profil, bosseuses, sérieuses, on ne se met pas en avant », décrit la vice-présidente de la région Île-de-France. « Et puis je l'ai rejointe au pire moment, comme elle quand elle a rejoint Chirac. Donc pour cette primaire, on n'était clairement pas favoris, mais c'est tellement mérité ! »

Du sérieux, du travail, quelques circonstances propices – et puis un homme, sans lequel rien n'aurait été possible, Pécresse le dit elle-même : Patrick Stefanini. Un « magicien

Mais comment rassembler et tenir les « deux bouts de l'omelette » ?

des campagnes », qui, dans le monde aride de la politique, impressionne jusque dans les rangs de Macron : « C'est le meilleur », confie un conseiller du chef de l'État. L'ancien préfet accompagne la candidate depuis sa campagne victorieuse aux régionales en 2015. Le sorcier de la droite fut aussi l'artisan de la victoire de Fillon à la primaire de 2016. Avec lui, une campagne se joue à l'ancienne : des déplacements, des tracts, des courriers ciblés... mais pas que : « Il est très méthodique, ce sont les vieilles méthodes de Chirac, confie Alexandra Dublanche. Le programme, des visites, des brochures dans les boîtes aux lettres, et en même temps, il est très ouvert. » Exemple sur tout ce qui touche à la campagne numérique, l'homme est capable de lancer à l'équipe : « Le digital, je n'y comprends rien mais allez-y ! » Pécresse l'écoute souvent, comme durant les dernières semaines de la primaire où tout le monde courait après les parrainages alors que Stefanini plaidait, lui, pour des adhésions au parti. La candidate lui a – comme toujours – donné raison.

L'exercice était délicat, il a finalement payé : celle qui avait quitté Les Républicains deux ans plus tôt a fait voter son parti sans se faire siffler, a joué la différence avec Xavier Bertrand et incarné une modernité face à Michel Barnier. « Tenace, coriace et efficace », dit d'elle le sarkozyste Brice Hortefeux. « Dans cette victoire, il y a d'abord l'aspiration à tourner la page de dix années d'opposition pour un parti de gouvernement. Ensuite, elle a gagné de justesse le premier tour, donc elle a compris la nécessité de rassembler. Et enfin, elle a tiré les leçons de 2017 et de l'échec de Fillon. » L'ancien ministre de l'Intérieur salue l'intelligence de celle qui sait « rassembler tous les chapeaux à plumes » dont, précise-t-il, lui-même fait partie. Et aujourd'hui, Brice Hortefeux croit en la victoire : « Emmanuel Macron a tout misé sur un combat contre l'extrême droite, c'est la garantie de sa réélection ; mais au bout du compte, ce sera Macron contre Pécresse. Elle, sa difficulté, c'est de passer le cap du premier tour. » Mais comment rassembler et tenir les « deux bouts de l'omelette » ? « C'est traditionnel, ça, dans notre famille politique ! Il faut une jambe sur la modernité et une sur l'autorité. La modernité doit changer de camp, passer de Macron à nous. Et là, 50 % du chemin est fait car Valérie est une femme. Si elle marche sur ses deux jambes, elle gagnera. » L'ancien président de l'UMP Jean-François Copé ne dit pas autre chose : « C'est la plus travailleuse, la plus professionnelle. Une femme de son calibre à l'Élysée, ce serait formidable. »

Nouvelle stature, nouveau QG

Depuis sa désignation, quelque chose a changé chez cette femme au parcours impeccable mais à la psyché insondable. Il faut la voir traverser la salle commune de son nouveau quartier général, « La Fabrique », situé dans le très chic 17e arrondissement parisien. C'est son pas qui, pour l'observateur avisé, trahit le mieux ce changement : une assurance, une détermination, une sonorité même qu'on ne lui connaissait pas. Et puis il y a le port de tête qui, imperceptiblement, s'est modifié, le menton pointant plus haut, l'air de dire : « Vous avez vu ce que vous avez vu. »

Pour ce QG, qui verra peut-être éclore la première femme présidente de la Ve République, Valérie Pécresse a voulu un lieu à son image, un « anti-QG du Fillon de 2017 avec ses salles tristes et ses néons glauques ». Ici, ce sont 1 500 mètres carrés d'un bleu profond, lovés dans une architecture toute *start-up nation* : des fenêtres industrielles cerclées de noir, de hauts plafonds, des verrières où l'intimité n'est pas de mise, des ampoules qui pendent du plafond, le tout dans un désordre savamment branché. Il y a aussi une immense cuisine, salle à vivre où des centaines de bocaux de pâtes le disputent aux biscuits. De quoi tenir un siège. Et puis, dans chaque recoin, des machines à café, des coupelles de bonbons. Bref, le message est clair : « On est jeunes et on en veut. »

Mais la candidate ne joue pas que la carte de la jeunesse et du dynamisme. Elle mise aussi, comme à son habitude, sur le sérieux d'un programme, et l'unité d'une famille qui tranche avec son passé anthropophage. Dès les premières minutes qui suivent sa désignation, une photo – belle, léchée – de la vainqueure entourée de ses ennemis de la veille est dévoilée : Xavier Bertrand, Michel Barnier et Philippe Juvin. Tous la jouent plus que fair-play, reconnaît l'entourage de la candidate. Et Ciotti, qui gesticule toujours autant malgré la fin de la primaire ? « Ça ne dérange pas Valérie que Ciotti se mette en avant comme ça si on fait bloc. On est comme tous les partis, c'est comme un orchestre. Il faut une cohérence d'ensemble », analyse son bras droit Alexandra Dublanche. Valérie Pécresse a en effet été très marquée par la guerre interne Fillon-Copé. Résultat, aujourd'hui, le parti et ses figures tutélaires font corps : tous ont un bureau dans le fameux QG, celui de Xavier Bertrand jouxtant même celui de la candidate. D'ailleurs, voilà Bertrand qui déboule dans la salle et s'installe sur l'une des tables hautes centrales pour échanger avec quelques jeunes de l'équipe. Pécresse le salue chaleureusement, elle qui juge qu'il a été exemplaire et impeccable depuis le vote. Comment croire qu'il y a à peine quelques mois, c'était Bertrand qui tentait de convaincre Pécresse de le rallier ? Sans ciller, elle lui avait répondu à l'époque : « Xavier, moi aussi j'ai mon orgueil et j'ai des choses à dire. »

Mi-Merkel, mi-Thatcher

Aujourd'hui, c'est sur un projet qu'elle veut gagner, comme elle a gagné la primaire sur ses forces : « Fillon est mort de ses faiblesses, de son absence d'empathie. Valérie, elle, gagne sur son projet, sur le sérieux, la crédibilité, la sincérité », analyse sa coordinatrice des comités de soutien Alexandra Dublanche. Plus germanique que latine, plus gestionnaire que sanguine, Pécresse se voit comme une hybridation entre Angela Merkel et Margaret Thatcher, et sait que la route sera longue. Premières cibles de l'équipe : les fillonistes partis voter Macron, mais qui aujourd'hui s'intéressent de nouveau fortement à la droite républicaine ; et l'électeur qui pense à ses enfants, au futur, séduit par un discours où le régalien et la réduction des dépenses publiques ont la première place.

À l'Élysée, on est pour l'instant prudent et hésitant sur le cas Pécresse. La majorité tâtonne dans ses angles d'attaque envers celle que Macron a toujours snobée et qui désormais l'inquiète. Pécresse est en tout cas la preuve que la poutre du paysage politique bouge encore. L'opposition multipolaire perd du terrain et soudain réapparaît une bipolarité plus classique, avec une adversaire capable de faire revenir dans leur famille d'origine des électeurs partis chez Zemmour ou chez Macron. En petit comité, le président ne se prive d'ailleurs pas de souligner l'« effet femme » qu'il craint en pleine période post-#MeToo.

Mais elle, celle qu'on surnommait « jeune et jolie » sur les bancs de l'ENA, est déjà dans l'après. Elle veut que tout soit prêt pour agir, pour *faire*, comme elle se plaît à le répéter. Bruno Retailleau, le patron des sénateurs LR, sera chargé des cent premiers jours de la présidence. La « dame de faire », convaincue que Macron ne tient pas ses promesses, dessine une future magistrature au pas de charge. Deux lois sont déjà prêtes, une sur l'immigration, une autre sur la sécurité, une troisième sur la décentralisation se prépare. Et puis il y aura les retraites, l'assurance chômage ou encore la réforme de l'État.

Une volonté forte qui n'est pas sans rappeler celle d'un autre de ses pères spirituels : Nicolas Sarkozy. Entre eux, les choses n'ont jamais été faciles, le sanguin ayant tendance à mépriser la gentille bonne élève au carré blond. Et puis, comme toujours, elle s'est accrochée et a fait voter ce qui reste l'une des réformes emblématiques du quinquennat Sarkozy : l'autonomie des universités. Elle l'a ensuite choisi pour la décorer de la Légion d'honneur, ce qui a touché le sensible qu'il est. Sarkozy lui conseille alors : « Montre-toi telle que tu es, et les Français t'aimeront. Je te souhaite le plus fort, le plus haut. » De Nicolas Sarkozy, Valérie Pécresse a aussi retenu une maxime : « Quand la droite se rétrécit, elle perd. Quand elle s'élargit, elle gagne. » Et elle garde toujours pour l'ancien président qui l'a faite ministre cette « reconnaissance du ventre ».

« Être plus elle-même », celle qui est née un 14 juillet s'y attelle et, comme à son habitude, ne lâchera rien. Elle a obtenu son bac à 16 ans, intégré HEC à 18 ans puis l'ENA à 23 ans. Dans son bureau trône une immense affiche que la candidate a spécifiquement réclamée : *Invictus*, l'épopée cinématographique de Clint Eastwood. Et sous le nom des stars américaines, une devise : « Son peuple réclamait un leader. Il leur a donné un champion. »

Page précédente : Meeting de Valérie Pécresse. Le Bouscat (Gironde), novembre 2021.

Photo de Thibaud Moritz.

PAR Olivier Pérou

La galaxie Pécresse

Les hommes de la présidente ?

Concocter un organigramme de campagne est une périlleuse mission. Ce qui peut passer pour de l'affichage ou un bonbon offert aux différentes personnalités d'un camp politique est en réalité une partition méticuleusement écrite où chaque fausse note peut gâcher la campagne. François Fillon, qui avait moqué l'armée mexicaine de Jean-François Copé quand celui-ci avait pris les rênes de l'UMP, s'y est plié comme tout le monde avec pas moins de 100 promotions en 2017. Sans doute Valérie Pécresse n'avait-elle guère d'autre choix, avec cette facilité néanmoins : tout un pan des Républicains (LR) – les juppéistes – ont filé vers Emmanuel Macron. Il n'empêche, à elle de mêler – que dis-je, de satisfaire ! – les différents courants du parti de droite, les nouvelles têtes, les vieux routiers, mais aussi et surtout les proches de ceux qu'elle a défaits lors du congrès LR. Ces derniers, elle les appelle ses « mousquetaires ». Elle le leur avait promis au lendemain de sa victoire de décembre 2021 : Xavier Bertrand, Éric Ciotti, Michel Barnier et Philippe Juvin occuperont une place de choix dans sa campagne. Au premier la question du « travail », au deuxième l'« autorité », à Barnier la « place de la France et de l'Europe » et au médecin Juvin les questions de santé. Mais autour de Valérie Pécresse, il y a surtout des hommes de l'ombre. Des maestros. Ces « barons noirs » de la droite à qui tout – ou presque – réussit. Il sont deux et, chez LR, leur nom est souvent synonyme de bonnes nouvelles. C'était d'ailleurs déjà le cas dans les couloirs de feu l'UMP. Plume de François Fillon pendant plus de vingt ans (Nicolas Sarkozy enviait son Premier ministre d'avoir un tel auteur de discours), Igor Mitrofanoff s'occupe désormais des discours de la présidente de l'Île-de-France depuis octobre 2020. Un recrutement qui n'est pas passé inaperçu. L'autre s'appelle Patrick Stefanini, son directeur de campagne. La campagne victorieuse de Jacques Chirac pour la présidentielle de 1995 alors qu'Édouard Balladur faisait figure de grandissime favori, celle de François Fillon à la primaire de 2016, que personne n'avait vu venir… c'est lui. ■

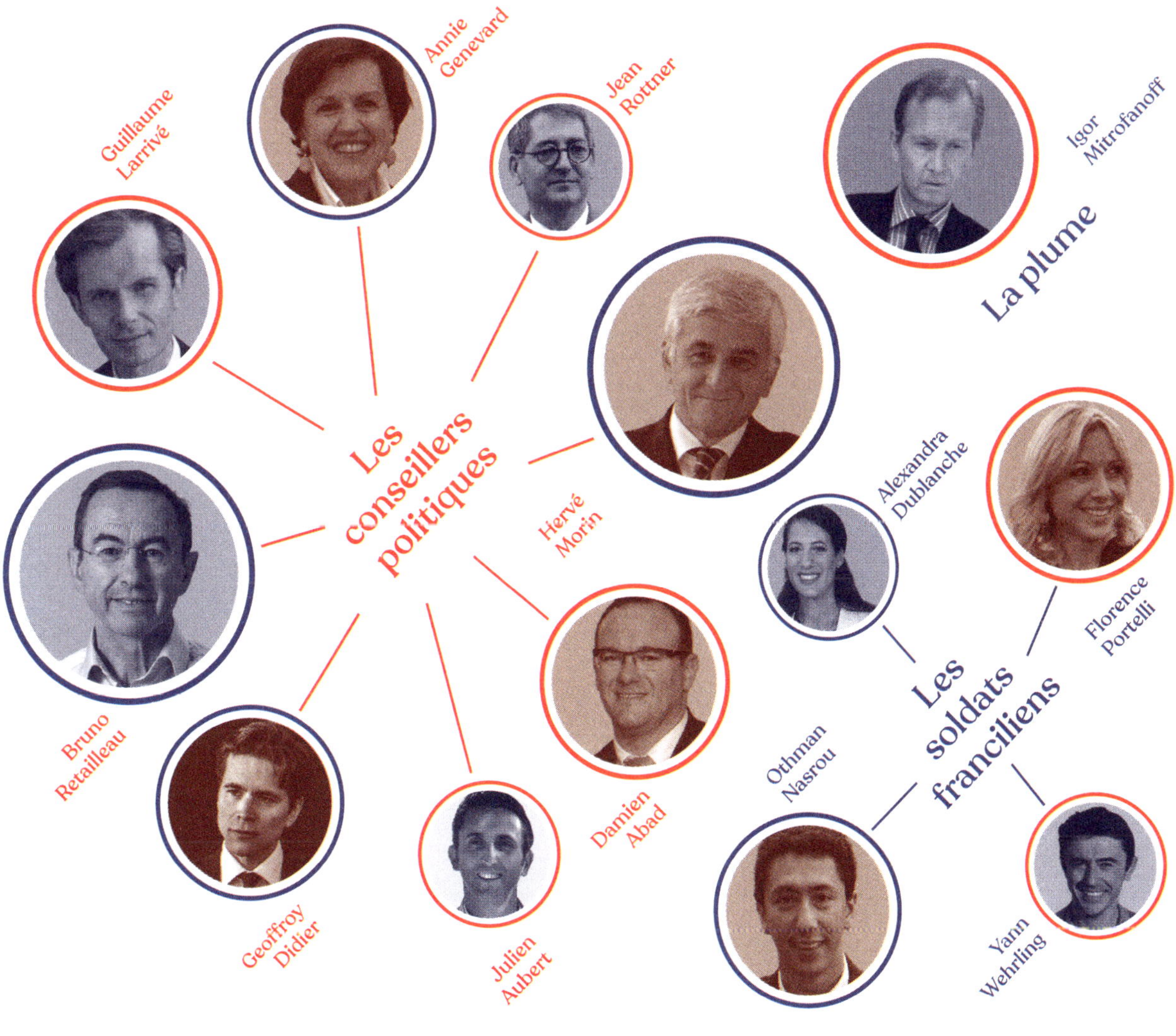

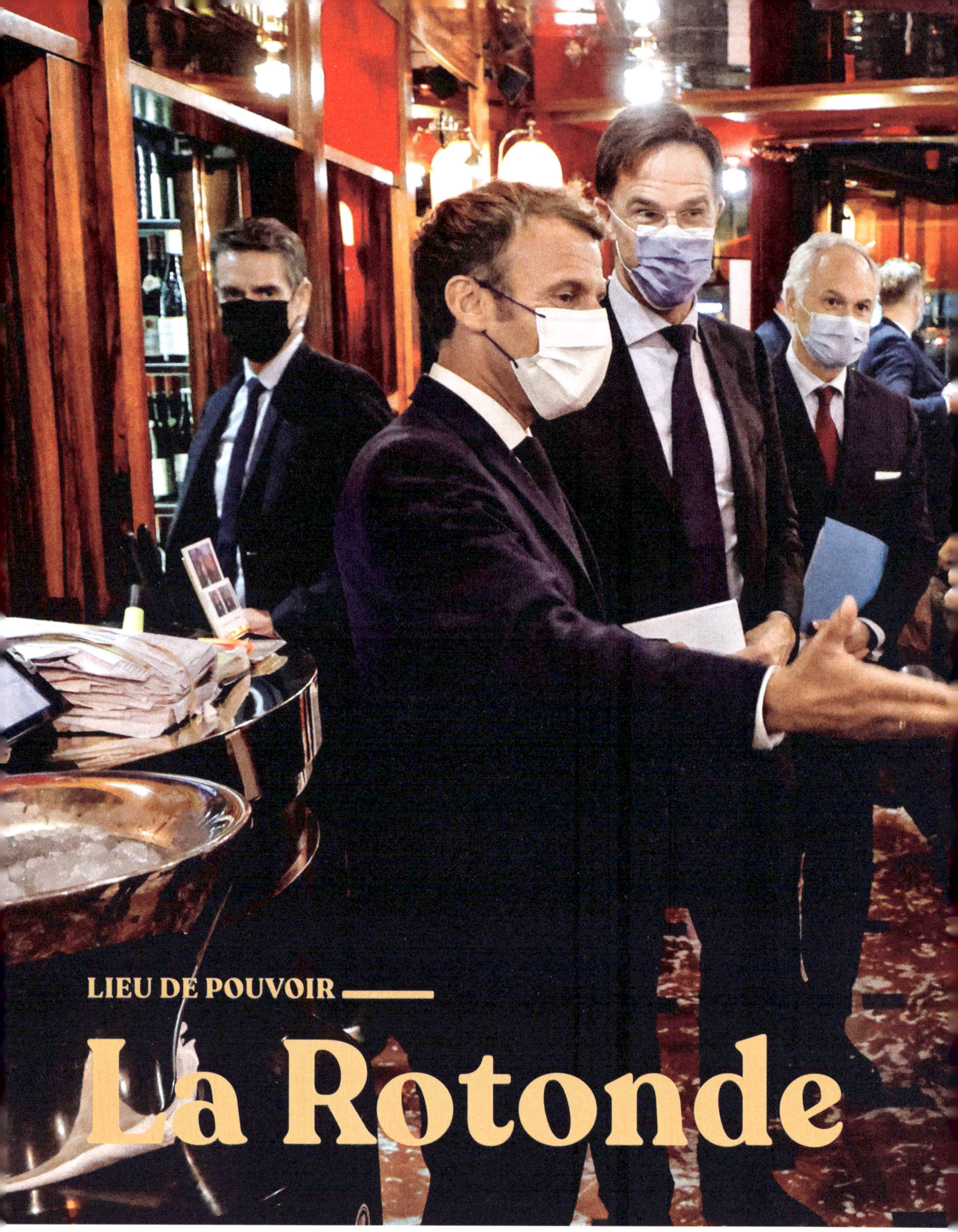

LIEU DE POUVOIR

La Rotonde

Emmanuel Macron y fit la fête avant même d'être élu, Modigliani y terminait ses nuits ivre mort, Lénine y mangeait du bœuf gros sel avec Trotski, Ségolène Royal s'y réconcilia avec Martine Aubry, François Hollande y dîna le soir de sa victoire à la primaire et Éric Zemmour y complote avec Philippe de Villiers depuis des années. Il se passe toujours quelque chose à La Rotonde Montparnasse !

PAR

Sylvie Bommel

Page précédente : Emmanuel Macron et le Premier ministre des Pays-Bas, Marke Rutte, lors d'un dîner à La Rotonde. Paris, août 2021.

Photo de Ludovic Marin.

En ce début d'année électorale, où même les plus téméraires des politologues enrobent leur pronostic de mille précautions oratoires, il est réconfortant de pouvoir s'accrocher à quelques certitudes. Je suis prête, par exemple, à parier mon livret A que le 10 avril prochain, au soir du premier tour, les deux candidats qualifiés pour la grande finale festoieront avec moins d'exubérance que des amish dépressifs un soir de veillée mortuaire. Si elle figure dans la *short list*, Valérie Pécresse ne louera pas les 2 300 pièces du château prétentieux qui veille sur sa bonne ville de Versailles. Dans son QG du 16e arrondissement – « mais le 16e populaire », comme elle aime à le préciser –, Marine Le Pen offrira au mieux à ses militants un verre – de mousseux, probablement – et quelques canapés – au pâté de foie, certainement. Éric Zemmour ne réitérera pas la fête de ses 50 ans à Rueil-Malmaison, où les invités furent accueillis chez Joséphine de Beauharnais par des jeunes gens en uniforme de grenadier (à noter que, pour l'occasion, la personne sacrée de Jean-Luc Mélenchon fit à la ville impériale l'honneur de sa présence).

Enfin et surtout, parce qu'un chef d'État averti en vaut deux, Emmanuel Macron se contentera de partager un bol de saucisses cocktail avec Brigitte et Nemo, le chien présidentiel. Mais sans Line Renaud. Elle ne rate pourtant jamais une coupette, l'amie de feu Johnny et de tous les présidents depuis Vincent Auriol, à l'exception notable de Charles de Gaulle. Mais imagine-t-on le Général faire la teuf un soir d'élection au suffrage universel avec Henri Salvador, Sheila et Bourvil au bar PMU de Colombey-les-Deux-Églises ?

Des *after* présidentiels qui se terminent en gueule de bois

Pourtant prompt à reconnaître ses erreurs, Emmanuel Macron n'a jamais admis que son *after* à La Rotonde, au soir du premier tour de la présidentielle de 2017, en ait constitué une. La version officielle n'a pas varié d'une cacahuète : il s'agissait d'un « moment de cœur » destiné à remercier les humbles et les sans-grades de son équipe, ceux qui s'étaient dépensés sans compter pendant la campagne. Sauf que les caméras de BFMTV, ces pipelettes, avaient immortalisé l'arrivée boulevard du Montparnasse non pas de M. Tartempion et de Mme Anonyme, colleurs d'affiches méritants, mais plutôt de François Berléand, Pierre Arditi, Jacques Attali, Stéphane Bern… et Line, bien sûr !

Il semble que Brigitte, qui à l'époque manquait encore d'expérience dans la gestion des courtisans, se soit laissé déborder. Dans la voiture qui la ramenait du Touquet, où elle avait voté dans la salle qui célébra ses deux mariages, la future première dame avait prévenu seulement quelques proches des agapes à venir. Mais par le prompt renfort des boucles de SMS, dès 23 heures, ils furent au moins deux cents à s'entasser dans la brasserie. Vers 1 heure du matin, le héros du jour, comprenant que la fête commençait à faire jaser dans les chaumières de son futur royaume, était sorti se justifier devant une forêt de micros : « Si vous n'avez pas compris que c'était mon plaisir ce soir d'inviter mes secrétaires, mes officiers de sécurité, les politiques, les écrivains, les femmes et les hommes qui depuis le premier jour m'accompagnent, c'est que vous n'avez rien compris à la vie. Moi, je n'ai pas de leçons à recevoir du petit milieu parisien. » Dans son livre *Un personnage de roman* [1], l'écrivain Philippe Besson, chroniqueur officiel de la campagne et à ce titre admis dans le cercle des intimes du couple, rapporte les propos moins élégants que lui aurait tenus le candidat le lendemain. « La Rotonde ? J'assume totalement ! C'est nous. On fête avec les gens qui ont fait et je les emmerde. C'étaient pas des people, c'étaient des courageux. Je protégerai les faibles et je célébrerai les braves, c'est la France que je veux. Je ne leur céderai rien. »

L'avenir allait pourtant démontrer que la soirée ne méritait pas de figurer dans le hors-série « Comment réussir votre prise de poste » de la *Harvard Business Review*. Marine Le Pen ne le lui avait pas envoyé dire lors du débat des finalistes. « Vous êtes tellement arrogant que vous avez déjà fêté votre victoire à La Rotonde, avant même le second tour ! » Le Marcheur en chef avait d'autant moins d'excuses que l'avant-dernier titulaire du job avait trébuché sur le même genre de caillou. Connue sous le nom de « soirée du Fouquet's », la fiesta à laquelle Nicolas Sarkozy convia la moitié des patrons du CAC 40, et quelques gloires plus au moins ridées du journalisme, du sport et de la télévision, dispose de sa propre page Wikipédia – laquelle, dans une curieuse sous-section intitulée « Postérité », mentionne la soirée de La Rotonde. « La postérité rend à chacun l'honneur qui lui est dû », disait Tacite, auquel je laisse l'entière responsabilité de ses propos.

Entre les deux gaffeurs, un président normal s'installa, le temps d'un quinquennat, à l'Élysée. Si normal qu'au soir de l'élection, après avoir salué la foule sur la place de la Bastille – « Merci, peuple de France ici rassemblé ! » –, il... rentra chez lui. Il est vrai qu'il avait pris de l'avance puisque, lui, c'était carrément sept mois avant sa consécration qu'il avait réquisitionné un estaminet sur le coup de minuit pour sabler le champagne. Le 16 octobre 2011, très précisément, date de sa victoire contre Martine Aubry à la primaire socialiste. Précisons à l'intention des jeunes lecteurs : « Primaire (nom féminin, du latin *primarius*). Se dit d'un mécanisme, rapidement tombé en désuétude, qui permettait au Parti socialiste de désigner des mois à l'avance le candidat ayant le plus de chances de l'emporter et non, comme actuellement, l'inverse. » Les rares photos de la soirée (BFM ne peut tout de même pas être partout) montrent François Hollande, période poids léger, arrivant, Valérie sur ses talons, à La Rotonde. Oui, la même, métro Vavin !

« Rappelez après minuit »

Pourquoi donc Emmanuel Macron a-t-il choisi parmi les quelque vingt mille restaurants de Paname celui où son ex-patron célébra ce qui n'était jamais, pour lui aussi, qu'une victoire d'étape ? Façon subliminale de montrer que, quoi qu'en disent les méchantes langues, il lui était fidèle ? Ou bien acte manqué révélant sa vraie nature, celle qui l'amènerait, tout au long du quinquennat qui suivrait, à mieux s'entendre avec Sarko le « bling-bling » qu'avec François le « normal » ? La question était si cruciale qu'elle vit s'affronter les plus brillants esprits de la nation. Raphaël Enthoven, par exemple, tint à défendre *via* Twitter sa brasserie préférée : « Mettre la noble Rotonde et le clinquant Fouquet's sur le même plan est une honte pour l'esprit, l'estomac et la raison. »

Il aurait pu ajouter « et pour le portefeuille », mais sans doute les philosophes ne se préoccupent-ils pas de ce genre de détails. Carte à la main, je me suis donc livrée à un *fact-checking* en composant un menu bien parigot (mais sans tête de veau, car aucun des deux établissements ne la propose) : soupe à l'oignon, steak tartare, frites, salade et profiteroles. Le tout arrosé d'une bouteille de Châteldon parce que je suis raisonnable et que si je dois commencer à comparer les millésimes des bordeaux, on n'a pas fini. Bilan : 55,50 euros à La Rotonde, 82 euros au Fouquet's. Le resto de Nico est 50 % plus cher que celui de Manu, la (rive) droite plus friquée que la gauche, les choses sont en ordre, le monde tourne rond et les vaches sont bien gardées, c'est rassurant.

Pas si vite, rétorquent Michel Pinçon et Monique Pinçon-Charlot, couple de sociologues spécialistes de la reproduction sociale. Dans leur livre *Le Président des ultra-riches* (je vous laisse deviner de qui ils parlent), ils affirment : « La Rotonde est en cohérence parfaite avec l'ancrage bourgeois d'Emmanuel Macron. Il objective dans l'espace urbain son appartenance à une oligarchie[2]. » Nous voilà bien avancés. La Rotonde, et par voie de conséquence, le chef de l'État, penchent-ils à droite ou à gauche ?

Nous voici donc, chers lecteurs, contraints d'étudier le sujet, façon Sciences Po, sous ses angles économique, gastronomique, historique et politique. Thèse, antithèse et, si on a le temps au moment de la tarte des demoiselles Tatin, synthèse. Premier constat : les valeurs de l'entreprise Rotonde sont plus proches du « Travailler plus pour gagner plus » sarkozien que des 35 heures mitterrandiennes. Cela, je l'ai découvert en essayant de rencontrer les propriétaires du lieu, les frères Tafanel. « Rappelez après minuit, c'est le moment où ils remontent

1 – Philippe Besson, *Un personnage de roman*, Julliard, 2017.

2 – Michel Pinçon et Monique Pinçon-Charlot, *Le Président des ultra-riches. Chronique du mépris de classe dans la politique d'Emmanuel Macron*, La Découverte, 2019.

Brigitte Macron et Stéphane Bern à La Rotonde après le premier tour de l'élection présidentielle. Paris, avril 2017.

Photo d'Axelle de Russé.

dans leur bureau », me dit une charmante dame. À l'heure dite, on me passe le QG.
L'un des frérots, courtois, limite embarrassé, mais ferme : « Non, vraiment désolés, on ne souhaite pas parler aux journalistes. On n'a pas l'habitude et, en plus, on s'est déjà fait piéger une fois... Et puis, on n'a pas le temps, on manque de personnel ; ce soir, j'ai même été obligé de remplacer un serveur. »
Moi (en pyjama) : « Même pas une demi-heure ? Votre heure sera la mienne... » (Je sais prendre des risques quand l'investigation l'impose.)
« Non, mais bon... rappelez la semaine prochaine, on verra ce qu'on peut faire. »
Une fois, deux fois, trois fois... même réponse. Ma chance, c'est que les Tafanel détestent dire non. Le sens du service client, probablement. Ou alors, c'est leur patrie d'origine qui veut ça, le petit village de Raulhac dans le Cantal, non loin des volcans. Selon des sources concordantes, Louis Cambon, qui y est mort et enterré, serait l'Auvergnat qui, dans la chanson, donne quatre bouts de bois à Georges Brassens pour se chauffer. Toujours est-il que quatre semaines, six appels et cinq mails plus tard, me voilà assise en face de Serge, 58 ans, le plus grand en âge, et Gérard, 56 ans, le plus grand en taille. Gentils, très gentils, les deux. Sincèrement contrits de m'avoir fait lanterner, ils m'expliquent qu'ils bossent comme des dingues. On veut bien les croire puisque La Rotonde est ouverte sept jours sur sept, de 7 h 30 à minuit (et encore, quand Christophe, le chanteur, débarquait en voisin à 1 heure du matin, on le servait). « À chaque service, chaque jour de l'année, il y a l'un de nous deux en salle et souvent les deux. Peu de patrons pratiquent encore ainsi mais on tient à avoir l'œil sur tout car on a vite fait de perdre un client pour une bêtise. »
Ou d'en gagner deux, et pas n'importe lesquels ! Comme ce samedi soir de 2010 où un couple, elle très blonde, lui très jeune, pousse la porte. Ils aimeraient dîner, non, ils n'ont pas réservé, ils se sont déjà fait rembarrer de plusieurs restaurants sur le boulevard, ils en ont un peu assez. Serge (qui déteste dire non, je le rappelle) avise une table qui va se libérer, il la fait dresser vite fait bien fait et installe les inconnus, ravis. J'en connais au Select ou à La Coupole qui, en lisant cette anecdote, doivent se mordre les doigts de n'avoir pas imaginé que déjà un président perçait sous le banquier.
Bel exemple, en tout cas, de ce qu'on appelle la reconnaissance du ventre : jamais, depuis, les Macron n'ont fréquenté d'autre restaurant à Montparnasse. Même quand ils emménageront dans leur palais de l'Élysée avec un chef « Meilleur Ouvrier de France » à demeure, ils continueront à venir de temps à autre dîner en tête à tête. Désormais, on les installe à l'une

« La Rotonde ? J'assume totalement ! C'est nous. On fête avec les gens qui ont fait et je les emmerde. »

EMMANUEL MACRON

des tables du fond pour qu'ils soient tranquilles. Invariablement, ils commandent des huîtres, parfois suivies d'une sole grillée, ou alors un tourteau pour madame, qu'on lui décortique obligeamment (l'un des petits privilèges de l'oligarchie tels que les Pinçon-Charlot aiment à les dénoncer). En partant, monsieur s'arrête volontiers pour converser avec les clients qui le souhaitent. « Et il passe toujours en cuisine saluer chaque membre de la brigade », soulignent les frères. Au ton qu'ils prennent, je comprends que dans le panthéon personnel des Tafanel, il n'y a pas plus gentil client qu'Emmanuel, à part peut-être le regretté Bébel.

Une affaire de famille

La première année du quinquennat, l'une de ces sorties fruits de mer fut à l'origine d'une coquille que beaucoup de Français eurent du mal à avaler. Vers midi, Brigitte, toute contente d'avoir enfin repéré une soirée libre dans l'agenda de son époux, appelle pour réserver. Las, on la fait longuement patienter avant de décrocher (je compatis, s'il y en a bien une qui sait à quel point il est difficile de joindre les Tafanel, c'est moi). En arrivant, elle en fait gentiment le reproche à Gérard qui, en guise d'excuse, explique qu'il n'arrive pas à recruter. Et d'ajouter, le malheureux : « C'est bien simple, le premier qui traverse la rue, je lui donne un boulot. »

Vous avez compris la suite. Le lendemain, un jeune horticulteur qui visite l'Élysée à l'occasion des Journées du patrimoine explique à l'occupant des lieux qu'il désespère de trouver un travail. Lequel Emmanuel, sans dévoiler ses sources, répond du tac au tac : « Vous allez à Montparnasse, vous faites la rue avec tous les cafés et les restaurants... Franchement, je suis sûr qu'il y en a un sur deux qui recrute en ce moment. Allez-y ! » Magie des réseaux sociaux, une phrase va vite être extirpée de ce contexte et émerger, plus abrupte : « Je traverse la rue et je vous en trouve [du travail] ! »

Quand je les ai rencontrés, à la mi-décembre 2021, les Tafanel soufflaient un peu car l'équipe était enfin quasiment au complet. Les contraintes du métier, ils sont les derniers à les ignorer, c'est pour cela qu'ils paient bien, « près de 50 % au-dessus du marché », disent-ils. Tous deux viennent d'un milieu et d'une génération où l'on bossait dur et tôt. « Notre père était fermier, les vaches ne lui laissaient pas un jour de congé. » Comme des milliers d'Auvergnats depuis le XIXe siècle, Serge et Gérard sont montés à Paris pour gagner leur vie dans la restauration. Ils ont gravi une à une les marches de la profession : plongeur, garçon de café, garçon de salle, gérant... Puis, en 1992, quand le frère de

Un jeune homme, intermittent du spectacle mais Gilet jaune à plein temps, brisa une vitre de la terrasse pour jeter à l'intérieur un cocktail Molotov.

Emmanuel Macron et le Premier ministre des Pays-Bas, Marke Rutte, lors d'un dîner à La Rotonde. Paris, août 2021.

Photo de Ludovic Marin.

leur père, Georges, qui avait acheté La Rotonde en 1971, est parti à la retraite, les neveux ont repris l'affaire. Dans la famille Tafanel, il y a aussi le grand-oncle, Léon, qui a créé dans les années 1930 une entreprise de distribution de boissons aux cafetiers et restaurateurs. Les Établissements Tafanel ont si bien prospéré que ses héritiers, Guy, Christian et Laurence, sont à la tête d'un patrimoine estimé à 250 millions d'euros par le magazine *Challenges*. De même que les fournisseurs Cafés Richard et Ladoux (dans le métier, on les surnomme RTL), les cousins Tafanel veillent aussi, *via* une filiale de conseil, sur les transactions de fonds de commerce dans la capitale. La diaspora auvergnate régente ainsi les carrières des siens dans la restauration avec autant de diligence que le Corps des mines dans la haute fonction publique.

Franck Gonnet fait partie des exceptions, il est natif de l'Oise. « Et pourtant, je me considère comme le troisième frère de La Rotonde », dit-il. Ancien sous-chef de la Tour d'Argent et ancien chef adjoint du Fouquet's (tiens, tiens...), il officie aux fourneaux depuis maintenant vingt-deux ans, à la tête d'une équipe de dix-huit personnes. Sa spécialité ? « Les plats de tradition, ceux qui ne sont pas à la mode mais qui sont pourtant à la base de la cuisine française », explique-t-il. Œufs mayonnaise, poireaux tièdes, haddock poché et son beurre nantais, blanquette de veau... la carte fleure bon la France du général de Gaulle, celle où Kiraz, un habitué, tout comme Sempé, dessinait la Parisienne en capeline qui illustre la carte. Bref, une époque où tout allait tellement mieux selon Éric Zemmour, un autre habitué du lieu, on y reviendra.

Le décor est à l'avenant de la carte : rétro. Des garçons en gilet et cravate noirs et chemise aussi blanche que les nappes naviguent entre les chaises Second Empire et les banquettes carmin éclairées par des abat-jour à franges orange sous le regard vert amande des muses de Modigliani, dont des reproductions couvrent les murs. Une nuit de janvier 2020, tout cela disparut sous une couche de suie bien noire. Un jeune homme, intermittent du spectacle mais Gilet jaune à plein temps, brisa une vitre de la terrasse pour jeter à l'intérieur un cocktail Molotov et du produit accélérant. Lui n'avait visiblement aucun doute sur la nature profonde de La Rotonde, puisque dans une lettre écrite lors de sa détention provisoire, il revendiqua ainsi son action : « Vous qui condamnez la main qui jette l'allumette, drapés que vous êtes dans votre petite morale bon marché, ignorants que vous êtes de l'histoire des luttes et des révolutions [...], vous restez muets, et aveugles – et lâches ! – devant la misère, la violence sociale et la répression sanglante que votre monde inflige. »

Bien que rapidement maîtrisé, l'incendie fit des

dégâts considérables. Les cinquante salariés se retrouvèrent au chômage technique avant de basculer vers le chômage partiel pour cause de fermeture des commerces non essentiels puis de couvre-feu. Sale année, décidément. Mais à la réouverture, en mai 2021, tout était exactement comme avant, si bien que les clients n'y virent que du feu.

Résumons. Petit un : le restaurant préféré de notre président est un lieu qui chérit la tradition. Petit deux : cette dernière est usuellement considérée comme bourgeoise. Donc ? Donc rien de probant. Parce que petit trois : c'est aussi ici qu'il vint chaque semaine du début de l'année 2012 concocter avec des économistes, dont Jean Pisani-Ferry, Marc Ferracci, Philippe Aghion et Élie Cohen, le programme économique du candidat Hollande, dont il était le conseiller bénévole. Et c'est ici toujours, avec plusieurs membres de cette bande surnommée « Groupe de La Rotonde », qu'il choisit le titre de son premier et unique livre à ce jour, *Révolution*[3]. Peut-on être bourgeois et révolutionnaire ? En même temps ? On s'y perd.

« Toi, l'Auvergnat qui, sans façon... »

Par chance, le volet historique de notre exposé s'annonce plus tranché. À sa création, en 1903, La Rotonde est un minuscule bistrot ouvrier. En 1911, elle est rachetée par Victor Libion – un Auvergnat, cela va de soi –, qui l'agrandit et en fait un lieu accueillant pour les peintres et poètes qui commencent à déserter Montmartre pour Montparnasse. Or, c'est bien connu, à quelques exceptions près, dont Enrico Macias et Didier Barbelivien, les artistes sont de gauche. Prenez Modigliani, un habitué du bar : il n'avait pas le choix, il avait été viré de tous les autres parce qu'il avait l'alcool mauvais. Son collègue Maurice de Vlaminck le décrivait ainsi : « Je l'ai connu ayant faim. Je l'ai vu ivre. En aucun cas je ne l'ai vu manquer de grandeur et de générosité. Mais je l'ai vu irascible, irrité de constater que la puissance de l'argent qu'il méprisait tant contrariait parfois sa volonté et sa fierté. » Copain des peintres, poètes et musiciens fauchés,

3 – Emmanuel Macron, *Révolution*, XO Éditions, 2016.

Parfois, aussi, Philippe de Villiers vient à La Rotonde sans ses deux copains. Un soir de 2016, on l'installe dans un box contigu à celui de Brigitte et Emmanuel Macron.

le père Libion leur faisait volontiers crédit et pas seulement, on s'en doute, pour des tournées de limonade. Un habitant de l'immeuble n'appréciait guère cette agitation sous ces fenêtres. Sa fille, une certaine Simone de Beauvoir, se souvient dans ses *Mémoires d'une jeune fille rangée* : « Au-dessous de notre appartement, face au paisible Dôme [...], venait de s'ouvrir un café bruyant, La Rotonde. On y voyait entrer des femmes maquillées, aux cheveux courts, et des hommes bizarrement vêtus. "C'est un repaire de métèques et de défaitistes", disait Papa[4]. » Sauf que les papas n'ont pas toujours raison car beaucoup de ces défaitistes devinrent célèbres, tels Chagall, Braque, Picasso, Aragon, Apollinaire, Debussy, Satie... Deux autres clients sont entrés dans l'histoire, des barbichus bien mis, eux. Ils dînaient en pardessus et réclamaient bœuf gros sel et bœuf gros poivre (ne cherchez pas, ce n'est plus à la carte). « Léon Trotski et Vladimir Ilitch Lénine préparaient le Grand Soir et c'est ainsi que la Révolution bolchevique est née sur une table de l'ancienne Rotonde », écrit l'historien Henry Cossira. Plus rouges que ces deux-là, avouez que c'est difficile !

Téléportons-nous un siècle plus tard, parce que les intellos des années 1950, la bande à Sartre et à Beauvoir, préféraient se retrouver de l'autre côté du boulevard Montparnasse, à La Coupole, ou au Café de Flore, à Saint-Germain-des-Prés. En ce début des années 2000, La Rotonde a viré du rouge au rose, elle est désormais prisée des socialistes non marxistes. L'endroit est commode : la rue de Solférino, siège du parti, n'est qu'à sept minutes en voiture et les éléphants disposent tous d'un chauffeur. Quant à Martine Aubry et Dominique Strauss-Kahn, ils habitent à deux pas. Séparément, je précise. Mais de tous, c'est assurément Ségolène Royal la plus assidue, au point qu'on pourrait tourner son biopic avec la brasserie pour unique décor. Épisode 1, janvier 2007 : Ségolène est candidate à la présidentielle, elle réunit chaque semaine son équipe de campagne au premier étage. Elle perd. Épisode 2, avril 2008 : Ségolène se présente au poste de première secrétaire du PS. Elle déjeune avec Pierre Mauroy en terrasse pour bien montrer qu'il la soutient. Elle perd. Épisode 3, mars 2010 : Ségolène se réconcilie avec Martine Aubry en terrain neutre. Épisode 4, 11 octobre 2011 : Ségolène, battue sèchement au premier tour de la primaire, doit décider qui elle soutient au second, Martine ou François. Pour prendre l'avis de son conseil politique, elle invite ses conseillers à déjeuner. Épilogue, dix ans plus tard : le PS, pour faire des économies, a déménagé à Ivry-sur-Seine, bien loin de La Rotonde ; Martine vit à Lille, ville dont elle est maire depuis vingt ans ; Dominique se fait discret et passe une partie de l'année à Marrakech ; François, quant à lui, fréquente une autre Rotonde, un bar-restaurant branché près du canal de l'Ourcq, où sa compagne, la comédienne Julie Gayet, a ses habitudes.

4 – Simone de Beauvoir, *Mémoires d'une jeune fille rangée*, Gallimard, 1958.

La profiterole est-elle de gauche ou de droite ?

La Rotonde ayant, comme la nature, horreur du vide, de nouvelles têtes investissent les lieux, des têtes de droite cette fois, et même de droite toute, ce qui n'arrange pas nos affaires alors que la balance semblait pencher à gauche. Fin 2015, le magazine *L'Express* révèle que chaque mois un déjeuner réunit Patrick Buisson, l'ancien conseiller espion de Nicolas Sarkozy, le journaliste et polémiste Éric Zemmour, et le vicomte gérant de parc d'attractions Philippe de Villiers. L'article commence ainsi : « Leur objectif ? Dynamiter l'offre politique avant la présidentielle de 2017, en surfant sur un mouvement de fond qui gagne une partie de la société. Islam, immigration, famille... les nouveaux croisés de l'identité française peuvent-ils perturber le duel Sarkozy-Juppé ? » Réponse : pas ce duel-là, pas cette année-là, mais pour le reste, c'était bien vu. Parfois, aussi, Philippe de Villiers vient à La Rotonde sans ses deux copains. Un soir de 2016, on l'installe dans un box contigu à celui de Brigitte et Emmanuel Macron (on se demande à quoi pensent les Tafanel !). La conversation s'engage, le jeune ministre de l'Économie explique qu'il adorerait visiter le Puy du Fou, rendez-vous est pris. Une amitié éphémère voit le jour. En mai dernier, Philippe de Villiers a raconté dans une tribune du *Figaro* sa version de la rencontre :

« Emmanuel Macron insistait :

"Que manque-t-il donc au sommet de l'État ?

– L'incarnation, répliquai-je à l'instinct. Il manque la verticalité.

– Quelle verticalité ?

– Celle du Régalien, du mystère. Le président doit habiter le corps du roi."

Brigitte saisit le bras d'Emmanuel et répéta *mezza voce* :

"Il a raison ! Tellement raison !" »

Les Tafanel, eux, se moquent bien de savoir pourquoi Emmanuel Macron a choisi leur maison pour faire la fête ce fameux soir de printemps, il y a cinq ans. Et encore plus de connaître le bord politique vers lequel penchent leurs clients. En bons commerçants, ils notent que le statut de restaurant préféré du président, malgré quelques inconvénients dont celui d'être devenu une cible des casseurs les jours de manif, leur a fait une jolie publicité. Or ils sont les rois du quartier quand il s'agit de convertir le visiteur d'un midi ou d'un soir en habitué, distinction qui, même en temps de gestes barrières, donne droit à une franche poignée de main des patrons. Et, parfois – mais ne le répétez pas, car la marge de l'établissement pourrait en pâtir –, à l'apparition miraculeuse d'un quatrième chou dans l'assiette si vous commandez « une profiterole avec deux cuillers, s'il vous plaît ». Parce que trois choux, c'est difficile à partager. « Notre clientèle est composée à 90 % d'amis qui paient », sourient les frères. Et qui, s'ils aiment les potins, en ont pour leur argent car quelle que soit l'heure, il est bien rare de ne pas apercevoir quelques têtes célèbres. « Il est connu, le type là-bas, non ? » demande mon voisin de table à son épouse, en désignant d'un coup de menton qui se veut discret Raphaël Enthoven, qui boit un café en terrasse. Elle réfléchit un instant, puis... « Je sais, c'est l'ancien mari de Carla ! »

François Hollande et André Vallini à La Rotonde après les résultats de la primaire du Parti socialiste. Paris, octobre 2011.

Photo d'Abaca Presse. ©ABACA

DERRIÈRE L'ÉCRAN

La tyrannie du like

PAR Céline Cabourg

L'influence sur les réseaux sociaux est devenue un outil stratégique essentiel de la communication politique. Pour 2022, des bataillons numériques s'activent derrière les candidats, lesquels peuvent compter sur l'audience de nouveaux médias. Une *battle royale* virtuelle se prépare en coulisse.

Un homme en costume, visage grimé par un filtre en forme de tête de rat, avance dans les couloirs d'un train sur un sample du rappeur Rohff. « Prendre un aller-retour en train de nuit pour payer deux nuits d'Airbnb en moins. » Avec le sous-titre, clin d'œil à la blague « Téma la taille du rat » qui fleurit sur Twitter pour épingler les radins de tout poil, on comprend qu'il s'agit d'une publicité. Derrière le masque se cache Jean-Baptiste Djebbari, ministre des Transports, qui assure ainsi sur TikTok la promotion de la récente mesure de relance des trains de nuit. « Le ministre des Transports ? C'est un véritable génie, une pépite », disent les commentaires. Qui eût cru que le ferroviaire passionnerait les foules ? 5,1 millions de vues, 736 000 likes et 12 000 commentaires.

Les politiques l'ont bien compris : avec l'érosion des audiences dans les médias traditionnels et l'explosion du temps passé par les Français sur leur téléphone, les réseaux sociaux sont devenus des outils stratégiques pour conquérir les électeurs. Président, ministres, candidats sont devenus des influenceurs comme les autres, à ceci près qu'ils vendent leurs idées quand d'autres font la promo d'articles de luxe. Sur Twitter, Instagram, Twitch, YouTube, TikTok, la communication est multiple. L'influence devient une arme politique majeure en complément des anciens canaux. C'est le troisième pilier, avec les médias traditionnels et les actions d'affichage ou de tractage. À l'aune de la campagne présidentielle, tous les candidats affinent leur stratégie numérique. Reste une inconnue. Le taux de transformation. Comment le mesurer ? En bulletins dans les urnes ? En presse générée ? Une chose est sûre : hier encore, les médias faisaient l'actualité, commentée dans un second temps sur les réseaux sociaux. Aujourd'hui, nombre d'annonces ou de sujets partent des réseaux sociaux avant d'être relayés par les journaux et les chaînes d'info, quand ce ne sont pas les déclarations de candidature elles-mêmes, telles que les vidéos publiées sur leurs comptes respectifs par Éric Zemmour et Christiane Taubira.

Si le ministre des Transports, lui, n'est pas candidat en 2022, il figure dans le top 10 du baromètre de l'influence politique, créé par la société Favikon, aux côtés des candidats déclarés. « Nous sommes persuadés avec mon associé que les prochaines élections présidentielles vont se jouer en partie sur les réseaux sociaux. Même si elle ne repolitisera pas à elle seule les jeunes, l'appli TikTok, par exemple (dont la moyenne d'âge s'est rallongée à 37 ans), permet ainsi de leur faire passer des messages. Par ailleurs, ces plateformes

offrent des fenêtres d'expression aux petits candidats », confie Jérémy Boissinot, cofondateur de Favikon. Son Observatoire des politiques permet de jauger l'influence des femmes et hommes politiques sachant que, selon une étude We Are Social et Hootsuite de janvier 2021, 75,9 % de la population utilise activement les réseaux sociaux.

« Sur les réseaux, c'est la prime au tranchant, au sulfureux, à la nouveauté. Le neutre n'a pas bonne presse. »

Le royaume des extrêmes

Alors qui pèse dans ce qu'on appelle familièrement le game ? En épluchant le classement, on voit très vite que certains s'en sortent mieux que d'autres. Si Emmanuel Macron (pas encore déclaré) jouit d'une audience cumulée de 20 millions d'abonnés grâce à son statut présidentiel, il est suivi sans surprise par le grand champion des réseaux, Jean-Luc Mélenchon, le candidat de La France insoumise, même si, en quelques mois, Éric Zemmour lui a ravi la deuxième place. Mais ce qui frappe surtout, c'est la grande polarisation aux extrêmes (gauche et droite), tous réseaux confondus. L'audience de Marine Le Pen n'a fait que croître depuis la création de son compte TikTok, il y a quelques mois, quant à celle d'Éric Zemmour, déjà très entretenue dans la sphère médiatique classique, elle a explosé en trois mois, passant de 200 000 abonnés à près d'un million d'abonnés cumulés, dont 350 000 sur sa chaîne YouTube, le hissant à la première place du podium en novembre dernier sur Twitter et YouTube. « Sur les réseaux, c'est la prime au tranchant, au sulfureux, à la nouveauté. Le neutre n'a pas bonne presse, insiste le patron de Favikon. Quand on décortique le top 20 sur Facebook, les dix-sept premières places sont occupées par des personnalités d'extrême gauche ou d'extrême droite. »

Laurence Allard, sociologue et maître de conférences à l'université Lille, est spécialiste du décryptage de ces usages numériques. Selon elle, « l'influence renoue avec l'origine même de la création d'Internet. Au moment de la contre-manifestation de Seattle en 1999, des comptes comme Indymedia avaient été lancés par des courants altermondialistes pour contourner les médias traditionnels. Ces automédias alternatifs sont une brique de l'influence politique actuelle ».

Millefeuille partisan

L'influence politique a muté au gré des avancées technologiques et des campagnes présidentielles. Romain Pigenel, enseignant à Sciences Po et ancien directeur adjoint de la communication digitale du gouvernement sous la présidence de François Hollande, fait partie de cette génération de quadras ayant initié à gauche la maîtrise de ces outils.
Le numérique ne se substitue pas au système médiatique classique, il démultiplie les canaux. À côté des journalistes, les premiers blogueurs politiques émergent en 2005 dans le cadre de ce que l'on a vite appelé l'« Internet social ». On rapporte que le choix des Français dans le débat constitutionnel a été en partie influencé par ce qu'ils avaient lu en ligne.
À gauche, des blogueurs comme Étienne Chouard, professeur de l'enseignement technique qui s'était employé à commenter le traité article par article, commencent à générer de fortes audiences tandis que des politiques comme Julien Dray, Jean-Luc Mélenchon ou Dominique Strauss-Kahn lancent leurs blogs. « Le web politique avance par bonds au moment de chaque présidentielle. Avec cette idée un peu utopique que la vraie démocratie peut se réinventer sur le Net, nouvelle agora. Il n'y a pas un marché aussi développé qu'aux États-Unis. Ici, c'est plus artisanal. » C'est également la grande époque du participatif, des forums. « Au moment de l'élection de 2007, je prête main-forte aux équipes numériques de Ségolène Royal et nous testons des embryons d'influence : il s'agit d'encourager la création de contenus chez les militants, de les inviter à faire des commentaires sous les posts des concurrents, se souvient-il. Se développe l'idée que chacun d'entre eux peut être son propre média. Le deuxième acte de l'influence se situe entre 2007 et 2012. Facebook et Twitter ont été créés. Durant la campagne de 2012, alors que Nicolas Sarkozy mise tout sur Facebook, nous nous saisissons à gauche de Twitter, sur lequel sont branchés tous les journalistes. Le millefeuille de la communication politique se met en place. À cette époque, le cœur de l'Internet politique est à gauche car il s'agit de s'exprimer contre le pouvoir en place. On parle d'ailleurs de "gaucho-sphère". Avec l'élection de François Hollande, l'influence à gauche se désagrège et on assiste à un glissement avec l'émergence de l'extrême droite numérique. » Au moment des manifestations de la Manif pour tous contre la loi autorisant le mariage de personnes de même sexe, la sphère catholique traditionnaliste utilise tous les outils (forums, vidéos YouTube, Facebook) pour tisser sa toile d'influence numérique. À partir de 2015, des influenceurs d'extrême droite qui se revendiquent apolitiques et ne sont pas affiliés officiellement à un parti deviennent populaires sur YouTube, à l'image du Raptor, figure de ce que les journalistes appellent désormais la « fachosphère ».

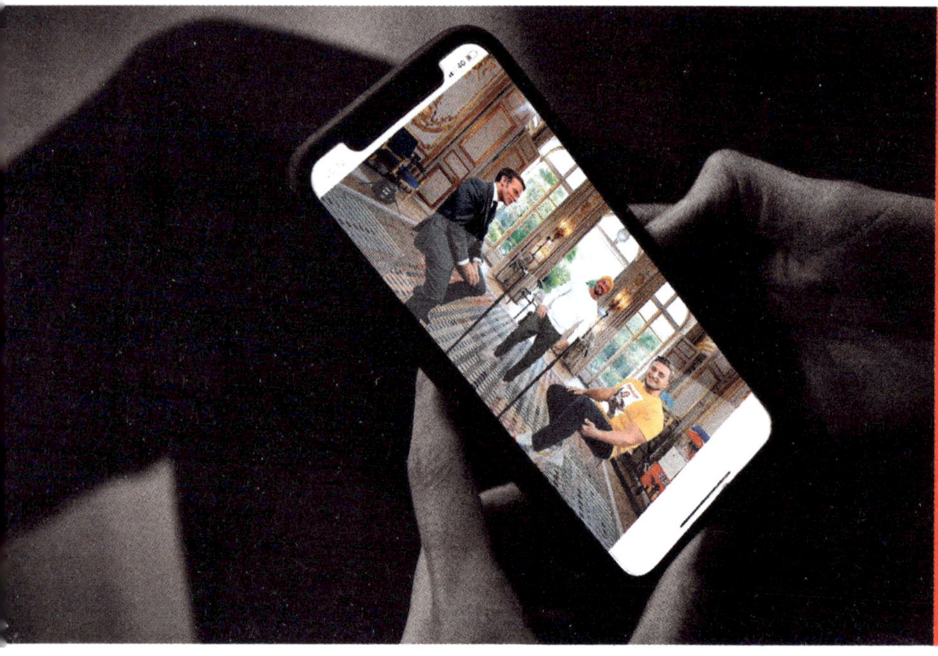

Page précédente : Questions-réponses d'Emmanuel Macron sur TikTok.

© AP Photo / FM / SIPA

Emmanuel Macron reçoit à l'Élysée les youtubeurs McFly et Carlito pour un concours d'anecdotes.

D'après la photo de Raphaël Lafargue.
© Raphaël Lafargue / ABACA

Bataillons numériques des candidats

Derrière la stratégie des candidats Zemmour et Mélenchon, les comités de soutien forment eux aussi des bataillons numériques sur Twitter pour rendre visibles les hashtags de leurs candidats : #LaDroiteAvecZemmour et #ProgrammeMélenchon. Antoine Léaument chapeaute la communication numérique de Jean-Luc Mélenchon depuis dix ans. Alors qu'à l'origine, il nourrissait les réseaux en plus de son travail de plume pour le député européen, le trentenaire est aujourd'hui à la tête d'une équipe de neuf personnes qui animent ses communautés. Au gré des avancées technologiques, il a transformé son candidat en influenceur multicanal. « Jean-Luc Mélenchon a eu dès le début un compte Minitel, une radio libre, et un compte Facebook en 2012. Il aime rigoler, a ce côté prof qui sait manier la dérision, il en joue et se livre. En 2017, on avait noué quelques partenariats avec des influenceurs, comme Alix Dmx, connue pour avoir dénoncé les violences policières, mais je crois assez peu à cette stratégie, car la conversion est plutôt mauvaise lorsque l'influenceur sort de son champ. J'ai plutôt travaillé à transformer notre candidat lui-même en youtubeur, streamer, tiktokeur. Avec son émission *La Revue de la semaine* sur YouTube, les reposts de ses interventions télé, des coulisses, on avait clos la dernière campagne avec 300 000 abonnés. Aujourd'hui, on est à 600 000. Le débat avec Éric Zemmour a cumulé 4,4 millions de vues. »

Côté Zemmour, les reposts d'émissions sur YouTube battent des records d'audience. Avant que son influence numérique n'explose, un terreau propice et solide pour la diffusion de ses idées s'était préalablement constitué sur Facebook et Twitter. « Avant même qu'Éric Zemmour ne soit candidat, les hashtags de clashs dans l'émission *On n'est pas couché*, dont il était l'un des chroniqueurs, l'ont fait connaître, rappelle Stanislas Rigault, président de Génération Z. Cela a permis de passer du petit écran au tout petit écran du téléphone. À partir de là, toute une sphère du Net avec les groupes Facebook de neurchis et tous les comptes de mèmes (photos gags chargées en idéologie qui se viralisent rapidement) ont pris le relais. Ça prenait la forme de délires potaches mais c'était du soft power politique. » On le voit, derrière chaque candidat, des bataillons de militants s'emploient à faire bouillir la marmite de l'influence.

L'élection de 2022 sera-t-elle un *Clash of Clans* géant ? Le problème, à en croire les parties prenantes, est que les algorithmes enfermeraient encore plus les différents groupes dans leur sphère de sympathisants. « Je suis circonspect sur l'efficacité des outils pour 2022, car les espaces de franchissement d'un camp politique à l'autre se réduisent, confirme-t-on côté France insoumise. Il faut ruser sur les mots clés et les paramètres pour s'inviter dans le camp adverse. »

La course à l'audience

Ce qui fait l'audience, c'est l'image. Des médias en ligne comme Brut et Konbini, qui ont rendu virales leurs vidéos sur Facebook et Instagram, l'ont bien compris. Rémy Buisine, journaliste et influenceur, auquel son employeur Brut a consacré le documentaire biographique *Street Reporter*, est le premier à utiliser la puissance des réseaux pour renouer avec le terrain et entrer dans le téléphone de ceux à qui il restitue les faits en live. Au moment des attentats de 2015 et de Nuit debout, il est sur le front depuis l'application Périscope. « C'est à ce moment que je réalise que les gens ont envie de suivre ces formats et que l'interactivité est forte », explique-t-il dans le documentaire. Une recette qu'il affinera sur Brut à partir de 2016, avec les Gilets jaunes ou dans les coulisses de la campagne de 2017.

Si les lives vidéo cartonnent, les longs formats ont de plus en plus la cote. Ils s'articulent autour de questions polémiques qui font le buzz. Une chaîne comme Thinkerview, lancée en 2013 sur YouTube, qui se veut apolitique mais que la presse présente comme proche des idées d'extrême gauche, s'est fait une spécialité de ces longs entretiens vidéo autour d'un sujet de débat. On retrouve cette aspiration à plus de développement dans Blast ou Le Média. Dans chaque camp, la formule fait recette, elle permet de ne pas se brider et de dérouler tous ses arguments de persuasion. « L'une des clés, c'est le format long, qui rompt avec la "fast-foodisation" des chaînes d'info », confirme Stanislas Rigault de Génération Z.

« L'une des clés, c'est le format long, qui rompt avec la "fast-foodisation" des chaînes d'info. »

Mais un activisme sans tête se déploie aussi en souterrain sur des plateformes qui échappent au champ politique. C'est le cas sur Discord, outil de conversation sur lequel sont connectés en permanence et de manière totalement anonyme des joueurs de jeux vidéo en réseau, dont il est difficile de contrôler la diffusion de contenus haineux. L'extrême droite maîtrise les techniques d'infiltration de ces forums tel celui de jeuxvideo.com, ainsi que les messageries cryptées comme Telegram, ce que soulignait en juin 2019 un rapport de l'Assemblée nationale sur les groupuscules d'extrême droite.

Dans ce grand bazar des comptes politiques, Discord est aussi utilisé depuis des années par les militants d'extrême gauche proches de l'univers des jeux en réseau. Ils se servent de la plateforme pour communiquer ou réagir aux attaques en créant des chaînes de discussions, comme cette fois, en 2017, où un militant de La France insoumise avait entendu un journaliste d'Europe 1 dire que le programme du candidat se résumait à dix mesures. Boucle immédiatement créée sur le Discord des Insoumis, avant une pression sur la chaîne pour retirer ces propos jugés diffamatoires, comme le rapportait le site Slate. « Des youtubeurs gamers se sont rapprochés de nous en 2017, lors de la dernière campagne, comme Dany Caligula, Ganesh2, Absol », explique Antoine Léaument.

Par ailleurs, depuis le changement d'algorithme de Facebook et le passage du système des pages aimées à celui des groupes, des acteurs moins visibles dans le numérique sont sortis du bois, la crise sanitaire accentuant encore cette opportunité de prendre la parole. C'est le cas de tous ces « activistes de la défiance », ainsi que les surnomme Laurence Allard, cette sphère dite de la « réinformation » avec les complotistes, survivalistes, antivax, aux audiences croissantes et qui entendent peser dans le débat.

Sans revendiquer un véritable militantisme, quantité de comptes réagissent donc par capillarité sur les sujets de société en se teintant d'une coloration politique plus ou moins marquée. Sur TikTok, les derniers venus s'appellent @lapolitiquedemat (39 000 abonnés), orienté à gauche et plutôt pédago, ou encore Usul, sur YouTube, qui en plus de ses décryptages de l'actualité très orientés à gauche tient une chronique sur Mediapart intitulée « Ouvrez l'Élysée ».

À chaque réseau social ses figures charismatiques. Certains s'efforcent à la neutralité et se définissent comme des décrypteurs – appelons-les les pédagos des réseaux. C'est le cas d'HugoDécrypte (de son vrai nom Hugo Travers, 24 ans), l'un des premiers à avoir investi YouTube et Insta comme médias à part entière, avec des vidéos à visée pédagogique ciblées sur l'actualité. Il est devenu l'une des références de l'info en format court. Son idée de coécrire sa ligne éditoriale avec ses abonnés comble la distance entre l'intervenant et son lecteur.

Sur l'appli de télévision 2.0 Twitch, Jean Massiet, premier streamer politique, dépasse les 130 000 abonnés. Casque sur les oreilles et studio dans le salon, le trentenaire, normalien à la cool, s'adresse à ceux, jeunes ou désabusés, que la politique ennuie avec un registre qui tient plus du commentaire sportif que de la tribune. La spéciale élection présidentielle se transforme en réécoute attentive de *Si j'étais président* de Gérard Lenorman, avec un flux ininterrompu de commentaires qui défilent sur l'écran et de pauses éclats de rire de l'animateur.

Les musclés *versus* les lissées

Mais la vraie nouveauté, ce sont tous ces comptes d'influenceurs *lifestyle* de la politique qui s'invitent dans le débat. Quoique non encartés, ils mettent leur audience au service de la diffusion d'idées impactant le politique. Une idéologie qui, à la faveur des réseaux, se drape d'une sorte de « cool attitude » qui la rend plus virale et plus populaire.

De l'avis d'experts de la communication, le recours du président Emmanuel Macron à deux influenceurs comme Mcfly et Carlito, figures du divertissement, pour réaliser une vidéo sur les gestes barrières constitue un tournant : avant cette date, l'influence politique se développait en vase clos, dans sa sphère. Avec ce défi, le président sort du champ politique pour aller chercher une audience.

Dans ces comptes *lifestyle*, certaines figures affichent aussi de vraies idées partisanes et même des lignes idéologiques dures. Le terreau des extrêmes s'est relifté à travers ces comptes d'anonymes sans filtre. À l'extrême droite, les Valek, Raptor, Papacito poussent très loin la déconstruction de ce qu'ils détestent le plus : le politiquement correct, sur fond de culte des biscottos, bons cigares et nationalisme boute-en-train. Ils mixent les codes du *lifestyle* masculiniste avec ceux de l'idéologie identitaire à coups de grand remplacement, d'antiavortement, de lutte contre les bobos et les gauchistes. N'ayant de cesse de conforter leurs audiences, notamment auprès des moins de 35 ans, ils adaptent l'influence en termes gramsciens, c'est-à-dire dans un registre culturel. Ces comptes entrent en résonance avec un réseau de médias amis comme Sputnik, Putsch ou encore Boulevard Voltaire.

À noter : les influenceurs d'extrême droite sont aussi des influenceuses. À l'image de Thaïs d'Escufon. Nombre d'entre elles sont par ailleurs connues du grand public comme habituées du plateau de Cyril Hanouna. On les retrouve sur les différentes applis et sur les forums de jeux vidéo et de pages Telegram. Estelle Redpill, l'une des figures de Génération identitaire, avait 120 000 abonnés avant que TikTok ne décide de supprimer son compte à la suite de signalements. La version reliftée a du mal à redémarrer. Parmi les comptes proches, les jeunes de Génération Z citent des influenceuses comme Bahia Stendhal, la « glam patriote » sur TikTok, au physique tout aussi photogénique et qui cumule près de 31 000 abonnés et 500 000 likes. Elle pose sur Insta en robe moulante à poids dorés, le livre *Le Suicide français* d'Éric Zemmour dans la main, et enchaîne les vidéos TikTok, tantôt en petit top irisé aux épaules nues, tantôt derrière Zemmour en meeting. Forte de 9 445 abonnés sur Insta, elle se définit en bio comme « The Vampire Slayer » et « patriote ».

Dans ce brouhaha numérique, difficile finalement de mesurer l'impact de ces prises de parole sur les futurs choix des Français, de ne pas se laisser berner par le leurre technologique qui est la caisse de résonance de tous ces bruits politiques. Si de solides coussins d'audience sont nécessaires à la diffusion des messages, ils ne suffisent pas à convertir les opinions. Avec sa plateforme d'étude de l'opinion et des consommateurs Lucy [1], Sacha Mandel, son créateur, également PDG de l'agence de communication Majorelle, étudie tout le long de la campagne présidentielle ces émissions de signaux politiques tous azimuts. « Les e-militants d'Éric Zemmour ou de La France insoumise sont très actifs et captent une audience d'environ 55 % de leurs sympathisants respectifs. Cela produit de la mobilisation militante et de la réassurance dans chaque camp, mais leur écho auprès des Français reste très limité, nous l'évaluons à 3 %. Les journalistes sont quatre fois plus touchés, ce qui leur donne une impression erronée de volume. Néanmoins, ce qui est déterminant pour faire circuler son message, c'est moins le canal choisi que la qualité du message lui-même. » La plus belle influenceuse du monde ne peut en somme donner plus que ce qu'elle donne : un message dont le contenu seul compte, plus que l'emballage ou l'emballement des réseaux. ■

Hugo Décrypte, l'actualité décryptée sur les réseaux sociaux. Paris, octobre 2021.

Photo de Laurent Vu. © Laurent Vu / SIPA

La vraie nouveauté, ce sont tous ces comptes d'influenceurs *lifestyle* de la politique qui s'invitent dans le débat.

1 – Lucy est une plateforme d'étude créée pour objectiver et orienter les choix de communication et de marketing des entreprises. Lucy est fondée sur un mégapanel représentatif des Français, agrégeant 16 millions d'informations chaque mois.

MILITANTS

PAR Arthur Nazaret

LA FIN DES HEURES DE COLLE ?

Avec l'émergence des réseaux sociaux et du numérique, avec la baisse du nombre de militants et un espace public de plus en plus hostile à l'affichage, le colleur d'affiches serait-il en voie de disparition ? Reste qu'aucun parti n'ose faire l'impasse sur cette technique et que la bataille électorale se joue aussi dans la rue.

C'est un homme d'écrit et d'écran. Un journaliste. Un polémiste condamné pour provocation à la haine raciale. On l'imaginait seul ou du moins avec peu de troupes. Capable de doper les audiences mais pas de recueillir les suffrages. En une nuit, ses partisans ont voulu l'aider à accomplir sa mue, à quitter un statut devenu à la fois une rente et une cage. Pour faire du neuf, il fallait cette fois plonger dans l'ancien. Surprendre en utilisant une technique que l'on dépeint comme désuète. Fin juin 2021, aux lendemains d'élections régionales atones, à la sortie des écoles comme à l'approche des mairies, une nouvelle tête apparaît sur les panneaux d'affichage électoraux. Un homme vous fixe. Il est connu. Le slogan est simple, pour ne pas dire simpliste. Mais il est diablement efficace : « Zemmour président ». On disait l'affiche morte ou presque, la voilà ressuscitée. Même pour un homme médiatisé à l'extrême, même pour Éric Zemmour, les colleurs d'affiches restent des semeurs d'espoir.

Pour cette opération, 10 000 affiches ont suffi. Pas plus de 1 000 euros de budget, jure le concepteur de l'opération, Pierre Meurin, ancien président des Jeunes pour la France, le mouvement de la jeunesse du parti de Philippe de Villiers. Le soir du 29 juin, sur BFMTV, on découvre ce jeune homme ravi d'expliquer son action de communication, assurant qu'il connaît à peine Éric Zemmour ; tout juste sait-il qu'il a une « adresse mail générique au *Figaro* ». Six mois plus tard, il s'en amuse. « Évidemment que c'était téléguidé », dit celui qui a depuis pris ses distances. À l'époque, il est en lien avec Sarah Knafo, l'énarque de 28 ans dont Éric Zemmour s'est entiché. Tout passe par elle. Meurin mettra trois semaines à obtenir une photo – trop sombre à son goût – et presque autant à convaincre que son slogan, « Zemmour président » est le bon. « Éric Zemmour était gêné, il n'avait pas encore basculé », rapporte-t-il. De fait, avant de « basculer » et de se déclarer officiellement candidat, le polémiste attendra encore cinq mois. Meurin reprend : « Sarah Knafo plaidait pour le slogan : "Nous le voulons comme président". » Il a fini par la convaincre. Va pour « Zemmour président ».

À tous ses amis et aux contacts récupérés par l'intermédiaire du maire d'Orange (Vaucluse) Jacques Bompard, Pierre Meurin envoie une fiche de mission de deux pages. Pour lui, il faut agir « au moment où les militants politiques des partis engagés pour les élections vont "se reposer" et ainsi, nos affiches ne seront pas recouvertes ou arrachées trop rapidement », leur écrit-il. Les conseils affluent. Le moment : plutôt vers 5 heures du matin. Le type de colle : à papier peint. Les pinceaux : à poils doux, pour éviter d'abîmer les affiches. Il insiste : « Chaque département se voit affecter une centaine d'affiches. C'est peu, mais cela suffit largement pour provoquer un effet visuel sur le terrain, dans les médias et sur les réseaux sociaux. » La couverture médiatique de l'opération lui donnera raison.

Affiches de Nathalie Arthaud et Jean-Luc Mélenchon. Cherbourg-en-Cotentin (Manche), décembre 2021.

Photo de Laurent Coust.

Le moment : plutôt vers 5 heures du matin. Le type de colle : à papier peint. Les pinceaux : à poils doux, pour éviter d'abîmer les affiches.

Affiches d'Éric Zemmour vandalisées. Isère, décembre 2021.

Photo de Mourad Allili.

Ce coup est-il l'ultime spasme d'une pratique moribonde ? À droite comme à gauche, on s'accorde à dire que les affiches demandent des bras sans que l'on sache si elles font gagner des voix. Mais elles font gagner en cohésion d'équipe, en visibilité et en notoriété. Lors de la dernière présidentielle, dans ce grand et nouveau patchwork qu'était En marche, entre militants de droite et de gauche, entre professionnels et amateurs, le collage a permis l'assemblage. « Nous devions créer une sorte de team building, le collage en fut l'un des piliers, se souvient un jeune cadre du mouvement. Nous n'avions pas, comme les socialistes, de réunions de sections, donc c'était pour nous les premiers événements où l'on pouvait être ensemble. Tout le monde collait. De tout en haut à tout en bas. Même la direction. » Aujourd'hui soutien de la candidate des Républicains Valérie Pécresse, Brice Hortefeux relativise l'impact de cette pratique : « Coller des affiches reste un moyen mais ce n'est plus l'élément central d'une campagne. Je n'ai jamais rencontré quelqu'un qui m'a dit avoir été convaincu par une affiche. »

« Si on veut être crédible sur les réseaux sociaux, nous devons montrer qu'on réalise aussi des actions concrètes, relève Stanislas Rigault, 22 ans et président de Génération Z [1]. Arriver à mobiliser sur le terrain est aussi important que d'avoir 100 000 vues sur YouTube. » Pour tous, coller est une façon de marquer physiquement son territoire, d'y affirmer sa supériorité. De montrer sa force. « Aucun moyen de convaincre n'est superflu, souligne le directeur de campagne de Jean-Luc Mélenchon, Manuel Bompard. Tenir une présence visuelle dans une ville contribue à une dynamique de campagne et tout le monde n'est pas sur les réseaux sociaux, où vous ne touchez que vos bulles. » Mi-décembre 2021, l'équipe de Jean-Luc Mélenchon se félicitait d'avoir déjà tiré 345 000 affiches.

Oiseaux de nuit

Militant dans le 10e arrondissement de Paris, travaillant aussi au siège de La France insoumise dans l'équipe dédiée au programme, Côme Delanery est, comme tous les colleurs, un oiseau de nuit. Coller de jour ne semble une option pour personne. Les petites journées d'hiver lui permettent de retrouver ses camarades relativement tôt, vers 20 heures, et de partir à l'abordage par groupes de deux ou trois, une fois par semaine. L'équipée est souvent jeune, entre 20 et 35 ans. Comme ils sillonnent le quartier à pied, chacun a sa technique pour porter son seau de colle : certains l'accrochent derrière un vélo, d'autres utilisent des sangles et un diable, les plus costauds le transportent à la main. Bien sûr, plus le mélange est liquide, plus cela permet d'économiser de colle mais le tout tient moins bien. À deux, ils placardent 50 affiches en trois quarts d'heure. En général, l'expédition dure entre une heure et une heure et demie. Une affiche de Jean-Luc Mélenchon, visage d'un calme olympien sur mer d'huile : « Ça fait sage et vigoureux », dixit un proche du candidat. Des affichettes vantant le SMIC à 1 400 euros, la retraite à 60 ans ou la gratuité des premiers mètres cubes d'eau utilisés complètent le tableau. « C'est un terrain de bataille, assure Côme Delanery. Quand on arrive à multiplier les affiches avec nos propositions, ça permet de faire irruption dans la vie des gens. » D'ici le premier tour, Jean-Luc Mélenchon ne compte pas abuser de la multiplicité des affiches. « On ne les multiplie pas car le temps de pénétration est long, la durée de vie d'une affiche est de deux à trois mois, note Manuel Bompard. Mais, on se garde quelques cartouches... »

À chaque parti ses traditions. Dans la guerre des affiches, gaullistes et communistes jouissaient d'une sérieuse réputation. « De loin les deux familles qui collaient le mieux, les vrais bataillons, c'étaient eux », se remémore un

1 – Mouvement de la jeunesse soutenant Éric Zemmour.
2 – Zvonimir Novak, *Le Grand Cirque électoral. Une histoire visuelle des élections et de leurs contestations*, L'Échappée, 2019.

homme politique de droite qui connaît bien le sujet. Pour certains, comme pour l'extrême droite, longtemps peu invitée dans les médias, c'était une question de présence ou d'absence dans l'espace public. Les écologistes, eux, n'ont jamais montré une grande passion pour l'exercice. « Certains partis se font une fierté de coller partout, nous, on n'est pas là-dedans, on s'accroche aux arbres, sourit Sandrine Rousseau, qui se souvient tout de même d'être allée coller pour Daniel Cohn-Bendit tout en maniant la poussette de ses enfants. C'est une question de sociologie militante. » En 1974, le premier candidat écologiste à une présidentielle, l'agronome René Dumont, expliquait être « un candidat propre, un candidat pauvre » et prévenait qu'on ne le verrait pas sur ses affiches de campagne, où sa crinière blanche et son iconique pull rouge auraient pourtant retenu l'attention. Alors pourquoi ? « D'abord parce que nous n'avons pas d'argent. Et quels arguments cela apporte de montrer sa binette sur tous les murs de la ville ? » À l'époque, les écologistes abhorraient le « vedettariat ». Cela a un peu changé. Alors que la gauche de la gauche pratique l'affichage sauvage, les écologistes le jurent, ils ne s'y livrent pas et se bornent donc aux panneaux d'affichage libres. « On ne veut pas augmenter la pollution visuelle », argumente Léa Balage El Mariky, en charge des mobilisations et des élections pour Europe Écologie Les Verts. Comme l'idéal se doit d'être là, jusqu'à la pointe du pinceau, les écologistes travaillent avec du papier recyclé, de l'encre végétale, et limitent le nombre d'aplats de couleur. Ultime précision de Léa Balage El Mariky : « On n'achète pas de la colle toute pourrie, on peut faire de la colle soi-même, avec de l'eau et de la farine. »
Si les anciens, tous partis confondus, dressent ensemble le constat d'un déclin, tous ne situent pas l'âge d'or au même moment. Certains le voient au plus fort de la rivalité gaullo-communiste. D'autres évoquent les années 1980, marquées par le passage à un marketing politique parfois outrancier où l'on recouvrait les murs à coups d'affiches 4 x 3. « Le numérique a ringardisé l'affiche, qui a aussi beaucoup perdu de son sens artistique : c'est un art qui s'est appauvri », regrette Zvonimir Novak, spécialiste de l'imagerie politique et auteur du *Grand Cirque électoral. Une histoire visuelle des élections et de leurs contestations*[2]. « Aujourd'hui, il n'y a plus de créativité », abonde Patrick Mennucci. Lui se souvient très bien

Militant lors d'un meeting de Jacques Chirac. Lyon, avril 2002.

Photo de Delmarty.
© Delmarty/ANDBZ/ABACA

Ce que traduit aussi la baisse de cette activité séculaire, c'est la disparition des partis de masse, l'épuisement des militants…

de la présidentielle de 1981. Il a 26 ans, espère l'arrivée de François Mitterrand au pouvoir et n'oublie pas de détourner les affiches du président Valéry Giscard d'Estaing. « C'était rigolo, on pourrissait Giscard en mettant des diamants à la place de ses yeux », sourit ce Marseillais. Une allusion directe à l'affaire des diamants que Jean-Bedel Bokassa, ancien « empereur de Centrafrique » autoproclamé, affirmait avoir offerts au président. « On fabriquait ces diamants au pochoir, avec une bombe ; on avait un slogan : "Les diamants, il est bon qu'à ça" et on se faisait courser par les flics », poursuit celui qui deviendra le directeur adjoint de campagne de Ségolène Royal en 2007.

Ce que traduit aussi la baisse de cette activité séculaire, c'est la disparition des partis de masse, l'épuisement des militants, singulièrement pour le Parti communiste français (PCF) et le Parti socialiste (PS). Mais le constat s'étend aussi à droite. Au début des années 1980, les socialistes revendiquaient 213 000 adhérents contre 22 000 aujourd'hui. Le PCF, 380 000 en 1984 et 43 000 désormais. 331 000 pour le RPR quand Les Républicains en comptent près de 150 000, dopés par leur récente primaire. Sans doute est-ce pour cela que les partis ont de plus en plus souvent recours à des sociétés d'affichage surtout pour s'occuper des panneaux électoraux, plutôt que de faire de l'affichage libre. « Nous utilisons un prestataire, sans cela nous risquerions d'oublier des bureaux de vote dans des endroits reculés et nous n'avons pas forcément des gens partout », reconnaît un cadre d'Europe Écologie Les Verts.

À cette perte de bras s'ajoutent d'autres données : un seuil de tolérance qui baisse et surtout une perte d'espace. De plus en plus, les partis incitent à se passer de l'affichage sauvage. Les terrains de jeu d'autrefois – transformateurs, palissades, ponts – sont délaissés, même si l'extrême droite possède encore une solide réputation en matière de barbouillage autour des grands axes routiers. Ce qui manque, à en croire nos colleurs, ce sont les panneaux d'affichage libre. Une élue communiste expérimentée acquiesce : « Dans les villes, les panneaux d'affichage libre se réduisent comme peau de chagrin. Il y a trente ans, il y avait des affichages massifs. On faisait plus d'affichage sauvage, c'était toléré. » Une loi existe pourtant. Elle fixe, selon le nombre d'habitants, le nombre de mètres carrés d'affichage libre que la commune se doit d'offrir. Une règle qui semble peu respectée. « Il existe des obligations de panneaux mais elles ne sont jamais vérifiées, relève un maire d'une ville de plus de 40 000 habitants. Pour les villes, c'est une source d'enquiquinements parce qu'il faut nettoyer… »

Le 4 juin 2021, cette question s'est invitée au Conseil de Paris par la voix de l'élu écologiste Frédéric Badina. Selon ses calculs, Paris devrait disposer de 1 142 mètres carrés d'affichage libre, soit environ 570 panneaux. Mais les chiffres manquent et tout laisse à penser que l'on reste très loin du compte. « À Paris, les supports n'existent quasiment plus et on ne fait plus de collage sauvage car l'acceptabilité est proche du niveau zéro. Avec le mouvement #SaccageParis, on veut éviter les polémiques inutiles. »

De colle et de sang

Fut un temps, ce n'étaient pas les polémiques qu'il était bon d'éviter mais les coups et les traquenards. Car pendant des années, la mythologie du collage finissait toujours par croiser celle du tabassage. Ancien premier secrétaire du PS, Jean-Christophe Cambadélis, homme à la carrure pourtant imposante, se rappelle un exercice mouvementé dans le 19e arrondissement de Paris, place des Fêtes exactement. Un soir de 1988, la nuit est déjà épaisse quand, aidé d'un petit groupe, « Camba » dissémine ses affiches pour les législatives de 1988. Ses adversaires de droite profitent de son départ pour recoller partout, ajoutant un « Non au député trotskiste », référence à son passé lambertiste. Un passant l'informe de l'opération ennemie. « Nous sommes revenus à toute vitesse et la soirée s'est terminée par une gigantesque baston entre colleurs, narre le socialiste. L'un d'eux était en *Battle dress*, avec une cagoule. On se demandait s'il venait faire du collage ou un braquage. J'ai pris un balai plein de colle en pleine figure. »
Bien que moins rompu à ce genre d'exercice, Brice Hortefeux a lui aussi connu une première expérience rocambolesque, en 1983. Étudiant, il devait coller dans les Hauts-de-Seine. Il est donc monté dans une estafette avec plusieurs jeunes et quelques gaullistes aguerris – mais il n'en est jamais sorti. Car le chauffeur, peu visionnaire, a mené l'escouade près d'un endroit où les communistes avaient, eux aussi, sorti la colle et les balais. « C'était encore l'époque des campagnes musclées, des types tapaient sur la fourgonnette, raconte celui qui deviendra ministre de l'Intérieur sous Nicolas Sarkozy. J'étais un peu surpris, les autres l'étaient moins. »
Le socialiste Patrick Mennucci a lui aussi un souvenir bien précis de ce jour où sa voiture n'est pas revenue indemne. En 1975, lors d'une législative partielle, il prend la route de Châtellerault (Vienne) pour aider Édith Cresson. « On s'est fait tabasser par des fachos qui soutenaient le candidat du gouvernement. Ils nous attendaient dans une impasse et nous ont bloqués. J'ai eu la vitre arrière cassée et un coup de batte de baseball sur la vitre avant. J'avais une 4L, je suis passé entre deux voitures pour repartir, comme dans un film, avec le levier de vitesse sur le tableau de bord. J'y ai laissé les deux ailes de la 4L. » Parmi ses camarades d'épopée, Jean-Marie Le Guen, qui lui non plus n'est pas du genre malingre. Mais il faut croire que ces années 1970 n'étaient pas celles des socialistes. Le Guen ? « Il a pris un coup de nunchaku », se souvient Patrick Mennucci.
Tous ne s'en sont pas sortis à aussi peu de frais. Dans la légende noire du collage, le Service d'action civique (SAC) tient une place à part. Ce service d'ordre gaulliste des années 1960 et 1970 répandait la colle et le sang. Si ses hommes affrontaient parfois des militants de gauche pourvus de matraques, barres de fer et manivelles, ils étaient souvent les plus violents. « Les dérapages étaient d'autant plus nombreux que les armes à feu circulaient facilement chez les gros bras, comme en témoignent les nombreux incidents impliquant des gaullistes équipés de pistolets, revolvers, carabines et fusils de chasse, contextualise l'historien François Audigier, auteur d'*Histoire du SAC. Les gaullistes de choc, 1958-1969*[3]. L'histoire du SAC est parsemée de violences, de coups donnés mais aussi reçus, jusqu'aux meurtres. » Comme en ce tragique mois de juin 1968, où, près d'Arras (Pas-de-Calais), lors d'une opération de collage, le jeune ouvrier communiste Marc Lanvin fut « abattu d'un coup de pistolet 7,65 en plein cœur » par un militant gaulliste armé par le SAC, précise François Audigier.
En matière d'histoires macabres, l'extrême droite s'est également distinguée. En 1986, à Croissy-sur-Seine (Yvelines), un commando en tenue paramilitaire tombe sur quelques socialistes. L'un d'eux, Philippe Brocard, succombe après une salve de coups de poignard de combat assenés par un jeune militaire, adhérent du Front national (FN). À Marseille, depuis février 2021, une avenue Ibrahim-Ali honore la mémoire d'un autre jeune homme, tué à 17 ans, victime en 1995 de trois colleurs d'affiches du FN. Ibrahim Ali n'appartenait pas à un camp politique rival. Il rentrait d'une répétition avec son groupe de rap et courait prendre son bus. La haine et le racisme ont fait le reste. « Il s'agit d'un drame de l'autodéfense », avait osé Jean-Marie Le Pen. Ibrahim Ali est mort d'une balle dans le dos.

Près de trente ans après ce drame, la violence semble s'être déplacée vers les réseaux sociaux, dans certains meetings, dans le saccage de permanences électorales ou dans des vidéos menaçantes mettant en scène des hommes armés. Il ne faudrait pas qu'à défaut d'être encore l'élection des colleurs, 2022 soit celle des nervis et des cogneurs. ■

3 – François Audigier, *Histoire du SAC. Les gaullistes de choc, 1958-1969*, Perrin, 2021.

REPORTAGE

JEAN LASSALLE, DROIT

Immersion pyrénéenne, familiale et politique avec le député béarnais, candidat pour la seconde fois.

Sur les terres de Jean Lassalle (Pyrénées-Atlantiques), août 2021.

DANS SES BOTTES

PAR

Ava Djamshidi

PHOTOGRAPHIES

Philippe de Poulpiquet

À la fin de l'été 2021, c'est au camping Inxauseta, à Bunus, en plein cœur du Pays basque, que se tiennent des assises… du logement. Un terrain verdoyant, destiné à accueillir des tentes pour abriter ces échanges très officiels sur la place accordée à l'habitat dans la campagne présidentielle qui s'esquisse. La politique a le sens de l'humour ou de l'absurde. À l'horizon, les cimes des Pyrénées se détachent, indifférentes à la scène qui se déroule quelques vallées plus bas. Il est 14 h 45 et il fait franchement chaud. L'assistance est aussi impassible que les montagnes voisines ; les chaises en plastique, elles, ont l'air de transpirer. Au micro, sous un barnum on ne peut plus adapté en pareil décor, la ministre en charge de ce portefeuille vante son bilan : « Le logement social est l'un des piliers de la politique du logement… » Face à Emmanuelle Wargon, un parterre d'invités prestigieux grimace plus ou moins discrètement : Pierre Hurmic, maire Europe Écologie Les Verts de Bordeaux, Emmanuelle Cosse, présidente de l'Union sociale pour l'habitat et ancienne ministre elle-même… Le maître de cérémonie prend la parole et prévient le public de l'arrivée imminente d'une star de la politique locale. « Nous attendons Jean Lassalle, qui se presse doucement », annonce-t-il. Un frisson euphorique éveille l'assemblée.

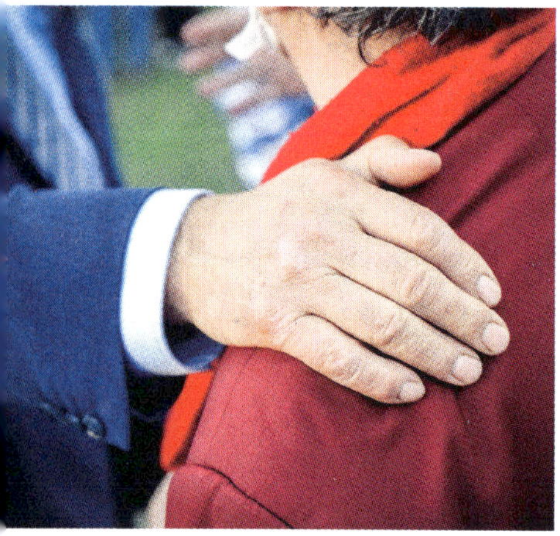

Rock star

Au même moment, l'intéressé file sur la route. Le député du cru a pris du retard ; dans la quatrième circonscription des Pyrénées-Atlantiques – la plus grande du pays –, les distances sont importantes. Et puis, le déjeuner a duré. Il n'est pas exactement pressé lorsqu'il franchit le portail dudit camping. Ni stressé, d'ailleurs. Il doit faire une intervention sur le thème de l'habitat, donc. Président du mouvement Résistons !, qu'il a fondé en 2017 pour se lancer dans la course à l'Élysée, l'homme s'apprête à repartir à l'assaut de la présidentielle. Tranquille, du haut de ses 66 printemps. « Je n'ai rien préparé, je fais tout au feeling », sourit-il en avançant vers le chapiteau. À travers un écran, le président des Hauts-de-France discourt : « Il est temps que nous changions notre façon de faire ! » Xavier Bertrand est en pleine visioconférence quand des applaudissements retentissent. Ils couvrent sa voix, escortent l'imposante silhouette de Jean Lassalle qui s'installe à la table des intervenants en distribuant sourires et clins d'œil enjôleurs en guise de bonjour. Il n'est pas peu fier de son petit effet, conscient de l'enchantement qu'il produit. Sur l'estrade, il textote, lit des notes, écoute d'une oreille distraite. Les minutes s'écoulent, puis c'est son tour. Sa voix grave ondule comme les cols de sa terre natale. « Je suis le seul député du Pays basque et du Béarn au monde », entame-t-il. Le modérateur contient (très) mal son agacement. Il préférerait que monsieur le député évoque ses recettes en matière de logement social. « Répondez à la question ! » recadre-t-il. Peine perdue. « Il faut tout d'abord remettre le travail à la mode, et partout ! gronde Jean Lassalle. Le logement est une affaire nationale. » Il faut...

À l'issue de deux heures de débat, la séance est levée. Une nuée d'admirateurs bourdonne autour du député. On lui réclame des selfies. Affable, l'élu se prête au jeu, sourit, distribue des cartes de visite avec son numéro de portable personnel à deux étudiantes « pour constituer des groupes de travail, une sorte de réunions Tupperware ». Il enchaîne les poignées de main, comme l'aurait fait un Jacques Chirac, lance un « Bonjour Jean-Marc, je te reconnais ! » en s'adressant à un certain « Luc ». Qu'importe. Le charme opère, il le sait et en jouit : « Quand

« Quand j'arrive, on se rend compte que je suis là ! »

j'arrive, on se rend compte que je suis là ! » C'est indéniable. « Il faut un président comme toi pour diriger le pays ! » lance une admiratrice. Il acquiesce, satisfait, et se dirige vers sa voiture pour s'en aller. Puis se ravise, avant de s'orienter vers une haie afin de satisfaire un besoin physiologique. Une bénévole de son mouvement ouvre les mains en accordéon. « Il aime la nature », plaide-t-elle en guise d'explication. Ses obligations biologiques accomplies, Jean Lassalle s'installe au volant de sa berline.

Les origines du mâle

Soixante kilomètres pour rallier Lourdios-Ichère, son village natal, dont il fut maire pendant quarante ans. Son fief, la terre de ses ancêtres. Plus d'une heure de paysages vallonnés pour se raconter. Sa pensée file comme la bande d'asphalte qui serpente entre ces plaines fertiles : mieux vaut être bien accroché. Sa famille d'abord, présente en ces lieux « au moins depuis quatre siècles », commence-t-il. Le comprimé qu'il happe avec de l'eau donne lieu à une première embardée dans le temps. En mars 2006, le député centriste entame une grève de la faim très médiatisée. Il proteste contre la délocalisation d'une usine de la société Toyal, spécialisée dans la réalisation de pigments d'aluminium destinés à la peinture métallisée des voitures. Elle envisage de quitter Accous, dans la vallée d'Aspe, au grand dam de ses 140 salariés. Jean Lassalle ne s'alimente plus depuis un mois ; il est hospitalisé d'urgence. Le dénouement sera moins malheureux qu'attendu : l'entreprise se ravise et signe un accord pour ne pas plier bagage. Le nouveau héros acquiert une renommée nationale, la reconnaissance éternelle de sa chère vallée. En guise de séquelles, ces maux d'estomac qui ne l'ont pas quitté – « mon intestin grêle s'est desséché comme les viscères d'un porc » – et qui expliquent les médicaments.
Les virages se suivent, retour à l'arbre généalogique. Son père, berger transhumant, qui partait à pied, l'hiver, avec son troupeau de brebis. « Le seul homme que j'aie jamais admiré, confie-t-il,

Ce phrasé haut en couleur et son sens du verbe ont largement contribué à le médiatiser.

éternellement de bonne humeur, qui adorait chanter, très malicieux, avec toujours une bonne histoire à raconter. » Le récit se départ un brin de son eau de rose quand le candidat évoque, anecdote rabelaisienne à l'appui, sa conception en territoire espagnol : « Un jour, au lac d'Estaens, papa m'a dit : "C'est ici qu'on t'a élaboré avec maman. On n'a même pas eu le temps d'entrer dans la cabane..." » Les chiens ne font pas des chats. Neuf mois plus tard, le petit « Jan » voyait le jour à Lourdios-Ichère. Le béarnais est sa langue maternelle. Il apprend le français après l'espagnol. L'exode rural bat son plein, pourtant il n'est pas question de quitter ce village de quelque 140 âmes où il est si heureux et ses mains si précieuses. Il doit soigner les bêtes, s'occuper des granges, faucher, faire les foins. À 16 ans, le lycée agricole. À 21, il devient l'un des plus jeunes maires de France, à la tête de la ravissante bourgade qui apparaît derrière le pare-brise. Des demeures en pierre disséminées sur ces coteaux féconds. La sienne dispose de volets bleus. Il l'a fait construire, en hauteur, au moment de son mariage. « C'est la maison qui domine... Il fallait bien dominer quelque chose », badine-t-il.

Short, bottes, chaussettes et obsèques rocambolesques

Il peut se permettre ce trait d'humour sans être accusé de se prendre pour un Jupiter quelconque tant ses activités estivales sont terriennes : l'été, Jean Lassalle fauche. Il entretient les prés des parcelles familiales. Quarante hectares – 400 000 mètres carrés – tout en dénivelés à tailler en lieu et place d'escapades dans des stations balnéaires riantes. « Sinon, ça fait des

forêts désordonnées qui peuvent prendre feu », détaille le travailleur des champs en ce samedi matin. Dans le garage de sa maison, il se prépare. Un short élimé, des bottes en caoutchouc, avec chaussettes amarrées aux mollets par des fils. Il s'installe derrière le volant d'une voiturette sans âge dédiée au travail agricole. Sur la route, il désigne la bergerie de son frère Julien, à la tête d'un troupeau de 400 brebis. Arrivé dans un pré envahi d'herbes hautes, le candidat vérifie soigneusement ses outils et se poste à un coin du champ, une lourde motofaucheuse entre les mains. Il met le contact, les grandes lames entrent en action, s'agitent de gauche à droite en décimant un enchevêtrement anarchique de végétaux. La mission est physiquement éprouvante. Debout, en équilibre sur cette vallée pentue, le député fauche des heures durant. Le labeur prend du temps, il passe d'un côté, de l'autre, lentement, les muscles bandés tout en restant concentré. L'effort le fait grimacer. Son regard reste rivé à la terre qu'il entretient avec tant d'ardeur. Pense-t-il à ses ancêtres ? Au lien qui l'enracine dans son territoire, fil rouge de son existence ? À la bataille électorale qu'il entend mener malgré des sondages compliqués (autour de 1 %) ? « Quand on sait faire ça, on sait faire beaucoup de choses. On sait souffrir aussi, et ça entretient », philosophe-t-il. Moralement, le candidat assure en ressortir requinqué. « Ces vacances, ce contact avec la terre..., souffle-t-il en chassant du revers de la main des gouttelettes de sueur sur son front. C'est une période où je peux me reconstruire. Ça me ressource. Ce sont aussi des temps de réflexion où je prends du recul. Ça m'aide beaucoup. »

Il poursuit sa démonstration en étalant du pâté sur une tranche de pain dans la cuisine de sa maison familiale, devant un verre de rouge. L'un de ses quatre enfants, Amaury, 24 ans, passe une tête. « Une campagne, quand le candidat est ton père, c'est dur, relève-t-il. Surtout dans un monde divisé entre "grands" et "petits" candidats. » Jean Lassalle en a vu d'autres. « En politique, si vous vous découragez, vous n'allez pas loin, dit-il. C'est une sorte de préparation physico-mentale. Ça apprend la patience, à garder ses nerfs. Ça prépare gentiment à un esprit de détermination simple et à un combat non violent. Vous avez le temps de poser votre réflexion. Et je réfléchis très bien. » Son expression est en revanche moins adaptée à une époque encline à fabriquer des *punchlines* en 280 signes sur les réseaux sociaux. Il s'en moque, convaincu de penser à l'unisson des Français. « L'État doit redevenir un symbole, explique-t-il. Il faut un changement radical dans la manière d'échanger, et que nous retrouvions notre place de serviteurs du peuple. » Il faut, encore. Mais comment ? La cloche d'une vache tintinnabule depuis le champ voisin. Il continue, impassible. « Le retour à l'humi-

lité est indispensable. Il y a trop de clivages. Et une immense colère, dressée de plusieurs côtés. » Certes, mais quel programme souhaite-t-il proposer à ses compatriotes en avril prochain ? Réponse cryptique, qui commence par l'injonction magique rituelle : « Il faut que la France redevienne elle-même. Elle est capable de se réenchanter. » En attendant, il est l'heure de se reposer.

À l'issue de la sieste, le devoir l'appelle. Il n'est plus maire de Lourdios-Ichère depuis 2017, mais il y reste une personnalité. Ses combats et son envergure nationale lui confèrent un statut à part. Alors il troque sa tenue de faucheur contre un costume sombre, plus adapté aux obsèques qui se tiennent ce samedi après-midi à l'église Saint-Isidore, en présence de toute la paroisse. Il se joint au chagrin de ses prochains, chante avec eux, partage une petite collation après un tour au cimetière, celui-là même où repose son père. Anecdotes et souvenirs affluent. La mémoire se fige quarante-quatre ans plus tôt. Une inhumation singulière, ici même. On s'attend à un récit chagrin : que nenni, il s'avère truculent. Jean Lassalle est un conteur hors pair, pourvu d'un indiscutable sens de l'humour. Son histoire débute trois jours après son élection de maire, en 1977. Le premier acte officiel du jeune édile consiste à enterrer un ancien adjoint de Lourdios-Ichère. Il s'installe au quatrième rang pour suivre la messe. « On se dirige vers l'élévation quand le curé vacille », se souvient-il. L'homme tombe de l'autel, inerte. Consternation générale de l'assemblée en deuil. Le maire et son adjoint décident alors de transporter le corps du religieux. « Et c'est très dur de prendre un curé », glisse Jean Lassalle. Ils le traînent vers la sacristie, l'observent. Il a l'air « un peu mort ». L'élu part alors en quête d'un autre officiant pour venir à bout de la liturgie et de l'inhumation. Une bonne sœur lui envoie un autre ecclésiastique. Sollicité en urgence, un médecin arrive pour prendre en charge le clerc en pleine attaque d'hémiplégie. Peu après – les fidèles patientent toujours sur les bancs de l'église –, le nouvel abbé déboule, « en quatre ailes », monte les marches de l'édifice religieux à toute vitesse, très pressé. Sans doute trop... L'homme se prend les pieds dans un tapis, tombe et se cogne la tête dans l'angle du cercueil avant de s'étaler de tout son long... Les proches du défunt ne savent s'il convient de rire ou de pleurer. De nouveau, l'équipe municipale escorte le malade en soutane, sanguinolent, vers la sacristie. Encore une fois, le maire doit repartir en quête et d'un médecin et d'un officiant. Quatre décennies après ces étranges obsèques, Jean Lassalle imite l'accent de la bonne sœur furieuse qui consent à envoyer « un dernier curé ». Qu'il met en garde à son arrivée : « Allez droit au but ! Si vous pouviez mettre ce mort en terre, nous vous en serions reconnaissants ! » Et le candidat de conclure son anecdote : « Voilà mon premier acte de maire. » Une plaisanterie en forme de préambule à sa destinée politique... Sur YouTube, le récit de ces obsèques immortalisé à la fin d'un déjeuner familial a ravi plus de 3,5 millions d'internautes. Ses narrations pittoresques, ce phrasé haut en couleur et son sens du verbe ont largement contribué à le médiatiser. Sans parler de ses coups d'éclat à l'Assemblée. En 2003, il se met à chanter en pleine session parlementaire au moment de l'intervention de Nicolas Sarkozy, alors ministre de l'Intérieur, pour défendre les intérêts de sa région. Même impertinence en octobre 2018, lorsqu'il foudroie Agnès Buzyn, en charge de la Santé, après la fermeture de la maternité d'Oloron-Sainte-Marie, commune de sa circonscription. « Il y a dix-huit mois que vous êtes au pouvoir, madame ! Il serait grand temps d'atterrir, tempête-t-il. Vous avez fermé impitoyablement. » Tonitruant... Un mois plus tard, une séance est même suspendue car il refuse de quitter le gilet jaune endossé à l'intérieur de l'hémicycle, un accoutrement qui contrevient au code vestimentaire du palais Bourbon. L'initiative fait sortir la majorité de ses gonds. Et fait de nouveau parler du berger, qui sait manifestement attirer l'attention.

#BalanceTonPorc

L'homme a aussi marqué les esprits par ses saillies – grivoises à ses yeux – devenues intolérables en cette ère post-#MeToo. Internet regorge de tels extraits. Pêle-mêle, on y voit le député refuser de quitter un plateau de télévision du fait de la présence d'une Miss France. Ou quand, invité de l'émission *C à vous*, interviewé comme candidat à la présidentielle, il se lance dans une anecdote zoophile. « Vous savez qu'il y a eu des histoires intimes entre les ours et les hommes ? » prétend-il face à des journalistes médusés. La palme de la boutade gênante remonte à 2009. Depuis le Salon de l'Agriculture, Jean Lassalle répond à une journaliste du *Petit Journal* de Canal+. « C'est qui, votre cochon préféré ? » lui demande-t-elle. Il marque une pause, réfléchit. « Mon cochon préféré ? C'est une petite cochonne... » Elle le relance : « Mais qui ? » Hilare, il met fin au suspense : « Ah ! C'est mon épouse. » C'est peu dire que sa famille a mal vécu ces *buzz*, de même que le regard moqueur que les médias peuvent porter sur cette personnalité atypique... qui contribue malgré tout à leur donner du grain à moudre avec des sorties calibrées pour défrayer la chronique.

Le député peine à comprendre le changement d'époque, et ce qui pose désormais problème. Il s'en explique ce dimanche matin, depuis le bureau de la maire de Lourdios-Ichère, une proche, membre de son mouvement. En 2017 et 2018, Jean Lassalle a en effet été mis en cause pour des propos sexistes et pour des violences sexuelles. Lors du mouvement #BalanceTonPorc, il est accusé d'avoir mis une main aux fesses à une collaboratrice du Parti communiste français. Dans une enquête publiée par *Mediapart*, plusieurs femmes témoignent de comportements et propos déplacés. « J'ai dégueulé de la bile après ces accusations, tonne-t-il. Mettre des mains aux fesses, franchement ? En plus, c'était pas mon type de femme (sic). Je me suis toujours considéré comme féministe. Cette manipulation sordide me répugne. Quand une femme a fait l'effort de s'apprêter, c'est comme une forme de politesse de le saluer. » Voilà, voilà... Il souligne également qu'aucune plainte n'a été déposée contre lui – c'est vrai, manière de clore le chapitre –, c'est pratique. Tout juste est-il désormais un peu plus conscient que ces attitudes ne sont plus acceptées.

En dépit du calendrier dominical, il est l'heure de retourner à la motofaucheuse. Aigles royaux, vautours et gypaètes barbus tournoient dans le ciel. Les pensées du candidat tourbillonnent elles aussi pendant qu'il s'attelle à un nouveau champ. Pourquoi vouloir se lancer dans cette bataille éreintante ? « Je suis habité par le sentiment que je dois le faire, répond-il. Je ressens cette conviction au fond de mes entrailles. Je veux incarner le retour à une forme de souveraineté. » Et après ? Il faut, pardi ! « Il faut toucher les Français au cœur. La France d'Emmanuel Macron est celle de quelqu'un qui a fait des hautes études jusqu'à ses 33 ans [le président a en réalité quitté l'ENA à 27 ans, ndlr]. Il est nul (sic), et il ne peut rien. Tout est décidé par la finance. » Que compte-t-il proposer aux Français, lui qui a convaincu 1,21 % des électeurs (soit 435 365 voix) en 2017 ? À ce stade, il ne conçoit pas exactement un programme en plusieurs points, mais pose un regard sur le pays mâtiné par 66 ans de vie dans ce territoire enclavé et rural. « Les gens sont partis des campagnes pendant deux siècles. Le télétravail peut changer les choses, aider à leur retour. La France doit redevenir un pays équilibré, expose-t-il. Il faut aussi réhabiliter l'intelligence de la main. » Parmi les chantiers auxquels il souhaite s'atteler, celui de l'orientation. L'école obligatoire jusqu'à l'âge de 16 ans, qu'il voudrait réformer, 14 ans étant plus juste d'après lui. Il plaide aussi pour l'instauration d'un service civique et militaire pour tous les jeunes, « comme en Israël », sur une année scolaire. « Ça peut être très utile pour régler les problèmes de mixité et rassembler les citoyens », justifie celui qui espère planter ces idées dans le débat public lors de la campagne. Où il semblera continuer à jouer entre la pirouette plus ou moins drolatique et l'incantation sans limite. ■

ILLUSTRATIONS
Benoît Guillaume

RÉCIT LITTÉRAIRE

VUES D'ALGER

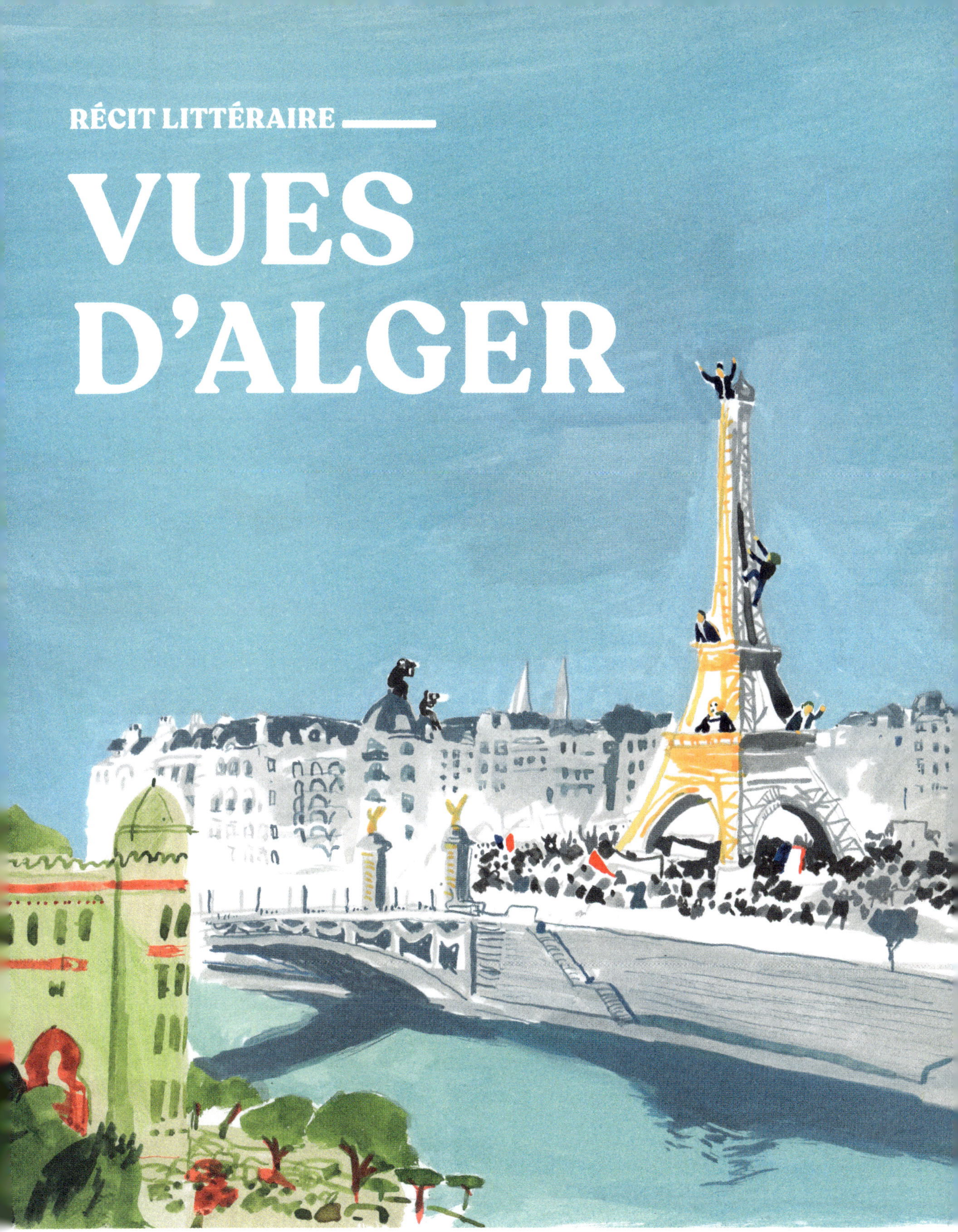

PAR

Boualem Sansal

Il faut le savoir, l'élection reine en Algérie n'est pas sa présidentielle, qui se tient (ou ne se tient pas) toutes les cinq années, mais l'élection présidentielle française. Orientation de la pensée peu banale, c'est sûr, mais compréhensible quand on sait que les Algériens n'élisent pas leurs présidents – ils leur sont livrés sur tapis volant ou, par gros temps, sur un porte-char. Par loi non écrite, l'impétrant est tiré du vivier ; c'est un authentique apparatchik, genre caméléon des sables, que les bonnes gens ont toujours vu dans le décor sans bien le distinguer, glissant d'un tableau à l'autre sans laisser d'ombre sur les murs. L'autre raison est que les Algériens n'ont jamais, ontologiquement parlant, rompu avec la France de papa, encore aujourd'hui, soixante anniversaires glorieux après l'indépendance. Ils naissent et grandissent avec l'idée qu'ils ont des droits historiques à faire valoir. La France universelle et laïque était leur contre-projet au temps de la coloniale, à l'indépendance elle est devenue leur promesse sur terre. S'ils disent le contraire, c'est pure convention. Passons, les frères n'aiment pas qu'on parle de nos secrets intimes devant les métropolitains. On a sa dignité d'ex-colonisé – quand même !

La vox populi y croit, preuves à l'appui, et le répète mille fois par jour : la France décide de la marche des choses en Algérie, des nominations dans les hautes sphères comme des choix politiques, diplomatiques et économiques du gouvernement, mais elle influence aussi tout le reste, jusqu'à la couleur des rideaux et des sous-vêtements. Comme si, ayant inventé et construit l'Algérie sur les ruines ottomanes, la France en possédait les plans et les archives ; alors elle saurait bien comment la démonter et la remonter, même en aveugle. Mais cette souveraineté de la France n'a cours que lorsque le président élu par les Français est le candidat que les caïds d'Alger ont choisi de soutenir envers et contre tout. (Soutenir, c'est à la fois faire allégeance et prendre de l'ascendant sur le préposé. C'est le « je te tiens, tu me tiens ».) Dit en termes modernes, l'Algérie officielle a ses entrées au sein de la majorité présidentielle française et agit en conséquence. C'est l'entre-soi dans ce qu'il a de plus connivent, on se visite, on se concerte, on se passe les dossiers, on s'offre des avantages et des rétroavantages, on se prête main-forte dans les opérations spot. Mais si le président élu par les Français n'est pas le choix de la junte d'Alger, on est mal, c'est la cohabitation, la dèche, Alger et Paris se jalousent, ça renâcle, ça postillonne, les coups bas pleuvent, les affaires patinent. On retrouve l'ambiance de la guerre secrète, tous suspects, tous coupables – les nostalgiques adorent. Des négociations en cours de mandat pourront changer les choses dans un sens ou dans l'autre, le président français se soumettra au dey [1] d'Alger, comme ce fut le cas sous le règne absolutiste de Bouteflika [2], ou œuvrera à son remplacement par un béni-oui-oui ayant une bonne compréhension des droits et des devoirs historiques réciproques. Ça grenouille à mort, les messieurs Bons offices accourent comme des corbeaux un jour de deuil. De son côté, la centrale

1 – Ancien nom du chef du gouvernement d'Alger (1671-1830).

2 – Abdelaziz Bouteflika (1937-2021) est un homme d'État algérien. Il a été président de la République algérienne démocratique et populaire du 27 avril 1999 au 2 avril 2019.

de l'intelligence algérienne activera ses réseaux dormants en France et dans le monde parallèle pour, comme à la belle époque, mettre le feu partout où c'est possible, dans les banlieues, les mosquées, les écoles, les prisons, les officines, les réseaux sociaux, les associations complices, et appellera à la surenchère les frères de la Ligue et les amis de l'Union. La France n'a rien compris à Diên Biên Phu, elle ne sait toujours pas que zéro est une note éliminatoire. « Mauvais élève un jour, mauvais élève toujours. » Le général Giap disait cela du colonialisme, mais ça doit être vrai aussi pour le néocolonialisme. La rhétorique bat son plein. Rabat n'est pas concernée mais profite de nos misères et engrange des bénéfices pour les mauvais jours.

Voyons brièvement ce que sont les relations franco-algériennes depuis le divorce, prononcé un certain 5 juillet 1962.

Au temps du Général, c'était calme plat et profil bas dans le landerneau, les émissaires d'Alger lui donnaient du « mon général » au garde-à-vous, pendant qu'il les toisait avec le sourire du stratège lubrique qui voit que son piège a bien fonctionné et que le lapin ne le sait pas encore. « On en reparlera dans trente ans », aurait-il dit à l'oreille de son confident, Peyrefitte, en les faisant reconduire à la porte. Les hommes du 1er novembre 1954 étaient fiers de venir saluer l'homme du 18 juin 1940 – mais c'était l'homme de la Libération qui se riait des hommes de l'Indépendance. Les mièvreries n'étaient pas son genre, les colonies, c'était fini, oust, il ne voulait plus en entendre parler. Son sujet du moment, c'était l'Amérique et la souveraineté de ce qui restait de la France. Les Algériens étaient indépendants et ne manquaient pas de clamer leur fierté cinq fois par jour en prenant Allah pour témoin, mais ils avaient en poche un joker imbattable. Il leur avait été accordé par les accords d'Évian, donc par le Général lui-même : ils pouvaient à tout instant le dégainer et « réintégrer » la nationalité française qui leur avait été accordée par la loi Lamine Guèye de 1944, consacrée par la Constitution de 1946. Aussi, encore aujourd'hui, après plus d'une vie de séparation houleuse et alors qu'il y a prescription depuis l'autre siècle, ils croient toujours, en 2022, avoir le droit de reprendre leurs papiers français en se présentant avec deux photos et deux témoins à la première sous-préfecture venue, de France et de Navarre, et de requérir aussitôt la protection consulaire contre les usurpateurs d'Alger. C'est le retour de l'enfant prodigue chez sa maman. Que de l'eau ait coulé sous les ponts, que la Ve République du Général en soit à élire son neuvième président, et qu'il y ait encore, malgré le désordre ambiant, des choses qui ne se font pas n'est pas leur souci, l'histoire est une continuité, la France leur appartient, ils l'ont battue les armes à la main et « par le ventre de [leurs] femmes », comme l'avait prédit le tout-puissant colonel-président Houari Boumédiène. Les plus atteints croient mordicus qu'un jour, une belle et grande mosquée s'élèvera à Colombey-les-Deux-Églises, face à la Boisserie, elle aura quatre haut-parleurs géants pour appeler à la prière les nouveaux fidèles et les derniers mécréants. C'est une évidence fatale : c'est le dernier arrivé et personne d'autre qui détient le fin mot de l'histoire.

Dans l'affaire, les pauvres pieds-noirs ont été oubliés, ils n'avaient plus de chez-eux ni chez l'un ni chez l'autre. Ils durent se décrotter les sabots, se défaire de l'accent de Bab-el-Oued et s'assimiler fissa pour exister dans le royaume béni de France. L'ultimatum expirait à minuit de la même journée. Le rêve qui commence à se dessiner est qu'un des leurs, Zemmour le téméraire, les venge en réécrivant l'histoire à leur avantage – celle de l'assimilation réussie. Je ne sais pas si Marine Le Pen voit cet aspect des choses : la fraternité pied-noir et le désir de laver l'humiliation de la trahison et de l'abandon. En bonne Bretonne au visage pâle, elle ne doit pas même en voir l'ombre. Pour qu'elle puisse voir la solidarité transnationale des Arabes, de la Mauritanie au golfe Persique en passant par la France et ses banlieues, et celle encore plus forte des musulmans présents sur les cinq continents, il faudrait qu'elle connaisse l'histoire des Arabes et de l'islam, ce qui est trop demander à la présidente du Rassemblement national.

Entre Valéry Giscard d'Estaing et le colonel-président Boumédiène, dit « Boum la terreur » dans les rues déglinguées d'Alger, le climat astrologique était à la guerre jusqu'à la fin des temps. Deux raisons à cela, en plus de toutes les autres : la nationalisation brutale par Boumédiène, le 24 février 1971, des compagnies pétrolières françaises opérant au Sahara ; et le regroupement familial, décidé unilatéralement en 1976 par Giscard à la demande du patronat, du clergé et du tiers état socialo-communiste. Voilà une opération réussie, qui a permis à nos émigrés saisonniers d'exfiltrer du bled femmes et enfants, jusqu'à la belle-mère accompagnée de ses sœurs, et avec, en supplément de bagages passé à l'œil, cousins et neveux, copains et voisins qui désiraient fuir la dictature ou plus probablement et simplement voir de près l'ancien pays du grand-père, rescapé de Verdun et de Monte Cassino, qui en parlait comme d'une chose inouïe. Avec un élevage sur place, la France capitaliste, néocoloniale et mondialiste, qui n'avait pas de pétrole mais des idées en pagaille, pouvait désormais fournir son économie en main-d'œuvre bon marché sans avoir, année après année, à négocier avec Alger, qui exigeait toujours plus – que sa main-d'œuvre soit bien traitée, bien formée, bien payée, bien soignée et, surtout, fermement tenue à l'abri de la contamination occidentale. Le regroupement familial privait l'Algérie d'un retour sur investissement considérable : en matière de transfert d'argent, c'était lui enlever le pain de la bouche, la vider de sa population active sans rapporter aucunes royalties. De l'émigration, qui pouvait être une belle aventure individuelle, Valéry Giscard d'Estaing a fait un exode tribal, comme dans les temps bibliques, on part tous ensemble, avec moutons et chèvres, dans la même marche vers la Terre promise, sans esprit de retour ça évitera les va et vient incertains et ruineux au pays pour rendre visite, pour les mariages, les enterrements, les moissons, les réfections périodiques.

Et puis il y a la realpolitik ; on se rend vite compte que le *inch'Allah* ne marche pas beaucoup chez les chrétiens, encore moins chez les athées et les laïques – la vie moderne exige des assurances tangibles, il faut assurer l'avenir des enfants, la retraite, la Sécurité sociale. Alors mieux vaudra une petite Algérie d'emprunt dans un pays étranger riche et tolérant qu'une grande Algérie ruinée et dangereuse chez soi. Les enfants iront à l'école, avec des papiers français en poche, mais ils resteront des Algériens dans leur cœur, des musulmans dans l'âme, tous frères et sœurs, chacun veillant sur l'autre, parlant arabe et berbère, et qui jamais ne consommeront de porc ni ne boiront de vin, ne chanteront *La Marseillaise* ni ne salueront le drapeau tricolore. Et si Allah le veut, un jour, les plus croyants s'imaginent qu'ils chasseront les infidèles et feront de la France le plus beau pays musulman du monde. Ce qui n'a pu se faire ni à Vienne ni à Rome, comme promis par les califes ottomans, se fera à Paris, *inch'Allah*.

Lemme n° 1

Un problème n'est un problème que si l'on ne sait pas le résoudre. Dans le cas contraire, il est un jeu d'enfant.

Voyons la suite. Entre Mitterrand et Chadli, ce fut lune de miel et bonnes affaires d'un bout à l'autre de leurs mandats, interrompus pour l'un par la maladie et pour l'autre par une révolution de palais. Plus tard, lorsqu'il parviendra au pouvoir après deux décennies de traversée du désert chez les faux frères du Golfe, l'intelligent et rusé Bouteflika, qui savait si cruellement se moquer des siens, se demandera à haute voix, au beau milieu d'une conférence de presse, ce que ces deux-là pouvaient bien se dire quand ils se rencontraient des après-midi entières sous le parasol dans les jardins de l'Élysée en sirotant

des vins à la menthe prestigieux. Mitterrand était un océan de culture savante et Chadli un océan d'inculture profonde, dont il a abreuvé les Algériens durant les treize longues années de son règne. Règne duquel sortiront, entre autres belles plaies, l'arabisation à la matraque qui a fait de l'Algérie, jadis trilingue (berbère, arabe, français), le premier et le seul pays au monde à ne parler aucune langue ; le code de la famille le plus dégradant de la planète ; l'islamisme le plus obscur ; et l'urbanisme le plus débridé. Il était au fond un bon bougre, on l'avait surnommé « Jeff Chandler » – son sosie –, il aimait voyager dans son avion des *Mille et Une Nuits*, chasser le mérou, se saper en Francesco Smalto, choyer famille et belle-famille, rendre service aux amis. Avec lui, l'Algérie a rompu avec le socialisme chez elle mais votait socialiste en France. Le socialisme chez les autres est le rêve de tous les migrants sans ressources, avec les socialistes il y a toujours à boire et à manger. Les Algériens devront à Mitterrand la trop géniale régularisation des clandestins. Quelle famille algérienne n'avait pas certains des siens, perdus quelque part dans l'Hexagone, souffrant du froid et de la faim, exploités à mort par des patrons marrons ? Les voir apparaître à la lumière du jour, vivants et souriants, faisant des deux mains le V de la victoire, était une surprise, un bonheur – et un super espoir pour les frères et les cousins coincés au bled.

Lemme n° 2

On ne se sait conquis que lorsque le conquérant se montre et crie victoire.

Poursuivons. Chirac fut une perte de temps univoque, il promettait tout à tous mais ne donnait rien à personne, sauf des sourires charitables et des tapes de cheval dans le dos. Il eut cependant la bonté de dissoudre l'Assemblée nationale, permettant le retour des socialistes aux affaires et de remettre en marche la pompe migratoire que le grincheux Pasqua avait pas mal grippée. Entre Chirac et Bouteflika, ce fut la même idylle qu'entre Mitterrand et Chadli. Que du bonheur, les deux étaient des champions de la drague enjouée et de la promesse en l'air.

Avec Sarkozy, ministre de l'Intérieur et président de la République, c'était cache-cache et rock'n'roll tous les jours de la semaine. Il criait sur les toits qu'il stopperait l'émigration et domestiquerait l'islam, c'est l'inverse qui advint. En cassant la digue libyenne, il a ouvert la voie à la déferlante humaine qui menace de faire déborder la Méditerranée et de submerger l'Europe, et en jouant à l'apprenti théologien du vendredi, il a livré l'islam de France, qui ruminait à vide à l'ombre des tours périphériques, aux champions invaincus de l'islam califal et princes inégalés de la *taqiya*[3], les Frères musulmans. Roulement de tambour, en deux temps trois mouvements, ils ont subjugué la haute hiérarchie française, qui depuis ne jure plus que par la paix et la tolérance entre les religions et par l'amitié avec les généreux princes d'Arabie et du Qatar. L'essentiel n'est pas tant là, il est que le gouvernement veut quoi qu'il en coûte maintenir l'illusion que la France est une grande puissance qui parle au monde, ce que personne ne voit ni n'entend, pas même les audacieux migrants qui s'y trouvent en transit vers Londres.

Après son algérianisation sous Mitterrand, son arabisation sous Chirac, son islamisation sous Sarkozy, sa débandade sous Hollande, la France a entamé avec Macron le fringant révolutionnaire une nouvelle ère de son histoire. Ce pays qui ne se reconnaît plus lui-même est arrivé devant la porte des étoiles. Le monde entier le regarde. Va-t-il la franchir et rejoindre le monde sans frontières ni ancrage, où toutes les contradictions humaines, idéologiques ou autres, se résolvent dans un « en même temps » bienheureux ? Ou va-t-il faire un saut de côté et devenir la Nouvelle Arabie heureuse – que le salut soit sur elle ?.

3 – Dans la religion musulmane, concept recommandant la prudence au fidèle en l'invitant à dissimuler sa croyance en cas de danger.

Lemme nº 3

Ce qui est attendu est toujours plus surprenant que ce qui n'avait pas même été envisagé. Au point d'inflexion jaillit la singularité.

Forts de ce que nous savons et du reste, qui est en cours d'élucidation, nous pourrons peut-être, toutes choses par ailleurs correctement pesées, dire ce que sera la présidentielle française de 2022 selon les vœux des forces agissantes en Algérie – l'état-major de l'armée, les services secrets, les islamistes, les anciens combattants et, accessoirement, le peuple, la diaspora militante, les retraités de France, les dernières voix discordantes avant l'extinction. Les points de vue ne manquent pas. L'expérience montre que les pronostics faits en Algérie surpassent en exactitude les sondages dont on fait en France une consommation boulimique qui confine à la fabrique de l'opinion.

Sauf que voilà, rien n'est comme avant. Cinq éléments au moins, jamais vus jusque-là, rendent l'exercice de la prédiction hautement incertain. Elle pourrait aussi, au mieux, avoir des allures de quatrains prophétiques susceptibles d'interprétations diverses. Mais dire les choses c'est aussi les faire advenir, d'une manière ou d'une autre, et cela va d'autant plus vite que nous sommes nombreux à les relayer *via* les réseaux sociaux.

La première grosse contrariété est le Covid-19 qui, peu à peu et de plus en plus vite, nous renvoie en troupeaux apeurés au Moyen Âge, à ses fièvres et ses gesticulations mystiques. Les contaminés ne sont pas confinés dans des léproseries, ils peuvent encore aller et venir dans la cité, munis du pass sanitaire et de leurs chaînes, et sauf décision spéciale de la chancellerie, ils voteront dans les mêmes bureaux que les gens sains, mais il en est qui pensent que, leur raison étant collatéralement affectée, on pourrait très intelligemment se passer de leur bulletin. L'idée est de ne laisser voter que ceux qui disposent d'un pass électoral officiel. Si le confinement ne les tue pas, l'exclusion le fera. En les provoquant autant, le système macronien pousserait à la guerre civile, pense-t-on chez les mal-pensants, dans le but de se débarrasser à bon compte des vieux, des faibles, des bouches inutiles, des gens qui ne sont rien, des récalcitrants, des ingouvernables, sans oublier les Gilets jaunes réfractaires ou ce qu'il en reste. Fichtre ! Du n'importe quoi, Macron n'a quand même pas inventé le Covid-19, il n'a pas été le chercher en Chine. Il est entré par les frontières : c'est donc une invasion. Si l'ennemi franchit la muraille, la bataille se fait au corps à corps, ce à quoi les sédentaires bien nourris ne sont guère préparés. Ce qu'il importe de savoir, s'agissant de Macron, c'est ceci : un président décrié et épuisé par cinq années de course effrénée pour éteindre les incendies – ceux-là mêmes qu'il a provoqués, parfois – et deux années de Covid-19 peut-il légitimement prétendre à un deuxième mandat ? Légitimement, je ne sais, mais légalement rien ne l'interdit et beaucoup de Français le souhaitent ardemment. Il en est qui conjecturent qu'il ne se représentera pas, d'autres qu'il sera recalé au premier tour, façon pour le peuple de le punir de son prétendu crime d'arrogance (n'importe quoi, Emmanuel Macron n'est pas arrogant, il est seulement sûr de lui et ne supporte pas les conseils ni la contradiction), et qu'au deuxième tour, s'il y parvient, il sera atomisé par Zemmour le polémiste, le juif refusé par les juifs, les chrétiens et les musulmans, ou vaincu sur le fil par Marine Le Pen. Étrange que personne, à part les nécessiteux, les obligés et les apparatchiks du système macronien, ne conjecture qu'il sera royalement réélu envers et contre tous. D'où les nécessiteux tirent-ils leur certitude : de la peur de la famine peut-être ? ou de la justice postélectorale qui risque de s'abattre sur Macron et sur eux dans la foulée ? Mon avis, mûrement réfléchi, est que Macron se présentera et qu'il l'emportera confortablement, parce que la France appartient à ses milliardaires et que ceux-ci sont satisfaits de ses services, leurs profits n'ayant jamais été aussi exorbitants.

Lemme n° 4

L'argent étant le nerf de la guerre et le prix de la petite trahison, le candidat des riches l'emporte toujours sur le candidat des pauvres.

L'assertion reste vraie dans tous les cas de figure. Si le candidat des pauvres l'emporte sans qu'il y ait guerre civile, c'est qu'il était un agent caché de l'oligarchie, ou qu'il a été acheté à la sauvette entre les deux tours.

La deuxième nouveauté est que le peuple a rompu avec les instances intermédiaires, partis, syndicats, médias, et n'entend plus les élites. Comment lui parler alors, comment le convaincre, comment le guider ? Redevenu subitement souverain, le peuple français se sent des envies folles de ruades quand il les voit approcher pour lui caresser le poil dans le sens de l'échine. Il a créé son propre parti, il est son propre patron et son propre assureur. Du producteur au consommateur, pas de stockage, pas de gaspillage, pas de pollution, pas de rats ni de ténébrions à combattre. Il a ses réseaux, ses antennes,

ses vigies, ses codes, son armée, ses alliés, ses héros, ses martyrs, ses légendes. Ainsi libéré, il se sent d'irrépressibles envies de guerres et de victoires, et d'un tas d'autres choses, d'ambitions, de grandeur, de sacrifices, de poésie, de frugalité, de simplicité, de sacré, de sacres grandioses. Chose compréhensible, quand les gens font peuple et nation, ils n'ont, biologiquement parlant, que ce choix : la guerre pour élargir leur espace vital et faire provision de richesses et de gloire pour exister dans la durée, ou la paix des braves et ses envies d'amour, de voyages, de fêtes, de commémorations, avec au bout une retraite bien méritée et une mort tranquille. C'est ici le lieu de rappeler une proposition fondamentale :

Lemme nº 5

Les temps difficiles créent des hommes forts ; les hommes forts installent la paix ; la paix crée des hommes faibles ; et les hommes faibles créent des temps difficiles.

Lemme annexe

Le cercle vicieux est une condamnation à mort. La seule pensée à avoir dans la ronde est de le briser, pour prendre le large et rejoindre la vie.

La troisième innovation est ce raz-de-marée de progressisme New Age venu des États-Unis et du Canada et qui fédère un peu tout, le *wokisme, la cancel culture*, le mouvement *Black Lives Matter*, l'antiracisme, le mouvement LGBTQIA+, le jeunisme, le droit des animaux et autres inclusivités. Ce mille-pattes vénéneux, né dans les universités américaines, a une force phénoménale. En un rien de temps, il a défoncé des forteresses et des temples séculaires, la famille, l'État, l'école, l'Université, la démocratie, la science, les religions, l'art, la morale naturelle, et il n'en est qu'à ses débuts. Il n'y a que l'islamisme qui fait mieux, mais du moins le fait-il, lui, au nom d'Allah.

En quatrième et dernier lieu, il faut parler de l'émergence brutale dans la marche du monde de nouveaux acteurs et de nouvelles idées qui ne nous veulent pas du bien, encore moins aux pays fragiles comme la France. Je ne fais que les citer ici, l'air de rien, sans autre commentaire, car il est mal vu de regarder ces choses en France. Ces nouveautés sont l'islam et son rêve de bonheur universel pour chacun, l'islamisme et les talibans des banlieues, le doublage de l'histoire par la mémoire, l'émigration qui vide des pays pour en ruiner d'autres. S'y ajoutent les médias publics et privés qui jouent aux procureurs, les procureurs qui jouent aux politiciens, les politiciens qui jouent aux prophètes. Et il y a tous ces pays qui jouent la France aux dés, l'Allemagne, la Chine, les États Unis, l'Iran, le Qatar, la Russie, la Turquie et qui se jouent eux-mêmes à la roulette, car aujourd'hui les victoires se retournent toutes contre leurs auteurs.

Lemme n° 6

Pire que la violence des puissants est la revanche des pauvres et des perdants.

C'est dit, l'élection 2022 ne ressemblera à aucune autre de toute l'histoire de la Ve République. À ce niveau de risque pour le monde, l'intervention de l'ONU et de l'OTAN serait nécessaire. Vu d'Algérie, ce pays paraît cerné de toutes parts. Par où fuirait-il ? On se demande ce que les Asselineau, Ciotti, Hidalgo, Jadot, Montebourg, Pécresse, Philippot, Poutou, Roussel, qui n'ont pas une demi-division vaillante à eux neuf, viennent faire dans cette guerre réellement apocalyptique, entre deux France aussi fantomatiques l'une que l'autre. À Alger, on ne comprend pas qu'on puisse seulement rêver de se présenter à la présidentielle si l'on n'a pas au moins la moitié de l'armée avec soi. Tous ces courtisans ne savent pas que les guerres tuent et que celles que l'on ne fait pas tuent davantage. À quoi, à leur avis, les généraux retraités avaient-ils par lettre publique appelé le président Macron, commandant en chef des armées : à faire la guerre ou à ne pas la faire ? Par leurs métiers, ces gens savent compter les morts et dire quelle démarche est la plus coûteuse en victimes.

Leur connexion assidue à la présidentielle française a permis aux Algériens d'avoir la vie politique, avec ses passions et ses rêveries, qu'ils n'ont jamais eue chez eux. Comme le coucou pond ses œufs dans le nid d'autres oiseaux, ils se sont investis à distance dans la vie politique française. C'est une acrobatie difficile, mais qui par l'habitude devient une seconde nature, on peut vivre dans un pays et voter comme tout un chacun sans avoir à venir l'occuper. La pensée n'a pas besoin de visa.

Pour avoir suivi toutes les campagnes présidentielles en France depuis de Gaulle, on croit pouvoir dire deux ou trois choses qui auraient valeur de théorèmes si une autorité universitaire acceptait de prendre sur elle de les valider. J'en cite trois :

Un : Les Français sont de plus en plus nombreux à découvrir qu'il est dangereux de mettre la France aux enchères électorales toutes les cinq années. Les désespoirs étant ce qu'ils sont, virulents et aveuglants, le risque grandit de la voir un jour gagnée par un fasciste, un nazi, un imam radicalisé, un communiste, un cinglé, un humoriste, un aventurier, un roi fainéant, un Martien. Ils veulent choisir leur président eux-mêmes sur concours, suivi d'un entretien approfondi et d'une période d'essai de trois mois. Et, après confirmation, le soumettre au contrôle continu durant le mandat.

Deux : Conséquence des guerres mondiales qui ont ravagé l'Europe et du terrorisme qui la mine depuis, les Français effrayés par le « réel », source de tous les dangers, se sont construit une forteresse chaudement capitonnée de l'intérieur pour y vivre à l'abri du vent, du froid et des envahisseurs. En sortir serait un traumatisme, un cauchemar qui a commencé car on a découvert que la forteresse avait des trous cachés creusés par des pilleurs de tombes, par lesquels de petits bouts de réel parviennent à pénétrer pour venir affoler les vieux, les femmes et les enfants. L'horreur au cinéma, tout le monde aime, mais dans la réalité, on préférera les contes de fées.

Trois : En devenant des professionnels de la survie politique, se cooptant les uns les autres, les politiciens français ont atteint leur niveau d'incompétence absolu et fini par échapper à l'attraction gravitationnelle de la Terre. Ils sont de ce fait, individuellement et collectivement, responsables du déclin mondial de la France. Ils vont évidemment tout nier, plaider « responsables mais pas coupables », mais cela ne change rien à l'affaire, l'histoire les a déjà condamnés. La terrible conséquence est qu'en participant à ces compétitions de la médiocrité, le peuple se comporte en peuple qui a failli. À ce jeu, il finira par sortir de l'histoire et louper son rendez-vous avec le futur.

Cette présidentielle n'est décidément pas comme les autres. Celles que j'ai connues et suivies de près, de Giscard jusqu'à Macron, avaient des airs républicains bon teint. Personne ne croyait que le président avait le pouvoir de faire des miracles, sauf les socialistes qui voyaient en Mitterrand Dieu en personne, et les Marcheurs qui vouent un culte halluciné à Jupiter. Dans l'Algérie gouvernée par une gérontocratie armée jusqu'aux dents, on ne comprend pas que la France laisse les enfants faire de la politique, fussent-ils surdoués. Bon, ça, c'était hier, Macron a vieilli depuis, son front s'est dégarni, il a pris deux cheveux blancs sur la tête et trois ridules à la commissure des yeux, il peut concourir pour 2022.

Jamais l'Algérie ne s'est tant intéressée à la présidentielle française. La raison en est que le pays est en faillite finale et que ses méchants dirigeants, pris entre le marteau du Hirak et l'enclume de la crise économique, font la seule chose qu'ils savent faire : convoquer l'histoire, exciter les mémoires, enjoliver le roman national, ressusciter les martyrs, sonner le tocsin, faire briller les canons, recréer l'atmosphère exaltante de la guerre de libération de la nation algérienne multimillénaire contre son ennemi éternel, la France, et ses acolytes, le Maroc et Israël – mais jamais contre l'Iran, l'Arabie ou le Qatar, qui ont pourtant formé et armé les islamistes du Front islamique du salut (FIS) et mis le pays à feu et à sang durant la décennie noire, celle des années 1990.

Trois remarques avant de présenter nos quatrains prédictifs, entendus à Alger dans un refuge de poètes sinistrés encore inconnu de la police secrète.

Remarque n° 1

Quand on me le demande, j'explique que les élites de ce pauvre pays sont atteintes de scotomisation, maladie qui détruit la partie du cerveau qui permet à l'individu de percevoir le réel dans ses composantes relative et absolue et de nommer les choses par leur nom. Le patient ne souffre d'aucune douleur, au contraire, la scotomisation l'installe dans un état de confort bienheureux qui lui donne à croire qu'il est immortel. Ceux qui ont le malheur de ne pas être atteints de cette maladie et le mauvais goût de se passer des terminologies de l'époque sont envoyés à l'hôpital des fous ou au tribunal, où ils sont durement traités. On comprend le pourquoi de la prolifération à la télévision des émissions quotidiennes de décryptage, de débriefing et d'éclairage, elles-mêmes révisées dans des émissions hebdomadaires savantes, puis dans d'autres, mensuelles, encore plus savantes, où l'on apprend aux gens que les choses sont toujours plus compliquées qu'on ne le dit et que le réel ne peut être perçu que par ceux qui savent *a priori* ce qu'est le réel et ceux évidemment qui le créent et le vendent aux foules comme étant la dernière Bible.

Remarque n° 2

La France est bien seule. L'Europe ne veut pas d'elle, ou ne l'écoute pas, ou l'ignore ostensiblement. On lui préfère l'Allemagne, les États-Unis, le Qatar, le Royaume-Uni. Nul ne sait pourquoi, ce serait l'effet Macron, avec son horrible manie de tripoter les gens comme s'ils avaient gardé les vaches ensemble et de leur faire la leçon ; ce serait plus généralement l'arrogance française. À mon avis, c'est le fait tout simple que la France est sur une trajectoire de déclin accéléré et que les gens heureux n'aiment pas les perdants qui furent jadis grands, beaux et forts, il n'y a plus aucun intérêt à les fréquenter. *Vae victis !* À part ses ex-colonisés maghrébins et africains, personne de sérieux ne s'intéresse à son élection présidentielle. L'affaire des sous-marins australiens n'a pas fini d'ajouter au déclassement de la France.

Remarque n° 3

Il est une donnée qui situe bien le niveau de puissance d'un pays, c'est le nombre de ses grandes villes qui sont mondialement connues. Ce critère met les États-Unis en tête du classement, loin devant le deuxième. Au fin fond de la campagne d'un pays quelconque, on trouvera toujours une personne capable de citer une bonne dizaine de villes américaines : Chicago, Dallas, La Nouvelle-Orléans, Las Vegas, Los Angeles, Miami, New York, Philadelphie, San Francisco, Washington. Quelle puissance faut-il posséder pour créer, développer et entretenir tant de gigantesques mégalopoles ? On en citera quatre pour l'immense Chine (Hong Kong, Pékin, Shanghai, Wuhan), quatre pour la grande Allemagne (Berlin, Francfort, Hambourg, Munich), trois pour l'Italie (Naples, Rome, Venise) et le Royaume-Uni (Glasgow, Londres, Manchester), deux pour l'Espagne (Barcelone, Madrid). La France n'en compte qu'une, Paris, célèbre cependant dans tout l'univers. Les gens du bout du monde ne connaissent qu'elle, pour eux la France doit être sa banlieue, si elle ne s'en est pas déjà détachée dans le mouvement de la mondialisation, du séparatisme ou de la montée des eaux. Or il est prouvé depuis longtemps qu'une ville ne peut jamais à elle seule faire longtemps à la fois nation et État.

Lisons maintenant nos quatrains :

Par folle crise et sainte rébellion de leurs soumis,
Rois barbaresques en leurs isles méridionales portent créances
À jeune roi fringant de Gaulle, pour ce que avoir vray ennemi
Idiot en face est utile pour garder siens trône, fief et aisances.

Gens d'armes et gens d'argent forts solidaires
Multipliant coups bas par mille chemins vulgaires
Empêchant l'insoumis échotier de s'emparer du trône
De France, bouter étrangers et déboutant leurs prônes.

Deux quatrains pour dire que la junte d'Alger, son gouvernement et leurs affidés soutiendront Macron. Il fait un si parfait ennemi de l'Algérie, de son peuple, de sa religion : le meilleur que l'Algérie des martyrs ait connu depuis son indépendance. La rente mémorielle et le business de la repentance continueront de fonctionner tant qu'il y aura d'un côté des pouvoirs mafieux qui craignent pour leurs privilèges et de l'autre des présidents rampants repentants petit patapon.

Techniquement parlant, il s'agira moins de faire élire Macron que d'empêcher Zemmour de le devancer. L'humiliation le tuerait. La junte d'Alger, en liaison avec le parrain turc et les officines amies, ont sans doute un plan pour faire circuler l'idée que la victoire de cet insoumis pousserait les talibans et les daéchiens de l'Hexagone à une guerre de libération des banlieues, réunies dans une fédération islamique des grands quartiers de France et de Navarre qui aussitôt déferlerait sur la petite Belgique. Il faudra apprendre aux Français à voter en considération d'enjeux géostratégiques vitaux, et non du pouvoir d'achat des ménages ! Poursuivons avec nos poètes devins :

Comme soleil issant de la nuit, chance sourit un jour,
Pauvres gens en l'Insoumis voient lumière et amour,
Tous levés pour combattre brigands et mal-pensants.
Roy franc chassé, Insoumis élu, pays des isles de folle joie dansant.

Les Algériens ont un principe forgé par soixante années de résistance auquel ils ne dérogeront jamais. On peut le dire ainsi : si le pouvoir va à droite, le peuple ira à gauche et inversement. Ce pays a toujours appartenu à ses dirigeants et à leurs familles, avec la bénédiction de la France néocoloniale ; il serait cocasse de la voir demain, gouvernée par un Berbère d'Algérie portant le nom de son arbre emblématique, le zemmour [4], l'olivier sacré, restituer son ex-colonie à son peuple historique, judéo-berbère avant tout. Il s'agit moins de faire repentance, devant la bonne porte cette fois, que de rendre justice à un peuple spolié.

L'Insoumis roi en nouvelle Gaulle, usurpateurs des isles
Perdant trafic mémoriel périront par feu du Hirak béni.
Fuyant les isles pour exil doré en terres soumises et serviles,
Traqués par sainte justice et chasseurs de primes amis.

Voilà où nous en sommes, chers électeurs, chers pronostiqueurs, mais d'ici au jour du grand choix, il coulera de l'eau sous les ponts, c'est sûr, il se passera des choses, les misères habituelles et des nouvelles, qui mettront nos nerfs à vif et nous feront désespérer encore plus : on pourrait croiser une nouvelle épidémie, entrer dans la Troisième Guerre mondiale, nous faire percuter par une étoile filante, que sais-je. Les prémices sont là, toutes évidentes même si personne ne les voit car, comme ce fut le cas pour nous, l'école de la vie nous l'apprend sur le tard, on meurt plus sereinement si l'on ne sait pas ce qui nous attend, et puis, qu'importe la séquence, notre mort est une affaire privée, elle ne concerne que nos familles et nos amis. De l'autre côté de la tombe, nous les verrons pleurer sans comprendre pourquoi ils sont si tristes.

Aux candidats de la présidentielle 2022, disons bon vent, et que l'élu du peuple gagne ! ■

4 – *Azzemour* signifie « olivier » en langue berbère.

53,7%
46,3%

OPINIONS

PEUT-ON PRÉVOIR LE RÉSULTAT DE L'ÉLECTION ?

PAR
David Rousset

ILLUSTRATIONS
Fabien Gilbert

Dimanche 10 avril 2022, 7 h 55, premier tour de l'élection présidentielle. 69 000 bureaux de vote s'apprêtent à accueillir plus de 46 millions d'électeurs. Le moment est paradoxal : le scrutin n'a pas encore commencé et pourtant l'élection est déjà jouée. Car le résultat qui sortira des urnes s'est déjà construit au fur et à mesure de la campagne.
Les événements se sont succédé et, à un moment donné, deux candidats se sont détachés des autres. Quand, précisément ? Comment déceler le moment où le rapport de force final s'est mis en place ?

Le premier tour de la présidentielle est souvent considéré comme la plus fidèle photographie politique du pays. On peut y lire le taux de participation, le rapport de force entre la droite et la gauche ou encore le poids de chaque candidat à n'importe quel échelon de l'Hexagone. Dans les mois qui ont précédé, une alchimie complexe s'est opérée, rassemblant trois types d'ingrédients.
Il y a tout d'abord ce qui constitue le socle de l'élection : la société française, son état économique, sociologique, mais aussi psychologique ; les angoisses comme les espoirs de ses composantes. À cela s'ajoute ce qui est déployé durant la campagne par les candidats aussi bien que par les médias, les réseaux sociaux, les sondages, etc. Enfin, des éléments inattendus – fait divers médiatisé, révélation de l'emploi de complaisance de l'épouse d'un candidat et autres battements d'ailes d'un papillon – surgissent parfois et pèsent sur l'opinion.
Le décor, les acteurs et l'imprévu ; voilà ce que doit observer celui ou celle qui essaie d'anticiper le résultat de l'élection présidentielle.
Disons-le tout net, les électeurs français ne votent pas en fonction des scrutins à l'étranger. Le vote en faveur du Brexit en juin 2016 ou l'élection de Donald Trump en novembre de la même année, deux succès majeurs du populisme, n'ont pas empêché Emmanuel Macron d'être élu en mai 2017. Mettons aussi de côté la démarche qui consiste à voir dans le présent la reproduction de telle ou telle période historique. À ce jeu, il faut toutefois se garder d'avoir trop recours au passé car il peut aussi nous aveugler. Certes, l'histoire permet d'éclairer certaines lignes de force actuelles, mais, comme le souligne l'historienne Hélène Miard-Delacroix, « la tendance à privilégier des modèles explicatifs connus est surtout la conséquence d'une incapacité à décoder le présent ». Le fait qu'aucun président de la République n'a été réélu, hors période de cohabitation, ne signifie pas qu'il en sera toujours ainsi. La présidentielle de 2017 a d'ailleurs été celle qui a pulvérisé les statistiques politiques : jusqu'alors, jamais un candidat ne l'avait emporté sans avoir exercé de mandat, sans avoir plus de 40 ans, sans être issu du Parti socialiste ou de la droite républicaine, etc. Bref, en politique comme en sport, les limites sont faites pour être repoussées.

La France comme elle va

Faisons donc table rase du passé et du contexte international pour mieux se concentrer sur l'état de la France début 2022.
La dernière livraison de l'enquête annuelle réalisée en août 2021 par le Centre de recherches politiques de Sciences Po (Cevipof) permet de mesurer les valeurs des Français et les rapports de force politiques en cours. Elle constitue un outil remarquable car les mêmes questions sont posées chaque année, permettant ainsi de jauger les évolutions. 69 % des Français sont d'accord avec l'affirmation : « En France, c'était mieux avant » et 49 % s'accordent à dire : « Je ne pense pas du tout que la société et l'humanité évoluent vers toujours plus de progrès. » Au gré des 140 pages du rapport apparaît l'image d'un pays traversé par trois grandes angoisses existentielles :
– L'une est économique et sociale. Elle recoupe les nombreuses inquiétudes sur le niveau de vie telles que la peur de perdre son emploi, de voir son pouvoir d'achat baisser, ses enfants s'en sortir moins bien que soi ou de se retrouver paupérisé à la retraite.
– La seconde angoisse est d'ordre identitaire et sécuritaire. Elle se traduit par la crainte de voir la France s'effacer, dénaturée par la construction européenne et par la mondialisation libérale ou menacée dans son mode de vie par des coutumes étrangères au premier rang desquelles figure la religion musulmane.
– Enfin, la dernière angoisse, plus récente, est environnementale : réchauffement climatique, pollution, crise énergétique, manipulations génétiques et transhumanisme alimentent

1 – Jérôme Fourquet, *L'Archipel français. Naissance d'une nation multiple et divisée*, Seuil, 2019.

l'idée de lendemains qui déchantent, voire d'une inévitable apocalypse.

Des angoisses qui ne sont pas exclusives et peuvent se cumuler. Elles travaillent la société française en profondeur depuis des années et sont omniprésentes dans le débat public. Elles alimentent les discussions entre collègues ou en famille, nourrissent les médias comme les réseaux sociaux et entretiennent les tensions au sein d'une société en voie d'« archipélisation », selon la terminologie du politologue Jérôme Fourquet[1].

Fatalement, le personnel politique ne peut les ignorer. Tous tâchent d'y répondre à grand renfort de propositions et certains ne rechignent pas à entretenir ces angoisses, persuadés que cela leur sera bénéfique. Les discours et les invectives s'enchaînent, créant un bruit de fond permanent propice aux surenchères. Chacun d'entre nous est sommé d'avoir un avis sur tout, de savoir pour qui voter plusieurs mois à l'avance, d'être pour ou contre la distribution de chloroquine à la population, les éoliennes, la 5G...

Surjouant la dramatisation du moindre fait, de la moindre déclaration, les chaînes d'information et les talk-shows privilégient les bons clients dotés d'opinions tranchantes. Enfin, grâce à l'anonymat, les réseaux sociaux renforcent les antagonismes.

Dans une telle configuration, la France semble bientôt mûre pour élire n'importe quel candidat, pourvu qu'il soit radical et éloigné du « politiquement correct », nouvelle façon péjorative de définir la modération et la nuance.

Une conclusion pourtant hâtive, car la même enquête du Cevipof révèle que 31 % des Français se retrouvent dans la catégorie « en colère et très contestataire » mais 60 % dans « mécontent mais pas forcément en colère ».

Parallèlement, l'association Destin Commun a réalisé en 2019 une grande enquête qui, certes, met en lumière les signes d'une polarisation croissante de la société qui « ne relève pas uniquement des divergences d'opinions mais s'ancre dans nos systèmes de croyances et de valeurs ». Mais il en ressort également que 61 % des 4 000 personnes interrogées estiment que ces divisions sont surmontables et 83 % espèrent une réponse collective.

Tout se passe comme si une partie non négligeable de la société, peu représentée dans des débats politiques, souvent dominés par les plus radicaux, assistait en silence aux clashs et autres polémiques à répétition sans y adhérer. Préoccupée par la fracturation du pays, cette nouvelle version de la majorité silencieuse aspire au dépassement des conflits. Elle peut être très critique sur certains points mais n'est pas prête à prendre le risque de voter pour un candidat qui promet de renverser la table. Dans l'état actuel des choses.

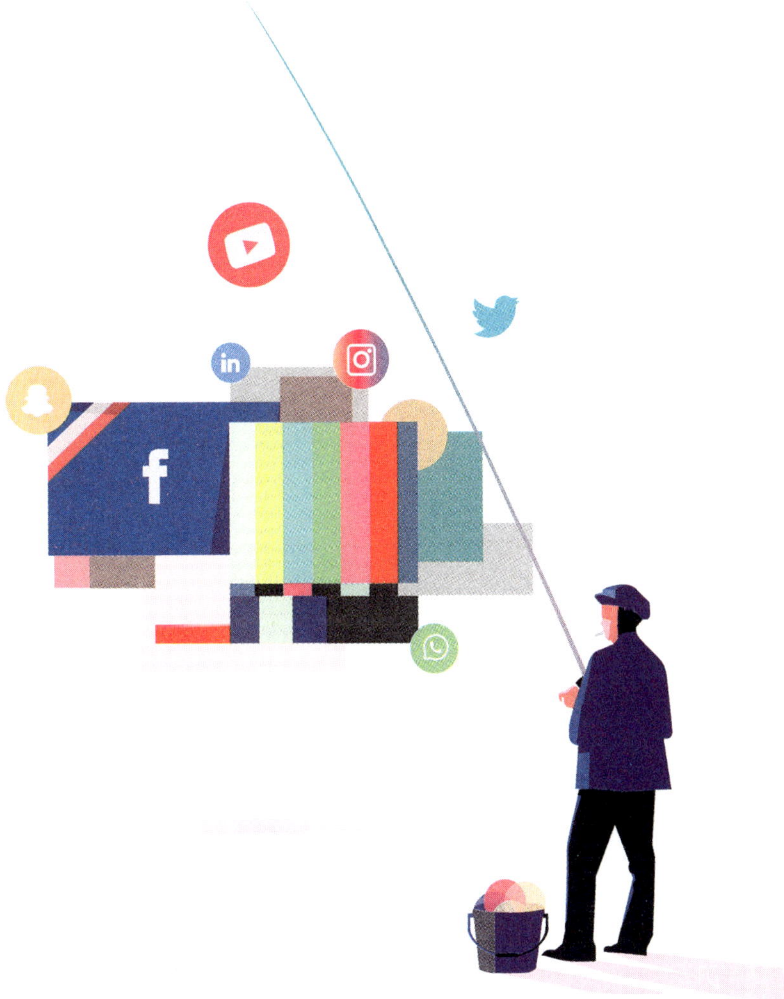

Ces sondages qu'on adore détester

Pour prendre le pouls politique de la société et surveiller ses évolutions, les sondages sont un instrument incontournable, *a fortiori* durant une campagne présidentielle où ils sont légion. À condition toutefois de les prendre pour ce qu'ils sont. En l'espèce, l'enquête d'opinion consacrée aux intentions de vote demande toujours à l'électeur pour quel candidat il voterait si le scrutin avait lieu à la fin de la semaine et en

« Lorsque quelqu'un passe à la télé, le public se souvient d'abord de sa manière d'être, puis du ton employé et, pour 20 % seulement, du discours ; ça rend modeste ! »

aucun cas pour qui il votera en avril. Autrement dit, les sondages sont une photographie instantanée et non une prédiction du résultat futur, ce qu'ils n'ont jamais prétendu être.

Ensuite, les enquêtes d'opinion sont réalisées en employant la méthode dite des quotas, qui consiste à reproduire un échantillon de la population française en âge de voter le plus représentatif possible en termes de sexe, d'âge, de profession, de lieu de résidence, de niveau d'éducation, etc. Bref, un procédé plus rigoureux qu'on ne le croit sans être pour autant une science exacte. Il n'empêche, au sein du personnel politique comme au bistrot du coin, la critique des sondages est récurrente. Ils sont ainsi accusés de fabriquer les candidats, voire de confisquer le scrutin, en influençant l'électeur.

Problème : à supposer qu'ils aient un impact, personne n'est capable de mesurer celui-ci. Pour un candidat, apparaître au second tour dans les sondages constitue-t-il un avantage ou, au contraire, un handicap ? Ses électeurs potentiels voteront-ils plus en sa faveur au nom du vote utile, ou lui réserveront-ils leur voix pour le second tour ?

Pour Frédéric Dabi, directeur général du département opinion de l'Institut français d'opinion publique (IFOP), « la science politique a depuis longtemps identifié l'existence de ces deux effets mais personne n'a jamais réussi à les mesurer. 80 % des gens pensent que les sondages influencent les électeurs mais seuls 13 % reconnaissent avoir été influencés. »

Autre critique récurrente, les sondages se tromperaient et seraient démentis dans les urnes. Là encore, les faits sont têtus, puisque tous les instituts ont identifié les deux candidats qualifiés pour le second tour ainsi que le vainqueur final lors des scrutins de 2007, 2012 et 2017. Même le résultat du premier tour de l'élection de 2002, censé être le Waterloo des sondages, est plus complexe (voir encadré). Selon Frédéric Dabi, le véritable accident industriel a eu lieu lors de la présidentielle de 1995, où Lionel Jospin – un candidat qui a décidément donné du fil à retordre aux sondeurs – a surpris tout le monde en sortant en tête au premier tour.

Les sondages sont finalement de bons baromètres de l'opinion, et leur profusion en période d'élection présidentielle permet de mesurer, semaine après semaine, le niveau mais aussi la dynamique de chaque candidat. Pour autant, le résultat final de l'élection vient souvent de loin. En 2017, c'est dès début février qu'Emmanuel Macron et Marine Le Pen sont apparus en tête des intentions de vote. En 2012, François Hollande et Nicolas Sarkozy ont été mesurés en tête dès... fin octobre 2011, et la victoire du candidat socialiste dès janvier 2012. Idem pour la présidentielle précédente, où la domination des candidats Royal et Sarkozy a été identifiée dès octobre 2006, et la victoire de ce dernier à partir de la mi-janvier 2007.

Prudence, toutefois : par définition, les enquêtes électorales ne concernent que la partie de la population qui est capable de répondre à la question : « Pour qui seriez-vous susceptible de voter si l'élection avait lieu dimanche ? » Or, six mois avant le scrutin, une moitié entière des électeurs est incapable de répondre. Et, même au sein de l'autre moitié, des changements interviennent et viennent infléchir les positions au fur et à mesure que se déroule la campagne, avec son lot de soubresauts et de surprises.

Abstention, piège à cons

Mais le spectre qui hante le scrutin du printemps, c'est l'abstention. Elle progresse depuis les trois dernières présidentielles – 16,2 % au premier tour des élections de 2007, 20,5 % en 2012 et 22,23 % en 2017 –, au point que certains l'imaginent dépasser le record de 2002, 28,4 %.

De fait, tous les scrutins intervenus depuis 2017 ont été marqués par une faiblesse inédite du taux de participation que la seule crise sanitaire ne saurait expliquer – pour les plus récentes. La plupart des enquêtes mettent en lumière l'existence d'une abstention devenue plurielle, constituée d'abstentionnistes « réguliers » – qui ne participent à aucun scrutin –, mais aussi d'« intermittents » qui votent à certaines élections et non à d'autres. Autant de difficultés pour les instituts de sondage mais aussi pour les candidats, qui peinent à les courtiser efficacement.

Comme si cela ne suffisait pas, les électeurs sont devenus de plus en plus volatils. Selon une enquête d'Ipsos pour *Le Monde*, entre mi-octobre et début décembre 2021, 30 % des personnes interrogées ont changé d'avis, aussi bien concernant leur intention d'aller voter ou non que dans le choix d'un candidat. De quoi bouleverser n'importe quelle échéance – d'autant plus que le zapping peut durer jusqu'au scrutin. En 2017, à l'issue du premier tour, l'IFOP a interrogé un échantillon de plusieurs milliers de personnes et leur a demandé à quel moment elles avaient choisi le candidat pour lequel elles avaient voté. Les résultats laissent perplexe : 30 % des votants avaient effectué leur choix au cours de la semaine écoulée et, parmi eux, 12 % le jour même. Parallèlement, à peine plus d'un électeur sur deux avait arrêté son choix plus d'un mois avant. Souvent, électeur varie…

Comme les choses étaient simples, jadis

La majorité des Français se définissait de gauche ou de droite et votait en fonction. Jusqu'au début des années 1990, ouvriers, employés et fonctionnaires votaient essentiellement à gauche tandis que les cadres, les professions libérales et les indépendants se portaient sur la droite. Beaucoup d'électeurs suivaient les conseils ou les consignes donnés par de grandes structures collectives telles que les partis, les syndicats, les églises ou les associations. Aujourd'hui, un nombre non négligeable d'électeurs revendique la faculté de choisir selon ses propres critères, de façon autonome, en un mot, plus librement. Un bouleversement qui réjouit le conseiller en communication Stéphane Fouks : « Le citoyen,

Gérard Le Gall : « Savoir lire et décortiquer un sondage nécessite de la rigueur et du temps. »

Il est le seul à avoir perçu le risque d'un second tour Chirac-Le Pen il y a vingt ans. Dans la semaine qui a précédé le 21 avril 2002, celui qui était alors le spécialiste des sondages pour le PS a tenté, en vain, de déciller les yeux de ses camarades. « Six jours avant le premier tour, Jospin était à 16,5 % et Le Pen à 14 % ; mathématiquement, nous étions dans la marge d'erreur. Je suis intervenu lors de deux réunions de la direction de campagne mais me suis heurté à l'incrédulité, voire à l'hostilité. » Bien qu'informé de la teneur des échanges, Le Monde ne publiera aucun article sur le sujet, la direction de la rédaction y voyant une manœuvre socialiste pour favoriser Lionel Jospin… « Ces estimations confirmaient une analyse personnelle fondée sur une intuition et une réflexion autour du régalien et de l'identitaire. J'avais déjà publié plusieurs études [1] sur ces questions peu prises en compte par la gauche des années 1980 et 1990. Elles furent au cœur de l'équation présidentielle de 2002 et peut-être le sont-elles encore aujourd'hui… », relève l'ancien conseiller auprès du Premier ministre entre 1997 et 2002. Pour le politiste, « savoir lire et décortiquer un sondage nécessite de la rigueur et du temps. Je les lis tous et je dresse des tableaux avec la date, l'échantillon, l'offre des candidats et les méthodes de chaque institut. Cela permet de détecter les éventuelles dissonances entre les instituts. Puis je sélectionne des quotas politiques et sociologiques et j'établis des comparaisons par institut et entre les instituts. En partant du rapport de force, j'esquisse une perspective jusqu'au jour du scrutin et je regarde au fur et à mesure si elle se vérifie. En me gardant de tout biais militant, bien entendu ». Poussé à formuler un pronostic fin décembre, Gérard Le Gall finit par lâcher : « Aujourd'hui, l'offre est imprécise et la campagne naissante, je me refuse à parier. Néanmoins, mon hypothèse stratégique, celle qui a guidé ma lecture depuis 2017, m'incline, sans variations, à la réélection d'Emmanuel Macron. J'ai utilisé la même méthode en 2007-2008 en regardant 2012 et, dès l'été 2012, en pointant 2017 qui virent respectivement le sortant battu et absent ! »

1 – Sofres, *L'État de l'opinion*, Seuil, « L'effet immigration », (1991), « Les Français et la sécurité » (1994), « La tentation du populisme » (1996) et « Le Front national à l'épreuve du temps » (1998).

« De nombreux politiques courent derrière ce qu'ils croient être la demande des électeurs alors qu'on attend d'eux de la créer. »

qu'il soit consommateur ou électeur, exerce un rapport de force qui lui est chaque jour plus favorable dans une société qui devient plus horizontale, où les élites ont perdu leur suprématie. Je trouve cette exigence merveilleuse, parce qu'elle est source de progrès. »

Une dimension que le personnel politique ne semble pas avoir saisie : « De nombreux politiques courent derrière ce qu'ils croient être la demande des électeurs alors qu'on attend d'eux de la créer », précise le vice-président d'Havas, qui se dit bluffé par le slogan sur l'affiche du candidat social-démocrate lors des dernières législatives allemandes : « Il peut être chancelière. »

Il n'empêche, la tâche des candidats et des pros de la com' qui les entourent se complique singulièrement. Bien sûr, certains médias traditionnels sont toujours d'excellents moyens de toucher l'électeur. Les JT de 20 heures de TF1 et de France 2 sont suivis par plus de 11 millions de téléspectateurs, et le grand débat télévisé entre les candidats est un moment décisif dans le choix de nombreux électeurs.

Mais, à l'heure des réseaux sociaux et des chaînes d'info, tout candidat doit plus que jamais maîtriser sa communication et gérer les imprévus. Directeur de la communication de Jean-Luc Mélenchon en 2012, Arnauld Champremier-Trigano, dorénavant à la tête de l'agence Faubourg, se souvient d'avoir réussi à convaincre un journaliste de *Voici* de ne pas publier les photos de la liaison, alors secrète, du candidat avec une jeune conseillère de vingt-huit ans sa cadette. De même, durant la campagne des Verts lors des régionales de juin 2021, après s'être aperçu qu'une partie des électeurs, soucieux du sort des animaux, appréciait d'entendre Julien Bayou prononcer le mot « animal », il a veillé à ce que le candidat déclare systématiquement vouloir faire de l'Île-de-France une « région proche des animaux ». « Lorsque quelqu'un passe à la télé, le public se souvient d'abord de sa manière d'être, puis du ton employé et, pour 20 % seulement, du discours ; ça rend modeste ! » conclut-il en souriant.

Dernière tendance de la communication politique, la scénarisation de l'actualité et surtout de la campagne présidentielle, comme s'il s'agissait d'une série faite d'épisodes et de saisons.

Une démarche qui n'a pas échappé à Éric Benzekri, le scénariste de la série à succès *Baron noir* : « C'est vrai que le récit pèse beaucoup sur le résultat mais, pour être efficace, il doit être suggéré, pas énoncé. Le bon storytelling est invisible. » Comme la bonne communication ? Docteur en neurosciences, psychologue et auteur du livre *Votre cerveau vous joue des tours* [2], Albert Moukheiber se passionne pour les biais cognitifs et les erreurs de raisonnement qu'ils suscitent : « La formation d'une opinion dépend d'une multitude de processus et varie d'une personne à l'autre. Même si plusieurs personnes regardent les mêmes films, lisent les mêmes livres, les mêmes journaux, etc., ils ne retiendront pas la même chose car la perception de chacun est partiale, l'attention limitée. » Avec plusieurs de ses collègues, il a rédigé l'édifiant *Comment survivre aux élections ? Guide de poche pour les citoyens avisés*, qui recense les principales erreurs de raisonnement induites par les procédés rhétoriques des candidats. Selon lui, une bonne question à se poser est : « Qui me parle, en faisant appel à quel affect, et pour servir quel raisonnement ? »

« Le bon storytelling est invisible. »

L'ombre d'une manipulation à grande échelle

De fait, ces dernières années, plusieurs scrutins importants ont été influencés de façon décisive grâce à la mobilisation d'affects, décuplée par l'utilisation des réseaux sociaux.
Christopher Wylie, l'ancien directeur de recherche de Cambridge Analytica, a raconté dans le livre *Mindfuck. Le complot Cambridge Analytica pour s'emparer de nos cerveaux* [3] comment les électeurs ont été ciblés de façon presque individuelle grâce à leurs données personnelles récupérées auprès de Facebook. Mobilisé par les partisans du Brexit en 2016, Cambridge Analytica a joué sur tous les registres : « euroscepticisme progressif, *woke* et branché justice sociale » pour les uns et détestation des bobos et des immigrés pour les autres…
Des millions d'électeurs ont reçu des messages dont le principal objet était de faire vibrer leur corde sensible et leurs affects. « Provoquer la colère et l'indignation réduisait le besoin d'explications rationnelles et mettait les électeurs dans un état d'esprit plus aveuglément punitif », relève Christopher Wylie, qui a révélé dans le détail la façon dont le vote a été manipulé à grand renfort de *fake news*.

La même année, l'équipe de Donald Trump a eu recours au même procédé de ciblage individualisé visant à mobiliser son camp mais aussi à démobiliser les soutiens d'Hillary Clinton.
En utilisant de faux comptes d'Afro-Américains militants de la cause noire, ils ont envoyé au sein de la communauté noire des millions de messages anti-Clinton. Exemples : un article issu du site d'un organe de presse, créé pour l'occasion, qui « révèle » que la candidate démocrate tient des propos racistes en privé ; une tribune d'un universitaire noir (fictif) démontrant que le programme de la candidate démocrate favorisera les Latinos et pénalisera les Afro-Américains, etc. Autant de messages partagés des milliers de fois par ceux qui les ont reçus, soucieux de faire circuler ce « scoop que les médias vous cachent »… Les officines à la manœuvre avaient bien compris qu'il était beaucoup plus facile de pousser un électeur potentiel de Clinton à s'abstenir que de le convaincre de voter pour Trump.
Chaque élection devient un affrontement sans merci et, selon Christopher Wylie, « dans cette nouvelle guerre, l'électeur est une cible à embrouiller, tromper et manipuler. La vérité a été remplacée par des récits alternatifs et des réalités virtuelles […]. Grâce au microciblage, chacun chuchote, sans contrôle, à l'oreille de l'électeur ».
Plus de cinq ans se sont écoulés depuis les faits rapportés par Wylie. Entretemps, la récolte de données personnelles, l'utilisation des réseaux sociaux et la diffusion d'infox [4] se sont encore développées, rendant ainsi possibles, voire

2 – Albert Moukheiber, *Votre cerveau vous joue des tours*, Allary Éditions, 2019.
3 – Christopher Wylie, *Mindfuck. Le complot Cambridge Analytica pour s'emparer de nos cerveaux*, Grasset, 2020.
4 – Contraction des mots « info » et « intox », l'infox désigne une information délibérément mensongère ou biaisée.

probables, les tentatives de manipulation de la prochaine présidentielle, notamment de la part d'une puissance étrangère. Un risque inédit qui accroît la part d'incertitude pesant sur le scrutin.

Signaux faibles

En scrutant le passé, il existe deux types de présidentielles. Celles dont le résultat final s'est installé plusieurs mois à l'avance et celles qui se sont jouées dans la dernière ligne droite.
La première catégorie est la plus fréquente. On y trouve tous les scrutins de 1965 à 2017, à l'exception de ceux de 1974 et 2002 : ceux-ci représentent la deuxième catégorie. Nul ne sait, à l'heure où ces lignes sont écrites (début janvier), à quoi ressemblera 2022, et il est bien trop tôt pour anticiper le résultat à 100 %.
Néanmoins, plusieurs pièces du puzzle semblent se dessiner :
– La gauche est faible et divisée. Les conditions à remplir pour accéder au second tour semblent hors de sa portée et ses candidats se battent plus pour le leadership que pour remporter la présidentielle.
– L'état de la société française ne permet pas d'imaginer, pour le moment, une victoire d'Éric Zemmour ou de Marine Le Pen, dont la radicalité effraie des pans massifs de l'électorat, notamment le plus âgé.
– Emmanuel Macron dispose d'un socle solide, autour de 25 %, qui, s'il se maintient, lui assure une présence au second tour. S'il est prédit vainqueur face à un candidat populiste, sa situation serait plus délicate face à Valérie Pécresse. Le niveau de rejet qu'il suscite au sein d'une partie importante de la population pourrait en effet compliquer le report de voix pour le second tour, au sein de l'électorat d'extrême droite comme de celui de gauche.
– Valérie Pécresse est encore assez peu connue de nombre d'électeurs. Pour franchir la barre du premier tour, elle doit rassembler la droite qui ne s'est pas ralliée à Macron, voire en décrocher une partie en exploitant les sujets régaliens. La candidature d'Éric Zemmour lui est bénéfique car elle affaiblit Marine Le Pen, faisant baisser le prix du « ticket d'entrée » pour accéder au second tour, lequel prendrait alors des airs de référendum « pour ou contre Macron ».
Une analyse de départ – d'autres sont aussi possibles – est qu'à ce stade, seuls la droite classique

Comment les bookmakers jouent le vainqueur ?

C'est entendu, l'élection présidentielle n'est pas une course de petits chevaux ; il est pourtant possible de parier sur le vainqueur à l'instar d'une réunion hippique. Interdit en France, le pari politique est facilement accessible sur les sites des principaux bookmakers britanniques. Le principe est simple : deviner celui ou celle qui sera élu(e) président(e) le 24 avril prochain. Chaque candidat a une cote qui indique la somme qu'empochera celui qui aura misé sur lui. Illustration : sur l'un des sites de paris en ligne, Emmanuel Macron est coté à 1,6. Si vous misez 10 euros dessus et qu'il est réélu, le bookmaker vous versera 16 euros, soit un gain net de 6 euros. Les amateurs de sensations fortes peuvent bien sûr choisir des candidats avec des cotes plus élevées tels Jean-Luc Mélenchon, coté à 51, voire Nicolas Dupont-Aignan, coté à 251, sans oublier de se poser la seule question qui vaille : ce candidat a-t-il une chance réelle de l'emporter ?
Trop souvent sur ces plateformes, les joueurs confondent pari et vote, n'envisageant de miser que sur le candidat dont ils se sentent le plus proche. Si l'on vote avec son cœur, on doit surtout parier avec sa tête en se souvenant que tous les candidats n'ont pas autant de chances de l'emporter et que l'essentiel est de parier sur le vainqueur. Les cotes établies par les sites de paris traduisent ainsi la probabilité de victoire, laquelle est essentiellement fondée sur les sondages, et fluctuent jusqu'au dernier moment. Notons qu'il est possible de parier sur plusieurs candidats, ce qui peut s'avérer judicieux afin de minimiser son risque. Un joueur qui miserait 40 euros répartis entre 15 euros sur Valérie Pécresse (cotée à 4) et 25 euros sur Emmanuel Macron (coté à 1,6) touchera 60 euros dans le premier cas et 40 euros dans le second, et sera ainsi au minimum remboursé des 40 euros engagés. Dernier détail important, certains bookmakers acceptent volontiers les sommes misées par des Français mais rechignent à payer les gains en s'abritant derrière l'interdiction du pari politique en France. Un risque que les parieurs les plus avertis contournent en ayant recours à un ami étranger qui engage les paris à leur place et leur reversera les gains éventuels.

et le président sortant semblent en mesure de remporter la prochaine élection, mais beaucoup d'eau va couler sous les ponts : les thèmes sur lesquels se fera la campagne, les événements imprévus et les dynamiques qu'auront réussi à impulser les candidats viendront consolider ou affaiblir ce présupposé.
La liste officielle des candidats sera connue le 11 mars et, si le schéma de 2017 se reproduit, seule la moitié des électeurs aura déjà arrêté son choix. Commencera alors un sprint de quatre semaines, au cours duquel l'autre moitié des futurs votants basculera progressivement, certains dans les dernières heures. Enfin, le 24 avril, une vérité politique sortira des urnes – et l'on pourra après tout se demander si elle n'est pas, elle aussi, moins une vérité démocratique absolue qu'un énième instantané de l'état des choses en France, saisi un dimanche de printemps. ■

Chaque élection devient un affrontement sans merci et [...] « dans cette nouvelle guerre, l'électeur est une cible à embrouiller, tromper et manipuler ».

REPORTAGE

ZEMMOUR ET LES ENCOMBRANTS BARONS DU MIDI

Ils ont attendu un Zemmour pendant plus d'un demi-siècle. Les barons de l'extrême droite Richard Roudier et Jacques Bompard ont trouvé leur candidat unificateur, au service duquel ils mettent leur savoir-faire.

PAR
Paul Conge

Serait-ce le dernier spasme de seigneurs en fin de règne ? En pénétrant par effraction dans la course à l'Élysée, en clivant la France sur le thème du péril musulman, Éric Zemmour a fait sortir de leur dernier réduit deux vieux briscards de l'extrême droite. Le premier, Jacques Bompard, indéboulonnable maire d'Orange, est comme tombé en pâmoison devant le candidat farouchement anti-immigration. Membre fondateur du Front national (FN), notoirement brouillé avec son mécène Jean-Marie Le Pen, Bompard l'a soutenu dès le début, mobilisant tout son réseau, toutes ses ressources, pour rendre le « Z » possible. « Je me suis mis en état de dépendance. C'est ma conviction, c'est l'homme dont on a besoin. Je ferai tout ce qu'il veut ! » confie l'élu dans sa mairie.

Le second, Richard Roudier, est enraciné dans le département du Gard voisin, loin de toute tambouille électorale. Vieux frère d'armes du premier, il préside jalousement la Ligue du Midi, un clan d'identitaires qui sème la zizanie dans le Languedoc à intervalles réguliers. « Zemmour est plus radical que moi », s'exclame le chef à la voix rocailleuse dans son château blanc à Saint-Julien-de-la-Nef, aux confins des forêts. « Il peut compter sur nous ! »

C'est comme si le tocsin, leur dernière chance, avait sonné pour ces deux identitaires du Sud, tenants d'une génération bientôt éteinte. « Cogneurs » dans les années 1960, animaux politiques désillusionnés dans les années 2000, ces deux grands-pères avaient emprunté des chemins parallèles. Bompard, 78 ans, a toute sa vie capitalisé sur le « localisme », une stratégie à base de conquête des mairies et des cantons, avec l'aide de son clan familial. À distance des urnes, Roudier, 74 ans, a donné la priorité au « combat culturel », cette guerre des idées. L'un, le politique, a passé une tranche de sa vie sous les dorures de l'hôtel de ville. L'autre, l'activiste, à battre le pavé en Occitanie. Mais, tous deux hostiles aux Le Pen, ils sont restés fidèles à l'extrême droite canal historique.

Les cogneurs

Ils n'avaient osé en rêver. D'entendre le *showman* de la chaîne CNews dénoncer l'« État de droit », le « gouvernement des juges », les textes de défense des droits de l'homme, interpeller tous les Français sur le « grand remplacement », concept selon lequel les élites organiseraient la substitution de la population blanche française par une immigration noire et arabe. Autant d'idées radioactives que seul Alain de Benoist, chef de file de la Nouvelle Droite, et quelques-uns de ses hologrammes, comme Renaud Camus, osaient formuler il y a encore peu de temps. « Le "grand remplacement" est longtemps resté un concept étroitement enfermé dans la sphère radicale. C'est parce que Zemmour le met au cœur de sa campagne qu'il est entendu par des millions de Français, qu'une partie de la droite radicale se rallie à lui, se disant qu'enfin quelqu'un fait sortir ces thèmes de la marginalité », remarque Jean-Yves Camus, spécialiste de l'extrême droite. Zemmour, cette transgression par qui tout devient possible.

Un meeting à Nice, en octobre 2021, a fait office de retrouvailles. Sur l'estrade, l'écrivain fait l'éloge de ce « beau Languedoc » lorsque Roudier, apercevant son vieux copain Bompard dans la foule, lui saute au cou : « Tu es là, toi aussi ? » Éternelle moustache et croix occitane au ceinturon, Roudier s'esclaffe, lui parle du bon vieux temps et de sa dernière bagarre. À 20 ans, ils faisaient le coup de poing côte à côte. Voilà les deux barons de nouveau ensemble.

Page précédente : Richard Roudier et son fils Olivier lors d'un rassemblement identitaire. Montpellier (Hérault), novembre 2019.

Photo de Xavier Malafosse.

Bompard ne fait pas mystère de sa dévotion au « Z » : tous les derniers best-sellers du polémiste trônent dans sa bibliothèque à la mairie. Depuis plus d'un demi-siècle, le « renard du Vaucluse » espère qu'un présidentiable se saisira de sa plus grande anxiété : celle de l'« immigration-invasion ». Après sa rupture avec Le Pen en 2005, désespéré de la « nullité » des politiques, la figure sudiste a un temps soutenu le souverainiste Philippe de Villiers (« Il s'est écroulé »), le libéral François Fillon (« Pas ma tasse de thé complète »), mais jamais Marine Le Pen (« Une bobo de gauche pas au niveau »). « Zemmour est presque parfait. Il est intelligent – ce n'est pas si courant. Il a du courage – c'est rarissime. Il me paraît être la Jeanne d'Arc que tous les gens attendaient, même les gens de gauche... »

Il s'est démené pour persuader le polémiste hésitant de tenter l'Élysée. La mayonnaise a pris le 8 septembre 2020, autour de la table d'une brasserie de l'Ouest parisien. Robert Ménard, maire de Béziers, réunit ses amis Zemmour, Bompard, et le directeur de la communication d'Orange, Joseph-Marie Joly. Ce fut l'un de ces grands hasards qui font l'histoire, selon Joly, un ancien du Bloc identitaire, spécialisé dans l'organisation d'apéros saucisson-pinard bien franchouillards : « On a été la petite cédille dont il avait besoin. On est arrivés au bon moment, sans le savoir. » « Il n'était pas très chaud, au départ », abonde Bompard. Mais avec l'un de ces regards qui disent que l'heure est grave, l'élu de Provence l'implore, lui expliquant que lui seul peut unir les droites, aspirer le Rassemblement national (RN) et la partie droitière des Républicains. « Il n'y a que toi qui aies les qualités ! » Le temps presse. Zemmour se laisse convaincre.

Bompard met alors la Ligue du Sud, son micro-parti identitaire, à son service. Sous son influence est créée une association de financement, Les Amis d'Éric Zemmour, qui fait placarder de gigantesques affiches à sa gloire dans 86 départements après la défaite du RN aux régionales avec ce slogan : « Zemmour président ». À coups de tribunes laudatives sur son site, l'ancien député-maire le dessine en remède à la « république bananière » : « Soutenons Éric Zemmour, appelons-le à se présenter en 2022. » Son fils Yann lance les Comités Zemmour. Joly, lui, s'occupe de la stratégie numérique : une pétition en ligne appelle à sa candidature, qui dépasse bientôt les 100 000 signatures. Amusé, Zemmour laisse faire. Bompard rayonne : « On

Jacques Bompard à l'Assemblée nationale. Paris, novembre 2015.

Photo de Nicolas Messyasz. © Nicolas Messyasz / SIPA

ne s'imaginait pas que les sondages monteraient si vite. » Une fois Zemmour candidat, ils l'aident à récolter les 500 signatures requises.
Si Bompard agit à découvert, Richard Roudier, en revanche, est un homme plus secret. Ce chef des identitaires se méfie des projecteurs et des hommes providentiels, mais il sait reconnaître un allié, « un politique qui n'est pas du sérail ». Roudier n'a qu'une seule réserve : « Zemmour parle cash. Il parle trop d'immigration. Je lui laisse la responsabilité de ses propos. Est-ce qu'il ne va pas trop loin ? » Difficile à croire tant le clan dirigé par cet activiste ne se contente pas de revendiquer sa « résistance » face à l'« islamisation » : il l'a déjà fait dans la violence, en vandalisant les locaux d'une association d'aide aux migrants à Montpellier, en 2017. Au printemps, le doyen des Roudier se presse aux premières réunions des équipes de Zemmour en Occitanie, à Frontignan. Il accède à un poste central, coordinateur de son « pôle sécurité » dans la région. Il parraine alors des proches, dont un champion de karaté dont l'appel « aux armes » et à former des « milices » après l'attentat de la basilique de Nice, en 2020, lui avait valu une convocation par la police… Roudier finit par être écarté en octobre, « trop sulfureux » selon une source interne. Mais il reste militant. Avec les centaines de membres de son organisation derrière lui, il pallie le déficit de militants zemmouristes sur le terrain, jouant de l'influence acquise par sa Ligue en Occitanie ces dernières années, en se greffant aux Gilets jaunes puis aux anti-pass sanitaire. « Il y a 25 millions d'électeurs en déshérence à récupérer. Mais on est loin de faire une élection, quand même », concède-t-il. Reste que dans l'Hérault, son fief, la pétition pro-Zemmour a glané plus de 5 500 signatures, bien plus qu'ailleurs.

Le temps béni de l'OAS

Avant qu'ils ne voient en ce Juif pied-noir leur messie, les deux hommes ont suivi des trajectoires assez classiques à l'extrême droite. Né juste avant la Libération, en 1943, Bompard est à peine majeur quand de Gaulle renonce à l'Algérie française. Malgré un père sous-officier et fervent gaulliste, il est dégoûté. Première leçon politique de sa vie : « Les hommes politiques trahissent. Et quand ils trahissent, ils doivent être éliminés, balayés. » Bompard étudie l'odontologie à l'université de Montpellier lorsqu'il intègre le mouvement d'extrême droite Occident. Dans ce conglomérat adepte du coup de poing, le futur chirurgien-dentiste se bagarre contre l'ennemi d'extrême gauche aux côtés de

Jean-Louis Tixier-Vignancour et son directeur de campagne, Jean-Marie Le Pen, lors d'un meeting à la Mutualité. Paris, novembre 1964.

© Getty / Keystone-France

futurs ministres : Alain Madelin (ministre de l'Économie sous Chirac) et Gérard Longuet (ministre de la Défense sous Sarkozy). C'est aussi une école à contre-courant, où il apprend à vivre dans la défiance et la provocation. Une mentalité prisée en Zemmourie.

Richard Roudier passe son enfance à Béziers, à 75 kilomètres de là. Son père, ouvrier dans une usine métallurgique, a fait partie de la Résistance contre l'envahisseur allemand. « Dans la famille, on déteste tout ce qui vient chez nous alors qu'ils ne sont pas invités. Qu'ils soient blonds aux yeux bleus ou originaires du Maghreb », retient Roudier. À 9 ans, en 1956, il voit sur son téléviseur l'armée soviétique réprimer, à Budapest, les insurgés qui protestent contre le régime hongrois. « Ça a été mon premier moment de conscience politique. Je suis devenu vigoureusement anticommuniste. » Lycéen en 1961, il est favorable aux partisans de l'Algérie Française. « J'ai l'impression que j'ai derrière moi deux millénaires de France éternelle. Je commence en réalité un demi-siècle de militantisme à contre-courant », rembobine l'activiste, qui intègre lui aussi un groupe d'extrême droite, Europe-Action, sous le patronage de Dominique Venner. Ce théoricien phare de la mouvance, que Roudier admire, est l'un des premiers à s'inquiéter d'un problème « allogène » : ces « 80 000 Noirs et 400 000 musulmans » arrivant en France. Du Zemmour avant l'heure. « Des quartiers entiers sont investis par un grouillement hostile, pontifie Venner dans une revue à l'époque. Ils seront bientôt un million. » Une prose qui ravit le cœur de lion de Richard : « Le combat était une question d'identité. Il fallait défendre la grande civilisation des cathédrales et des menhirs. »

Quand l'étudiant déménage à Montpellier, il y découvre un climat à mi-chemin entre similiguerre civile et jeux potaches entre « cocos » et « fachos ». Bombardé responsable de la Fédération des étudiants nationalistes (FEN), Roudier se révèle bon bagarreur. « Le corps humain peut être facilement démultiplié quand on le prolonge par une chaîne de vélo. Je gagne ici définitivement, je crois, une réputation de psychopathe », revendique l'activiste dans son autobiographie *Le Glaive et la Charrue*[1].

C'est dans ces années de furia qu'ils se rencontrent. Ce jour de 1964, les bagarreurs de la FEN, emmenés par Roudier, fondent aux cris de « Vietcong, assassins ! » sur un amphithéâtre où des militants communistes se regroupent en Comités Vietnam. Pile au même moment, une troupe cousine mais rivale, Occident, dans laquelle se trouve Bompard, prend les rouges en tenaille. Première rencontre des deux alter ego, dans le bruit et la fureur d'une « énorme baston générale avec les gauchistes », reconstitue Roudier. Ça soude.

Électoralement, un seul homme parvient, en ces temps troublés, à galvaniser ces deux jeunes garçons en colère. Son nom : Jean-Louis Tixier-Vignancour. Avocat numéro un des terroristes de l'OAS et des chefs de l'Algérie française, Tixier se présente à la présidentielle de 1965 contre de Gaulle. « C'était un politicien très doué, un avocat et un orateur hors pair. Il a sauvé de la condamnation à mort le général Salan [un putschiste] », s'enflamme Roudier, si admiratif qu'il écoutait ses plaidoiries sur 33 tours. Personne n'a oublié sa participation, le 6 février 1934, aux côtés des ligues d'extrême droite, à l'insurrection factieuse au cœur de Paris. Face au président sortant, Tixier fédère partisans de l'Algérie française, fans de Pierre Poujade et nostalgiques du régime de Pétain. Conquis, Roudier et Bompard s'engagent dans les Comités Tixier.

Comme Zemmour après lui, Tixier met sur le devant de la scène des éléments centraux de l'idéologie d'extrême droite, comme le nationalisme colonial. Avec lui, les nationalistes tentent pour la première fois l'expérience de la représentation. C'est toutefois un échec. Malgré de bons scores dans le Languedoc et le Sud-Est, terres d'asile des pieds-noirs, Tixier n'arrive qu'à la quatrième place, avec 5,2 % des voix. De Gaulle est réélu.

Combat culturel *vs* combat dans les urnes

Cet échec vaccine Roudier de sa fièvre électorale. « Toute cette agitation ne donne que des poussières de résultats », déplore-t-il. Au revoir le combat dans les urnes. Bonjour le « combat culturel », dans le sillage de la Nouvelle Droite, qui forme une génération de militants. Roudier préférera la rue à l'isoloir. Il n'organisera pas de meetings, mais des fêtes, des manifestations, des

1 – Richard Roudier, *Le Glaive et la Charrue*, Éditions Identitor, 2013.

formations, et ne soutiendra plus aucun candidat. Jamais. « On a toujours espéré former quelqu'un qui serait capable. Mais le candidat idéal ne s'est plus jamais présenté. Même Jean-Marie Le Pen, je n'avais pas confiance en lui. C'était un batteur d'estrade. »
L'autre choisit la politique. Jacques Bompard contribue à la fondation du Front national en 1972. Une bonne étoile ne le quitte pas : en 1986, par la grâce du scrutin proportionnel, il devient député du Vaucluse. En 1995, il convoite la mairie d'Orange et la décroche, à la faveur d'une triangulaire et d'une maigre avance de 87 voix. Il peut enfin mettre en application sa théorie du « lepénisme municipal », fondée sur la critique du « manque d'enracinement du FN », trop obsédé par l'Élysée. Au pouvoir, Bompard ne lève pas une armée fasciste, mais repave les rues, fleurit les ronds-points, construit des fontaines. Se baladant sur les marchés, il se veut patelin avec ses administrés. Ce faisant, il essaie de notabiliser l'extrême droite : elle n'est pas que bombers et poings américains, elle est aussi capable de diriger une ville. Tout en bâtissant cet « ancrage local », il muselle l'opposition, met au placard des employés municipaux taxés de « dérive philosophique », abonne la bibliothèque à des revues nationalistes. Il sera accusé d'« épuration idéologique » par Thierry Mariani, figure de la droite en PACA. Puis cet activisme déplaît : un jour de 1996, à l'heure du laitier, son fils découvre un explosif artisanal sur le pas de la porte. L'engin s'avère inoffensif. Le pari de Bompard est réussi : il fédère bien au-delà des « petits Blancs » hantés par la dégringolade de la nation. À chaque élection, il est réélu dès le premier tour, sauf en 2020.
Richard Roudier s'implante lui aussi dans une citadelle. À la fin des années 1980, il acquiert le château d'Isis, demeure en mauvais état sur un rivage de l'Hérault, pour 700 000 francs. Avec sa femme Maryvonne, il la retape et en fait une maison d'hôtes – et le QG de ses activités politiques. Il se concentre sur sa famille, cette « phalange spartiate ». Il élève trois fils. Ils ont la même idéologie. Deux d'entre eux le pousseront à intégrer Unité radicale, un groupuscule qui sera dissous après que l'un de ses membres, Maxime Brunerie, a tenté d'assassiner le président Chirac à la carabine. Roudier y coordonne le service d'ordre avant de rejoindre, en toute discrétion, le comité exécutif du mouvement, en 2001. Il a en charge la formation et la sécurité, compétences qu'il mettra à profit dans les équipes de Zemmour.
Puis, avec des amis, ils lancent le Bloc identitaire, école « métapolitique » d'extrême droite. Mais Roudier se fâche avec ses fondateurs et forge sa Ligue du Midi. « Si on veut changer la société, il faut deux jambes qui marchent en même temps. Une jambe électoraliste, et une jambe culturelle, d'agit-prop, de terrain, de formation », explique Roudier. La stratégie du chahut se met en place : ses partisans manifestent contre le « décadent » Daniel Cohn-Bendit,

Meeting d'Éric Zemmour. Nîmes (Gard), octobre 2021.

Photo de Laurent Coust.

déversent du fumier devant le siège de la fédération du Parti socialiste...
Mais la jambe électoraliste boite. Une brouille avec Le Pen vaut à Bompard l'exclusion du bureau politique du FN en 2005. « Le Pen voulait rentrer dans le système. Pour ce faire, il a fallu abandonner la lutte contre l'immigration », déplore l'élu. Alors le chantre de l'« union des droites » soigne ses liens avec l'UMP, et fonde sa Ligue du Sud, un micro-parti radical qui réclame en priorité la « remigration » des populations immigrées. Comme quelques rares groupuscules.
La Ligue du Midi aussi se sent bien seule. Tous les ans, dans le château des Roudier, des dizaines de ces régionalistes se rassemblent pour le solstice d'été. Autour d'un bûcher, de saucisses à la braise et de vins du pays d'Oc, « on se demande souvent qui on pourrait pousser pour être président de la République, raconte le patriarche. Certains disent le général de Villiers, d'autres une figure des Gilets jaunes, ou Michel Onfray... Moi, je le répète depuis des années : il n'y en a qu'un qui ait la carrure, c'est Zemmour ! Tout le camp métapolitique l'attendait. C'est la convergence de Barrès, Péguy, Maurras... » Pour le dire dans le vocable de la Nouvelle Droite, Zemmour est un « éveilleur de conscience », un talent qui porte en pleine lumière les idées identitaires qu'ils ont patiemment élaborées dans leurs cénacles depuis les années 1970.
Ce n'est pas un hasard si elles innervent ses discours. En campagne à Ajaccio, parlant des régions, Zemmour évoque des « petites patries » : « Si certains s'inquiètent du manque de diversité, qu'ils se rassurent, la France est déjà diverse : Bretagne, Savoie, Pays basque, Lorraine, Champagne, Auvergne... Toutes ces petites patries ont été réunies par l'Histoire pour n'en former qu'une grande. » Identitaire dans le texte. « Ce discours a été un tournant », estime Patrick Isnard, transfuge du RN devenu référent en région PACA pour Reconquête, le parti du candidat. « Il a une philosophie similaire à celle de Bompard, celle d'identitaires régionaux qui ne se sont jamais retrouvés dans le discours jacobin du RN. Lui, il n'étouffe pas l'identité culturelle. »
Zemmour n'a pas sollicité le soutien de ces vétérans de la politique. Leur influence, surtout locale, n'est pas bien grande. Il n'empêche, dans un quinquennat Zemmour, ils rêveraient d'une place. Richard Roudier se verrait aux manettes d'un conseil régional renforcé, en Occitanie, non pas pour distribuer des subventions aux pêcheurs à la ligne, mais avec des prérogatives sur la sécurité. Une sorte de « mégapréfet » occitan. Bompard, lui, rêverait de chaperonner une réforme radicale de la justice. « Corrompue », elle juge selon lui « à la tête du client ». Il souhaiterait supprimer l'École nationale de la magistrature (« École à laver les cerveaux ») et ôter aux juges leur pouvoir de jurisprudence, les sommant d'appliquer une « loi simple, connue de tous ». Une justice bridée, sous étroit contrôle.
Mais peut-être faut-il relier cet agacement à sa condamnation définitive par la justice, le 17 décembre dernier, pour « prise illégale d'intérêts » ? Écopant de cinq années d'inéligibilité, Bompard a été forcé de quitter son fauteuil de maire chéri, remplacé par son fils. Il a dénoncé un « gouvernement des juges ». Juste avant la perte de sa mairie, il a toutefois rencontré une éclaircie. Bompard s'est rabiboché avec Jean-Marie Le Pen. Ils ont eu un appel « amical » de trente minutes, sans évoquer les choses qui fâchent. « Il a 93 ans. Il a voulu se réconcilier. Si ça lui fait plaisir... » Une aigreur reste : « Il a trahi. Il n'a jamais voulu le pouvoir. »
Zemmour, lui, le désire âprement.

> **« Zemmour, c'est la convergence de Barrès, Peguy, Maurras... »**
>
> **RICHARD ROUDIER**

RÉSEAUX

LE PRÉSIDENT QUI N'AIMAIT PAS LES FRANCS-MAÇONS

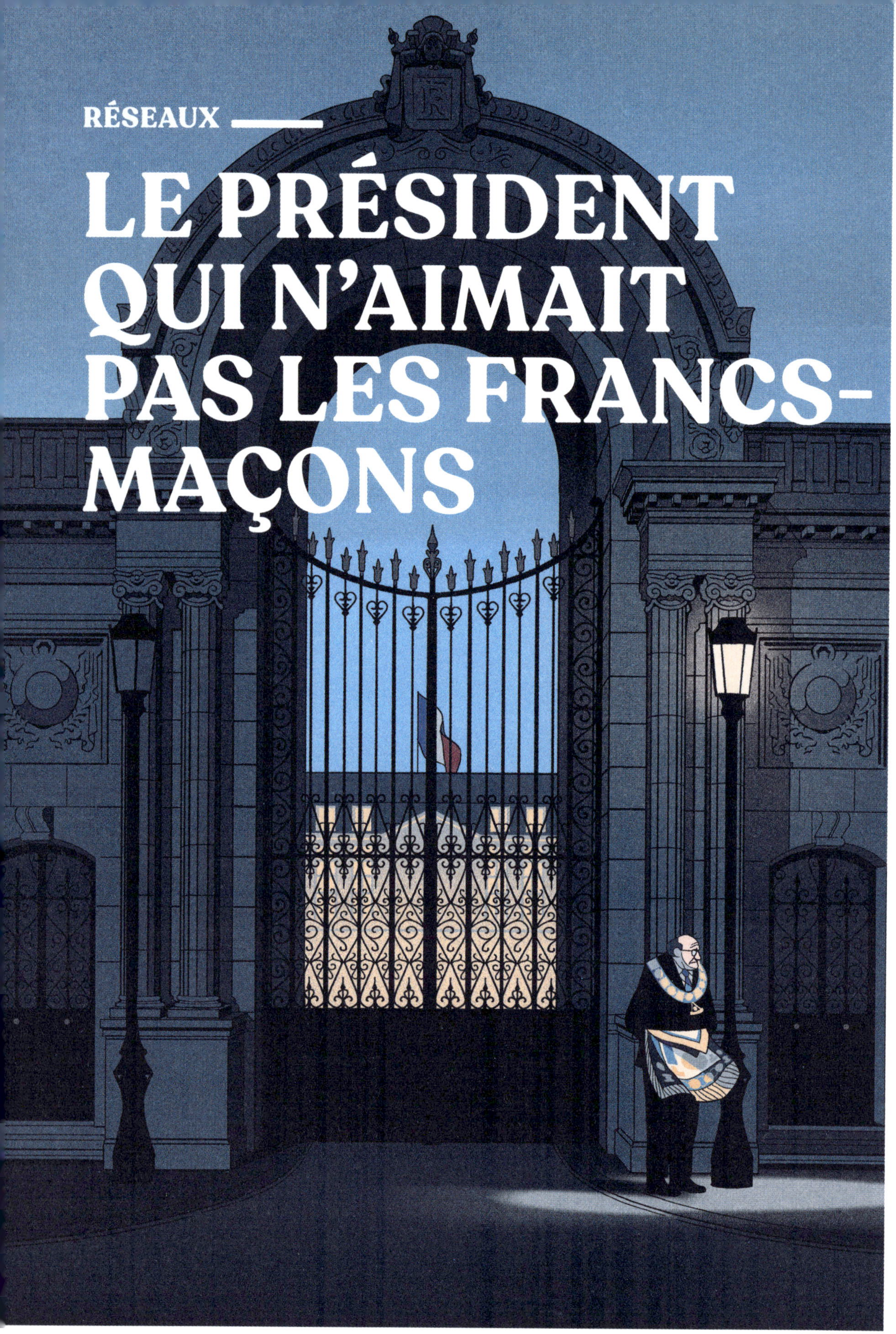

Plus porté sur les clubs d'entrepreneurs que sur les francs-maçons, la génération Macron gouverne avec une indifférence absolue pour les traditions républicaines. Les « frères », qui se voient en élite éclairée du pays, reprochent au président d'avoir été traités comme de vulgaires Gilets jaunes.

PAR

Clément Fayol

ILLUSTRATIONS

Bruno Mangyoku

Le pas est pressé. L'homme s'engouffre rue Cadet, dans le 9e arrondissement de Paris. Il se faufile dans la rue piétonne, pénètre dans la grande bâtisse froide, un immeuble aux larges baies vitrées traversées de coulées d'aluminium en contreforts. L'imposante devanture et son entrée de parking souterrain jurent avec l'effervescence de cette rue, avec ses étals de maraîchers et ses tables de troquets. Il dépasse les piquets métalliques retenus les uns aux autres par les bandes noires élastiques qui servent à discipliner les files d'attente en période d'affluence. Il se présente au guichet qui précède les tapis roulants à rayons X. « J'ai un courrier officiel pour le Grand Maître du Grand Orient de France de la part du ministre de l'Économie. »

Il n'est pas innocent que cette scène reste fraîche dans les mémoires, signe des espoirs déçus des francs-maçons envers le président de la République. Qu'il semble loin, le temps où le ministre en exercice préparait sa sécession politique d'avec la majorité de François Hollande. Dans ce contexte tendu, il avait envisagé une visite de courtoisie comme le balbutiement de ses ambitions présidentielles. Avant d'aller à l'Élysée, passons chez les francs-maçons, s'était-il dit. Avait-il quelque chose à y gagner ? Rien à perdre à s'y faire voir en tout cas.

Le 21 juin 2016, donc, se souviennent mes interlocuteurs, Emmanuel Macron était allé au Grand Orient, première obédience maçonnique française. Si le courrier porté spécialement par un fonctionnaire ne dégoulinait pas de chaleur, le geste a néanmoins fait mouche. Pour un maçon, recevoir une lettre officielle portant les insignes de la République de la part d'un futur président équivaut au pincement d'oreille de Napoléon pour l'un de ses grognards.

La suite des événements politiques, on la connaît. Dans les milieux maçonniques, et en particulier au Grand Orient, plutôt de la gauche bourgeoise et sociale-démocrate, le régicide d'Emmanuel Macron envers le chef de l'État socialiste sortant n'a pas été mal vu. Ce fut même une aubaine et l'occasion d'éviter l'alternance qui pointait son nez. Chez le jeune Macron, la plupart ont vu plus de continuité que de rupture. Dans l'entre-deux-tours, une petite poignée de membres zélés a même cherché à déposer une plainte maçonnique contre leur frère Jean-Luc Mélenchon, qui n'avait pas appelé à voter comme il fallait face à Marine Le Pen. Une motion interne peu commune et vaine. C'est dire les espérances des frères.

Puis l'élection a eu lieu. Quelques jours ont passé, les espoirs maçonniques placés dans l'élection d'un président progressiste après une fausse alternance sont devenus excitation. Les images grandiloquentes du jeune président, marchant, drapeau tricolore, tapis rouge et pyramide du Louvre derrière lui, ont ravi. « C'en était presque gênant, sachant qu'il n'était pas frère », fait aujourd'hui mine de rougir un haut gradé en allusion aux symboles maçonniques que d'aucuns voient dans ces lieux.

Mais ensuite... plus rien. Aucune invitation à l'Élysée, aucun message. Pas un émissaire ni même un presque proche n'a daigné maintenir un semblant de lien. Alors les premiers gestes d'affection d'Emmanuel Macron sont restés gravés dans les mémoires comme le souvenir diffus d'une déception amoureuse.

« Le gouvernement actuel est sans doute celui qui, dans la Ve République, comporte le moins de francs-maçons », confie un éminent membre. Mes interlocuteurs, sous le

sceau absolu de l'anonymat, peinent à cacher leur déception face au désintérêt du pouvoir actuel.
Qu'il semble loin, le temps où la maçonnerie était l'antichambre du pouvoir. Le folklore, lui, est intact, entouré d'une petite dose de mystère. Coquetterie surannée d'un monde sur lequel une lumière trop crue ferait certainement perdre tout semblant de prestige. Lors de mes passages dans ces lieux, les temples mystérieux que j'ai pu apercevoir – avant d'être fermement invité à regagner la sortie – attisent plus la curiosité qu'ils ne suscitent l'admiration. Car si l'on entre comme dans un musée au siège du Grand Orient ou de la Grande Loge nationale, les « profanes » ne peuvent pénétrer dans les cénacles bariolés. En faux marbre blanc, de velours ou de tissus, difficile de comprendre ce qui plaît dans ces temples sans Dieu où siègent Maîtres et Grands Maîtres. Des lieux aux codes ésotériques avec des compas, des grades et des tenues. Tenues – on les appelle tabliers – qui rappellent d'ailleurs celles des savants faussement disparus des *Cigares du pharaon* de Tintin. Une religiosité désuète qui se veut le palliatif de l'Église quand plus personne n'a de souvenir de son catéchisme. Autant d'arguments peu susceptibles, en vérité, de séduire la génération En marche, qui préfère les codes « start-uppeurs » des fondations américaines pour *young leaders* ou l'élitisme mondain des dîners du Siècle.
Avec près de cent mille membres, toutes obédiences confondues, la franc-maçonnerie n'est pourtant pas morte. Si, petit à petit, les initiés – c'est leur nom – ont disparu des arcanes du pouvoir politique, ils demeurent très présents dans certaines professions ou dans la haute administration, comme dans l'éducation, la justice, la police ou les professions réglementées. Il n'empêche que la présidence d'Emmanuel Macron a délaissé les usages anciens. Les Grands Maîtres du Grand Orient et de la Grande Loge nationale de France, les deux plus hauts représentants de la maçonnerie dans notre pays, n'ont plus table ouverte à l'Élysée. Et lors de leurs nominations respectives, ils n'ont pas été contactés ni même félicités. Une goujaterie qui a laissé des traces. « Pendant les Gilets jaunes, nous pensions qu'Emmanuel Macron s'appuierait sur nous et notre maillage territorial, comme l'auraient fait ses prédécesseurs, or il n'en a rien été, regrette un éminent frère. Il nous a traités comme ceux qui se trouvaient sur les ronds-points. » Lors des débats sur la laïcité, aucune sollicitation ou invitation officielle n'est arrivée non plus. C'est tout juste si le ministère de l'Intérieur a reçu, à quelques occasions, des représentants qui apportaient le fruit de leurs planches.
Pourquoi, une fois à l'Élysée, le président n'a-t-il pas saisi l'intérêt de garder le contact ? Comme souvent en politique, la réponse se trouve dans l'entourage et les réseaux. Et au sein de la majorité, on ne trouve des maçons qu'à la périphérie. Dans les cercles qui gravitent autour de la présidence, les maçons se comptent sur les doigts d'une main, et aucun n'est influent dans son obédience. Car si l'on peut devenir membre sans trop de difficulté, atteindre les hautes sphères des grades demande une implication et une assiduité à laquelle Jean-Yves Le Drian, par exemple, ne s'est jamais astreint. Lui, qui ne paie plus sa capitation depuis des lustres, est tout juste perçu comme un lointain cousin. Le seul membre du gouvernement actif est Olivier Dussopt. Mais qui, à part les hauts fonctionnaires de son ministère et les journalistes rubricards « économie », connaît le son de la voix du ministre délégué aux Comptes publics ? Coïncidence amusante, les deux hommes ont été les moteurs de la création d'un micro-parti rassemblant les anciens membres du PS transfuges au sein de la majorité, Territoires de progrès. Publiquement, Olivier Dussopt a fraternellement accepté d'être l'invité d'honneur du prix de la Laïcité du Grand Chapitre général de Rite français du Grand Orient de France en 2019. Distinction que Marlène Schiappa, non-membre, avait reçue deux ans auparavant. Signe de rupture générationnelle, c'est Jean-Marc Schiappa, universitaire de 65 ans et père de la ministre, qui a finalement rejoint les rangs de la maçonnerie. Sur le tard. À l'inverse, le maçon Jean-Louis Touraine est suffisamment impliqué pour que les thèmes qui lui sont chers soient connus de ses frères. Ce professeur de médecine de 76 ans, député de la troisième circonscription du Rhône sous l'étiquette LREM, participe aux débats sur les questions médicales ou bioéthiques tant à l'Assemblée nationale que dans les temples. Mais au sein du mouvement présidentiel, cet ancien du PS ayant changé d'étiquette en 2017 ne pèse guère.
Non, vraiment, pour trouver des personnalités qui comptent autant dans la Macronie que dans la maçonnerie, il faut creuser plus profond. Il y a d'abord eu Jean-Marie Girier. L'ancien directeur de cabinet de Gérard Collomb est monté à Paris avec son tuteur, qui fut l'un des premiers à rejoindre Emmanuel Macron. Girier a ensuite eu le nez fin de ne pas suivre la trajectoire de Collomb – autre maçon non pratiquant – et de chercher un poste dans la jeune garde macroniste. Bien qu'embarqué dans la campagne, il n'est toutefois pas du premier cercle, même s'il est resté collé à Gérard Collomb comme directeur de cabinet au ministère de l'Intérieur. En 2018, il rejoint le cabinet du président de l'Assemblée nationale, Richard Ferrand, poste depuis lequel il cherche à mettre en place une stratégie de débauchage des élus PS pour les élections municipales[1]. Une mission qui ne reste pas secrète. Il faut dire que Jean-Marie Girier aime attirer la lumière, même si, ensuite, il fait mine de la bouder. Ainsi fleurissent entre 2018 et 2020 une dizaine d'articles qui louent les services si discrets du conseiller. Outre cet attrait pour les « off », le trentenaire est actif dans la maçonnerie – il a été initié à Lyon – et se présente comme un proche du chef de l'État. Pendant quelques mois, cela fonctionne, il est vu et présenté comme l'homme de l'Élysée chez les frères. Celui qui, pensent-ils, pourra plaider leur cause et resserrer les liens avec le pouvoir si le

besoin s'en fait sentir. Mais, en juillet 2020, le jeune homme prend une autre voie quand il est nommé préfet de Belfort. Premier soutien d'En marche et maçon, deux arguments de poids pour qu'il devienne, à 36 ans, le plus jeune préfet de France ? Peut-être, mais sa nomination, bonne pour sa carrière, coupe le frêle pont qui existait entre Emmanuel Macron et les milieux maçonniques.

Un autre lien a failli exister. À un niveau plus élevé encore. Mercredi 10 mars 2021, le temple La Fayette, avec ses soixante-dix places, est comble. Orné des drapeaux de tous les régiments qui ont combattu aux États-Unis pour la guerre d'indépendance, ce temple rococo du Grand Orient propose une audience intimiste mais avec des membres d'une telle qualité qu'Agnès Pannier-Runacher, la ministre déléguée auprès du ministre de l'Économie, se déplace. Là, elle fait un brillant exposé sur les questions de budget. Le courant passe avec les frères. On se promet de donner suite. De se revoir de façon informelle.

Mais tout dérape deux mois plus tard. Début mai, alors que la ministre déléguée chargée de l'Industrie a été envoyée en campagne pour les régionales dans le Nord, elle se domicilie chez celui qui l'a justement emmenée au temple La Fayette, Nicolas Bays [2]. L'ancien député socialiste est par ailleurs chef de cabinet de la ministre déléguée depuis quelques mois. Dans les dîners mondains, on bruisse. Nicolas Bays démissionne, s'efface. Et s'évapore, avec son retrait, la dernière chance de peser des maçons. Tant auprès de LREM que dans d'autres formations, d'ailleurs.

Car, dans les mois qui suivent, les seules personnalités qui se sont manifestées se trouvent au deuxième voire au troisième plan de la politique. À l'image du sénateur Bruno Retailleau, venu voir les frères lorsqu'il caressait le rêve de se présenter, mais qui n'a pas laissé une bonne impression à ceux qui l'ont entendu. Quant aux liens avec Jean-Luc Mélenchon, poussé l'an dernier à la démission, ils se sont évidemment beaucoup distendus. L'Élysée va-t-elle essayer de se rabibocher avec les frères, campagne électorale oblige ? « Sans doute y aura-t-il une tentative de rapprochement à la veille de l'élection, estime un membre haut placé, mais il sera sans doute trop tard. » Comme pour se raccrocher à l'espoir d'un avenir meilleur, les plus anciens exhumaient de leurs archives ce qu'ils pensaient être un atout : le fait que voilà des années, à Tergnier, dans les Hauts-de-France, un jeune assureur ambitieux fréquentait la Loge « Les Fils d'Isis ». Un espoir perdu toutefois puisque, depuis cette époque, Xavier Bertrand, qui est resté ambitieux, a jeté son tablier. Blackboulé de la course à la présidentielle par le parti Les Républicains, le dernier espoir des francs-maçons a fait long feu.

1 – Aziz Zemouri, « Comment Macron veut liquider le PS », *Le Point*, 4 juillet 2019.
2 – Pauline de Saint Remy, « La question APR – Le plein de plaintes – Soir de conseil », *Politico*, 24 mai 2021.

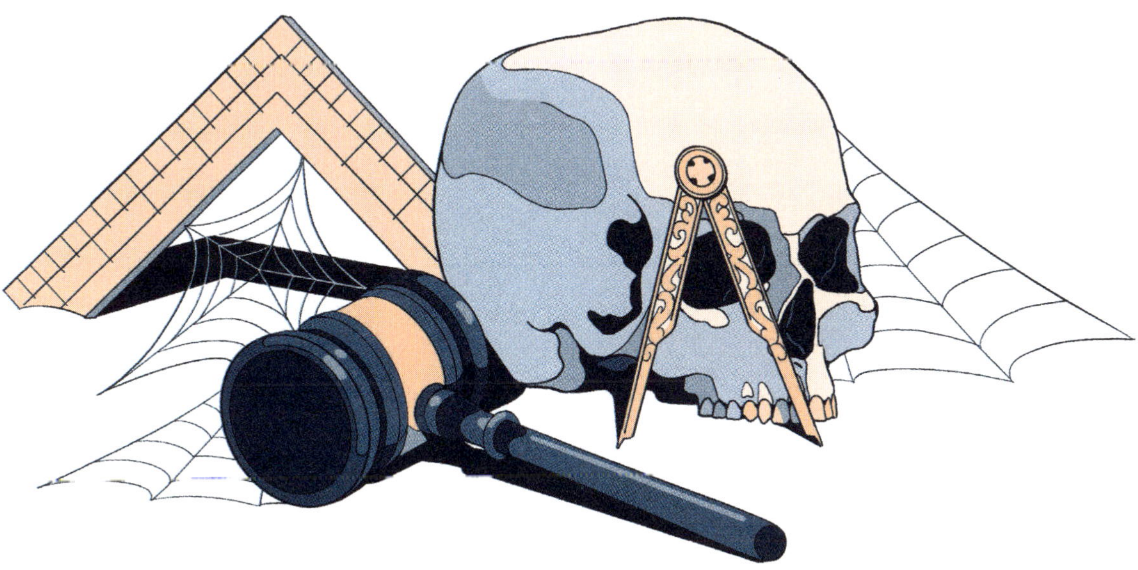

LE JOUR D'APRÈS

BERTRAND, LE CRASH DU « PETIT CHOSE »

PAR

Olivier Beaumont

Le patron des Hauts-de-France se voyait bien en haut de l'affiche présidentielle, quitte à forcer le passage à droite malgré la concurrence. Mal lui en a pris. La machine Les Républicains a rabaissé l'orgueil de celui qui, derrière les traits vernis d'une assurance qui a parfois tourné à l'arrogance, cache tant de complexes enfouis.

Il avait tout préparé, méticuleusement. Un journal télévisé de 20 heures pour entériner sa victoire, une photo de famille avec toute la droite unie derrière lui, une série de déplacements jusqu'à Noël, et, surtout, les premiers meetings de campagne en janvier. Il avait tout prévu, comme d'habitude. Une chorégraphie de campagne réfléchie jusque dans les moindres détails, car l'homme n'est pas du genre à s'en remettre au hasard. Sûr de sa stratégie. « C'est un marathon qui finira par un sprint. Le sprint commence à partir du début de l'année. Et la dernière ligne droite, le dernier mois », se persuadait Xavier Bertrand à quelques jours du congrès Les Républicains (LR) qui allait désigner son leader pour 2022. Il en était encore certain au cours de ces semaines décisives pour son destin politique : « Si je ne gagne pas cette élection, quel avenir pour la droite républicaine ? Aucun. Et qui peut gagner à droite ? Personne, à part moi. » Il en était convaincu. Puis, l'un des tout premiers jours de décembre, patatras.

« Il y en a tellement qui rêvaient de sa défaite... »

Une affaire vite pliée. Dix années d'ambition élyséenne fracassées en une poignée de secondes, au détour d'un texto confidentiel, reçu juste avant 14 h 30, de Vincent Chriqui, son directeur de campagne : « Bah voilà, ça ne passe pas. Désolé, les amis, c'est perdu », laisse échapper d'une voix blanche le Picard en découvrant les résultats du scrutin sur son téléphone. Après trente heures de vote électronique, la sentence est tombée comme un couperet : le second tour surprise opposera Valérie Pécresse à Éric Ciotti. Le résultat sera officialisé quelques minutes plus tard à la télévision par le patron des Républicains, Christian Jacob. L'ancien ministre de Nicolas Sarkozy n'est même pas sur le podium. Quatrième. Avant-dernier. La claque est terrible, la désillusion cruelle. Il visait si haut, lui qui clamait à cor et à cri, et depuis des mois, qu'il était le mieux placé pour battre Emmanuel Macron en mai prochain. « Je ne fais pas tout ça pour ne pas me retrouver au second tour de la présidentielle », se rengorgeait-il encore les jours précédents. Il n'en sera rien. Le jeudi 2 décembre 2021, au rez-de-chaussée de son QG de campagne, sis au 18, rue Théodule-Ribot (17e arrondissement de Paris), Xavier Bertrand a compris que son destin national prenait brutalement fin. À défaut de pouvoir jouer le premier rôle, le voilà maintenant ramené au rang de spectateur.

« C'est la vie... », glisse d'un air philosophe le candidat déchu devant ses collaborateurs et élus proches reclus dans son bureau. Une dizaine, tout au plus, sidérés par l'ampleur du cataclysme et témoins interdits du moment singulier auquel ils sont en train d'assister : des années de vie politique au service d'une ambition suprême, autant de sacrifices, tout cela balayé au détour d'une élection interne qui était entre les mains de 113 058 adhérents votants à jour de leur cotisation au premier tour. C'est tout. Fin de partie. Pour les trémolos, en revanche, il faudra repasser. « Attendez, les amis, y a plus grave. Je connais des gens qui ont des malheurs bien plus importants que ça », rebondit tout de suite le vaincu. « Comme d'habitude avec lui, ça dure deux minutes, le moment de gravité. Puis il passe déjà à autre chose », raconte un participant. L'orgueil, probablement. Une furieuse envie, aussi, de ne pas laisser croire qu'il serait mauvais joueur ou amer. « Il y en a tellement, au parti, qui rêvaient de sa défaite et l'imaginaient déjà livrer sa déception et sa rancœur devant les caméras... Il ne leur fera pas ce cadeau-là », poursuit un vieux compagnon de route.

Tombé dans le piège ?

On disait le scrutin piégeux pour Xavier Bertrand. Effectivement. « On est dans un trou noir absolu », confie-t-il à la veille de l'élection, quand bien même les sondages le placent comme le favori à droite des intentions de vote pour la présidentielle. À ceci près que les scrutins internes ont leurs règles qui échappent à la raison. Jusqu'au bout, il a tenté de résister au principe de la primaire. Le 11 octobre, quelques heures avant le JT de TF1 où il va annoncer devant Gilles Bouleau qu'il participera finalement au congrès et qu'il reprendra sa carte du parti, l'ancien maire de Saint-Quentin se pose encore des questions. Y aller, c'est accepter de se soumettre aux règles communes et

Page précédente : Xavier Bertrand lors d'un meeting. Compiègne (Oise), novembre 2021.

Photo de Sarah Alcalay.

« Il a sous-estimé la détermination de Pécresse, n'a pas vu Barnier émerger et n'a pas pris Ciotti au sérieux. »

UN PROCHE

se mettre sur un pied d'égalité avec les autres candidats. Au risque de se dédire, lui qui jurait il y a peu : « Les Français ne croient plus aux partis. » Rester camper dans son couloir, c'est imposer un rapport de force avec les siens, en continuant d'installer seul – et flamberge au vent – son match avec Macron. Dans son entourage, ils sont quelques-uns à penser que le calcul est pourtant vite fait : « Ce sont des élections à la con. Si tu y vas, tu t'adresses à des gens qui sont restés quand toi tu es parti. Si tu y vas, tu vas avoir en face de toi des grosses fédérations, comme Île-de-France et PACA, alors que ceux qui te sont proches ne sont plus membres du parti. Bref, tu te feras avoir en beauté », l'alerte début octobre une vieille connaissance, Jérôme Lavrilleux, ancien homme lige de Jean-François Copé quand il était à la tête de l'UMP, aujourd'hui retiré des affaires publiques depuis qu'il a révélé la fameuse « affaire Bygmalion » des comptes de campagne de Nicolas Sarkozy à la présidentielle de 2012[1]. D'autres pensent le contraire, comme son bras droit et ami depuis vingt ans, Michel Bettan, vice-président de l'agence de communication Havas : « Tu n'as pas le choix. Si tu n'acceptes pas de te soumettre à l'idée d'une élection interne, tu fais exploser ta famille politique. Et tu seras crédité d'en être le fossoyeur », le prévient-il, résigné. Va pour la seconde option, bon gré mal gré.

Le président des Hauts-de-France, qui était persuadé de creuser l'écart dans les sondages à partir de l'automne, a surtout vu qu'il ne pliait pas le match : « Il a sous-estimé la détermination de Pécresse, n'a pas vu Barnier émerger et n'a pas pris Ciotti au sérieux », traduit l'un de ses exégètes à l'Assemblée nationale. Huit mois plus tôt, fin mars, quand il se déclare officiellement candidat à l'Élysée dans *Le Point*, l'humeur est pourtant triomphante et va-t-en-guerre. « Je ne souhaite plus m'inscrire dans la logique d'un seul parti. Je ne participerai pas à la primaire », charge-t-il pour tordre le bras à tous ses potentiels concurrents. C'est l'époque où il pense que rien ne pourra lui résister : « En avril, ça va être la déferlante. Même le slogan est prêt, toute la stratégie est lancée », crâne l'un de ses proches. « On s'en fout de la primaire ! Le PSG et le Bayern ont refusé il y a quelques semaines que se monte une Super Ligue de foot en Europe, eh bien, là, c'est pareil, enfonce un autre lieutenant. La primaire n'aura pas lieu car elle serait ridicule. » Devant les journalistes qu'il croise en cette période de pré-campagne, Bertrand en profite également pour déployer ses arguments et convaincre de sa légitimité : « Cela fait des années et des années que je m'intéresse aux campagnes présidentielles. Il y a une histoire, une musique. J'ai tout intégré, je sais ce que j'ai à faire, et ce que je ne dois pas faire », se drape-t-il. Puis vient l'heure des doutes. Un été sans rythme, une rentrée marquée par l'émergence de Michel Barnier, des conciliabules avec Christian Jacob, qui le pousse à se contraindre au principe d'une élection interne. « Si tu es si sûr de toi, alors pourquoi tu n'y vas pas ? » le provoque ce dernier.

En fait, l'ancien maire de Saint-Quentin turbule. Il voit bien que le *blast* espéré ne s'est pas produit dans les sondages. Qu'il n'est pas le sauveur attendu par toute la droite pour déloger Emmanuel Macron de l'Élysée. Sans parler des rancœurs en interne. Le voilà ramené au fameux syndrome du « petit Chose », contre lequel il dit avoir toujours dû lutter, mais sur lequel une partie de son ascension politique s'est aussi construite. Une fable pour les uns, un vrai ressentiment pour les autres. « Avec le physique que j'ai et le parcours que j'ai, on me dit que cinq points d'avance sur Valérie Pécresse, ce n'est pas assez. Douze points d'avance dans l'électorat de droite, ce n'est pas assez non plus. Je serais à 95 %, on me dirait encore que je vais me faire rattraper dans la dernière ligne droite ! C'est le côté "petit Chose", quand même… un peu. J'ai toujours connu ça », remâche-t-il en petit comité, bien loin des postures au port altier

1 – Jérôme Lavrilleux a été condamné en première instance le 30 septembre 2021 à trois ans de prison, dont un an avec sursis. Il a fait appel de cette décision.

dont il a l'habitude face caméra. Mi-octobre, après d'ultimes coups de boutoir sans succès, seul contre tous, il se résout à participer au congrès réclamé par ses concurrents. Le bras de fer a fait long feu. Son destin se jouera donc entre les mains des adhérents LR. « Il a eu un péché d'orgueil en se disant que s'il n'était pas capable de convaincre 100 000 adhérents, il ne serait pas capable de convaincre 25 millions de personnes », raconte Nadine Morano en privé. « Mais c'était un mauvais raisonnement. Un raisonnement qui a montré qu'au fond de lui, il s'est mis à douter. En fait, il n'a pas eu suffisamment confiance en sa capacité à y aller seul », décèle Lavrilleux en poussant la comparaison avec un autre grand brûlé de la vie politique qu'il a bien connu : « Le problème de Jean-François Copé, c'est qu'il s'aimait trop. Le problème de Xavier Bertrand... c'est qu'il ne s'aime pas assez. »

« Leur mépris est un manteau qui m'a tenu bien chaud en hiver »

Tant de complexes enfouis : son physique rond et ses kilos en trop, ses origines provinciales et son parcours d'assureur qui n'a pas fait les grandes écoles. Ce qu'il a cherché à dompter à grand renfort de régimes, en travaillant deux fois plus que les autres, en s'adonnant de longues années à des séances de média-training pour livrer clé en main la formule qui lui permettra d'être repéré. Au point de renvoyer parfois l'image d'une personnalité superficielle, opportuniste, voire arrogante. « C'est vrai que j'ai été la caricature de moi-même à une époque. Mais est-ce que ça méritait cette morgue et ce mépris du petit milieu parisien ? Je ne le crois pas, confie l'intéressé en juillet 2018, quelques mois après son départ du parti. D'une certaine manière, j'ai toujours pensé que je ne serais jamais accepté. »
« Floc-Floc », l'a un jour baptisé d'un ton aigre et méprisant Brice Hortefeux, alors que tous deux partageaient la table du Conseil des ministres pendant le quinquennat de Nicolas Sarkozy. Une référence au bruit des semelles de ses chaussures Mephisto, qu'il a longtemps portées. Le sobriquet est méchamment resté. Il en a parfois joué, en cessant aussi de porter une cravate. Comme il n'a jamais renoncé à se rendre dans les villages vacances Center Parcs, même après qu'il a été nommé ministre. Histoire d'appuyer le récit d'un homme politique proche du peuple. « Quand j'y allais à Noël, Sarkozy se demandait tout le temps pourquoi je ne préférais pas aller ailleurs, à Marrakech ou en Égypte, par exemple. Mais moi, j'aime bien passer mes vacances à Center Parcs ! » raconte-t-il encore aujourd'hui. « Il a souffert de ce mépris social, mais il a fini par faire exprès de surjouer son côté plouc. C'était une façon de leur montrer qu'ils se trompaient », décrypte Lavrilleux. Et Bertrand de faussement s'étonner qu'on ne lui ait jamais « fait la remarque en face sur les Mephisto », avant d'asséner que « ce sont des chaussures confortables et pas si mal niveau look ». Pour le reste, « leur mépris est un manteau qui m'a tenu bien chaud en hiver. Et les hivers sont rudes dans les Hauts-de-France... »
Il retient surtout une phrase que son père lui a souvent dite quand il était gamin : « Si tu ne manges pas de vache enragée, alors tu ne sais pas quel goût ont les choses après. » Une façon de lui apprendre qu'on n'obtient jamais rien sans sueur et sans larmes. Il revisite le dicton paternel : « Si tu veux réussir, il n'y a pas de secret : c'est travail, travail et travail. On peut se dire que je n'ai peut-être pas les mêmes capacités ou la même intelligence que certains, mais je travaille davantage. Et au fond, c'est peut-être mieux. » Le syndrome, aussi, de celui qui s'est toujours senti obligé d'en faire plus que les autres pour être accepté : « Quand je bosse jusqu'à 1 heure du matin et que je me lève à 5 heures, je sais pourquoi je le fais. C'est tout. Ça ne suffit peut-être pas, mais ça joue quand même », dit-il. Un ami abonde : « Il a toujours essayé de se prouver plus à lui-même qu'aux autres. C'est aussi parce que c'est le type qui n'avait pas la carte du club. »

Pas les codes, ni les réseaux

Son enfance, Xavier Bertrand la passe loin des beaux quartiers parisiens. Dans une cité populaire de Troyes (Aube), le quartier des Chartreux, où il passe ses journées à jouer au foot avec les copains et à vadrouiller dans les caves d'immeubles. Ses parents sont employés de banque à la Société générale, ils louent un T3 dans l'une des barres HLM. Une époque où partir de tout en bas de la pyramide sociale pour ensuite progresser dans l'entreprise est encore un rêve possible. « Le "travailler plus pour gagner plus", ça existait dans les années 1970 », se remémore-t-il. Puis un jour, Jean-Pierre Bertrand, son père, décide de passer l'examen pour devenir chef de bureau, et cadre. « Je l'ai vu bosser à la maison, le soir et les week-ends. Il a fini par l'avoir et obtenir sa mutation. Ça m'a beaucoup marqué. Je ne dis pas qu'ensuite, on est devenu riches, mais la vie a changé, et ça a été le résultat de son travail. » La famille déménage. Direction Saint-Quentin. Avec un appartement plus grand et plus confortable, en plein cœur de la sous-préfecture de l'Aisne. La vieille Simca 1100 est envoyée à la casse. Les voilà à bord d'une Talbot Solara, la berline avec sa boîte à cinq vitesses et sa grande banquette arrière. L'un des musts automobiles de l'époque. Xavier Bertrand, qui n'a alors que 13 ans, raconte ce souvenir comme si c'était hier.

Sans jamais oublier d'où il vient, ni renier ses origines. Comme cet autre épisode que lui contait naguère son paternel. Une histoire de bagnole, encore – mais la toute première, alors que ses parents sont à peine mariés et qu'il n'a même pas un an. 1966, la Renault 4CV du couple tombe souvent en panne, faute d'essence pour remplir suffisamment le réservoir. Alors les trajets se terminent parfois à pied. Et, par grand froid, une astuce pour dégivrer manuellement le pare-brise de l'intérieur du véhicule, afin d'y voir plus clair, à défaut d'avoir du chauffage : une pomme de terre crue coupée en deux. De là à nourrir une profonde envie de revanche sociale ?

On a longtemps narré le récit du « petit assureur de province », ce jeune cadre du RPR monté à Paris à la fin des années 1980 comme assistant parlementaire du sénateur Jacques Braconnier, une figure du gaullisme, et qui va gravir un à un les échelons de la méritocratie politique. Alors qu'il n'est pas du sérail. Lui-même a largement façonné sa légende de *self-made man*. « Au départ, je suis convaincu qu'il n'y a pas de place pour quelqu'un comme moi à Paris. Quelqu'un qui n'a pas les codes, qui n'y a pas suivi sa scolarité, qui ne fréquente pas les dîners parisiens, qui n'a pas fait Science Po et l'ENA. Je n'ai aucun réseau. »

Son premier choc a justement lieu en 1987, quand il présente le concours de la célèbre institution de la rue Saint-Guillaume (7e arrondissement). Il échoue une première fois. « J'étais insuffisamment préparé, je ne savais pas ce que c'était, pas de relais pour me dire comment allait se passer l'examen. » Puis un second échec, après un oral au goût amer. « J'avais préparé la matière, mais les questions qu'on me posait visaient d'abord à me désarçonner. Pour voir comment j'allais réagir. Je ne m'attendais pas à cela, j'ai été très surpris. »

« C'est maintenant que les ennuis commencent »

Il va pourtant apprendre. Très vite. Il rachète à la compagnie d'assurances bâloise, qui deviendra Swiss Life, les parts de ses beaux-parents installés à l'agence de Flavy-le-Martel. Il découvre que ce n'est pas dans un bureau que l'on signe des contrats, mais sur le terrain. L'une de ses marques de fabrique ensuite. À Saint-Quentin, il se fait élire dans l'opposition municipale en 1989, devient adjoint au maire en 1995, puis député en 2002, où son entregent et sa bonhomie de bon aloi font d'abord merveille dans les cénacles feutrés de la capitale. C'est là que l'UMP le repère pour piloter le débat sur les retraites, qui lui permet de faire le tour

Xavier Bertrand lors d'un meeting. Compiègne (Oise), novembre 2021.

Photo de Sarah Alcalay.

« Quand on se fait tout le temps mépriser, ça forge une force et une carapace. »

des fédérations. À la faveur du remaniement, le voilà nommé le 31 mars 2004 secrétaire d'État à l'Assurance maladie. Trente-neuvième dans le rang protocolaire, avant-dernier dans un gouvernement de quarante. Un an et deux mois plus tard, lorsque Dominique de Villepin est nommé en remplacement de Jean-Pierre Raffarin à Matignon, le voilà propulsé ministre de la Santé. Neuvième personnage de l'exécutif, au nez et à la barbe d'autres prestigieux congénères comme Jean-François Copé, François Baroin ou Brice Hortefeux. Quand il découvre, devant son écran de télévision, Frédéric Salat-Baroux, le secrétaire général de l'Élysée, annonçant son nom sur le perron du palais présidentiel, Xavier Bertrand comprend alors une chose. Une confidence qu'il va livrer aussitôt à son vieux complice Michel Bettan : « C'est maintenant que les ennuis commencent. »

Il n'a pas tort. Au début du quinquennat suivant, le surnom de « chouchou » du président Sarkozy est autant flatteur qu'il devient un boulet. Depuis qu'il a été nommé pour la première fois au gouvernement, il mène les réformes tambour battant : fin du lundi de Pentecôte obligatoire, service minimum dans les transports, réforme des retraites avec une première mouture pour s'attaquer aux régimes spéciaux, interdiction de fumer dans les lieux publics, etc. « Les gens le savent peu, mais de 2004 à 2012, il a été l'un des ministres qui a fait le plus de réformes », reconnaît l'un de ses anciens collègues au gouvernement. Mais son omniprésence dans les médias et sa suractivité ne sont pas sans créer des inimitiés et des jalousies en interne. Il devient aussi une cible. Preuve que l'individu fait désormais partie de ceux qui comptent, il a sa marionnette aux célèbres *Guignols de l'info*. Mais sous des traits peu avantageux : joufflu, mielleux et fourbe. La fin du quinquennat approche et les temps s'assombrissent. Bertrand, qui était porte-parole de la campagne en 2007, n'est plus, cinq ans plus tard, dans aucun organigramme stratégique de la présidentielle qui approche. Pis, il est mis de côté et ne figure même pas sur la photo de famille du gigantesque meeting du candidat Sarkozy au Trocadéro, le 1er mai 2012. Profonde humiliation qu'il règlera une fois la défaite passée. « Entre lui et moi, c'est fini. Maintenant, je roule pour ma pomme », tranche-t-il.

Voici venu le temps des grands changements. Sur le fond comme sur la forme. D'abord en dessinant un destin national qui doit passer par la conquête de l'Élysée. Mais avant, celle des Hauts-de-France, en 2015, pour asseoir son assise politique, qui plus est dans un territoire populaire qui est aussi le fief électoral de Marine Le Pen. Une fois élu dans sa région, il s'impose des journées de travail encore plus longues, des week-ends sans pause, ou si peu, sans parler des 12 000 kilomètres avalés chaque mois pour sillonner ce vaste territoire de cinq départements. La peur du vide, sûrement. « Il est quelque part convaincu que le chemin pour être président de la République est avant tout une route sacrificielle. Sans souffrance, sans don intégral de sa personne, eh bien, il est persuadé qu'on ne peut pas y arriver. Sarkozy était beaucoup comme cela aussi », confesse un député. « Il s'inflige des choses que personne ne s'inflige », appuie de son côté Michel Bettan. Ses collaborateurs peinent à suivre le rythme. Plusieurs quittent le navire en cours de mandat. Hyperactif, jusque dans l'excès. « Xavier, le moment le plus terrible dans sa vie, ça doit être quand il se retrouve à un enterrement. Au calme, avec lui-même, à l'arrêt pendant une heure. Ça doit le stresser... », présume le ministre de l'Intérieur Gérald Darmanin, qui le connaît bien. Chacun ses névroses. Même si le moment d'être en paix avec son physique est venu. « Quand on regarde les sévices qu'il s'est infligés en essayant tous les régimes de la terre, c'est dingue. Si on additionne le nombre de kilos qu'il a gagnés et perdus, c'est violent », trahit un élu des Hauts-de-France. « J'ai essayé tous les régimes possibles, confesse-t-il un jour de l'été 2018. Même des coupe-faim aussi dangereux que le Mediator. C'est bien simple, j'ai perdu des quintaux, tellement de quintaux depuis que j'ai 12 ans. Et je

les ai tous repris. Il est temps pour moi de me stabiliser. » Aujourd'hui remarié et papa d'un petit garçon, Lucas, 3 ans, Xavier Bertrand jure en avoir fini avec ses vieux démons : « J'ai mis longtemps à comprendre que, de toute façon, je ne serai jamais mince. Je vis désormais cela très bien, je suis comme je suis. Mais si j'avais quelques kilos en moins... ça ne me ferait pas de mal. »

« L'audace des meurt-de-faim »

Il avait tout préparé. Il avait tout prévu. Sauf sa défaite. Et encore moins qu'une fois désignée, Valérie Pécresse se retrouverait en position de se qualifier pour le second tour : un bond de huit à onze points, selon les sondages d'intention de vote pour la présidentielle, dans la semaine qui suit le congrès des Républicains. Une autre pilule à digérer pour celui qui jurait, pendant toute la campagne interne, être le seul en capacité de faire chuter Emmanuel Macron. Qu'à cela ne tienne. Beau joueur, Xavier Bertrand a ravalé sa fierté. Lui qui assurait qu'il mettrait fin à ses ambitions nationales en cas de défaite n'a pas pour autant l'intention de disparaître des radars. « Je vais m'engager à fond dans cette campagne », répète-t-il une semaine après le résultat, en accueillant Valérie Pécresse à Lille. Un geste digne et salué en interne, y compris par Nicolas Sarkozy, avec qui il a plusieurs fois échangé au cours de ces jours où son destin a basculé du mauvais côté. « Pour lui, c'est surtout une forme de thérapie. Qui peut croire un instant qu'il allait rester dans son coin à se morfondre ? » commente un lieutenant LR. « Xavier, contrairement à l'image que certains peuvent avoir, est très humain, simple, pas snob. Il a l'audace des meurt-de-faim. J'ai voté pour Macron, mais je ne dirai jamais du mal de lui », confie la députée du Nord Valérie Petit (Agir), qui ajoute : « Quand on se fait tout le temps mépriser, ça forge une force et une carapace. » Et qui sait ce que pourrait lui proposer Valérie Pécresse si elle accédait en mai prochain à la magistrature suprême ? « Personne n'a jamais refusé Matignon et Xavier serait une incroyable machine de guerre pour diriger un gouvernement et porter les réformes », relève un soutien du Picard.

À défaut de s'aimer, Bertrand a peut-être gagné, avec cette défaite, le droit d'être aimé. « Je n'ai jamais eu besoin de prouver quelque chose. Je sais que ça ferait mieux à l'écrit, mais ce n'est pas le cas », nous jure-t-il. À voir. ■

Valérie Pécresse et Xavier Bertrand lors de la primaire du parti Les Républicains. Paris, décembre 2021.

Photo de Raphaël Lafargue.

2027

Hugo Clément PRÉSIDENT ! ?

Et si les écolos misaient sur un influenceur ? Sur un leader capable de fédérer une communauté et de parler aux jeunes ? Sur une star qui viendrait de la télé ? Toute ressemblance avec une personne existante ne serait (pas) que fortuite...

PAR

Cyril Lacarrière

C'est un vieil ours qui se traîne, mourant, devant les barreaux d'une cage sordide. Cet ours s'appelle Micha et, après avoir servi pour amuser les spectateurs d'un cirque, le voilà affamé et les pattes dévorées par les asticots. « Il fallait intervenir rapidement », se souvient Muriel Arnal, la présidente de l'association One Voice, qui avait réussi à infiltrer l'équipe de dresseurs. Dans ce genre de situation, le mode opératoire est connu : toucher la corde sensible. One Voice publie une vidéo de l'animal à bout de forces, immédiatement relayée par le journaliste Hugo Clément. C'est réussi, les images font le tour du Net. Deux jours plus tard, Élisabeth Borne, alors ministre de la Transition écologique, s'empare du dossier et annonce trois mesures immédiates pour sauver l'ours, qui succombera finalement quelques jours plus tard. « Hugo a été le petit ingrédient qui a permis à notre message d'être relayé », se félicite Muriel Arnal. « Je fais ce que j'estime être un travail de journaliste : mettre en lumière les gens qui se battent sur le terrain et qui ne bénéficient pas forcément d'une grande surface médiatique », explique Hugo Clément, assumant l'étiquette d'activiste accolée à celle de journaliste. Que vous souteniez sa démarche ou que ses méthodes vous énervent, l'histoire de l'ours Micha prouve que le jeune homme fait partie des voix qu'on écoute sur les sujets qui touchent à la cause animale. Et elles ne sont pas si nombreuses, alors que, paradoxalement, les thèmes liés à l'environnement n'ont jamais été autant au cœur des préoccupations.

L'Institut français d'opinion publique (IFOP) révèle que trois quarts des jeunes Français se disent engagés en faveur du climat. Un jeune sur cinq se dit « prêt à mourir pour la planète ». Pourtant, le prochain président de la République ne sera pas étiqueté écolo. Une bizarrerie que Frédéric Dabi, directeur général adjoint de l'IFOP et auteur du livre *La Fracture* (Les Arènes, 2021) sur la jeunesse française, explique assez simplement : « Les jeunes font rarement la décision électorale, et si ces chiffres montrent qu'ils ne sont pas désengagés, ils se sont dépolitisés. » Reste que, selon l'expert, le sujet est désormais prégnant pour la population française, au-delà même des seuls 18-30 ans : « Le fait que la planète soit mortelle est devenu un enjeu, et si un candidat sait s'en emparer, cela peut être déterminant. » Il manquerait donc un leader pour porter cette cause au plus haut niveau de l'État et l'imposer comme le sujet central d'une campagne présidentielle jusqu'ici cannibalisée par l'interminable crise sanitaire et les coups de menton d'Éric Zemmour sur l'immigration. En somme, il manquerait le Nicolas Hulot de 2006, qui avait obligé les principaux candidats à l'Élysée à venir prêter allégeance à son « pacte écologique » – dont il ne resterait toutefois pas grand-chose une fois l'élection passée. Seize ans plus tard, pourtant, le climat est, avec la santé, le thème qui a le plus progressé dans les préoccupations des Français entre 2017 et aujourd'hui, « et ce sont les jeunes qui l'ont imposé », relève Frédéric Dabi. Mais si Nicolas Hulot a été éjecté

Hugo Clément. Port du Havre (Seine-Maritime), septembre 2021.

Photo de Christophe Geyres.

du débat public après plusieurs accusations d'agressions sexuelles et de viol qu'il conteste, d'autres figures ont émergé au fil des années comme le cinéaste Cyril Dion, porté par le succès de son film *Demain*, la toute jeune militante Camille Étienne, très offensive face aux politiques, et le journaliste Hugo Clément. Ce dernier peut-il peser dans le débat de 2022 ?

« Ego Clément » : un modèle qui a fait ses preuves

« Je suis un journaliste, mais aussi un citoyen engagé sur des sujets qui me tiennent à cœur. Utiliser l'exposition médiatique que j'ai la chance d'avoir pour soutenir celles et ceux qui agissent pour le bien commun et essayer de faire bouger certaines lignes, cela me semble être une évidence. La seule chose qui compte, c'est la recherche de la vérité : témoigner, informer et ne jamais modifier les faits pour les faire correspondre à ce que l'on pense », nous répond Hugo Clément. Sans esbroufe, quitte à paraître un poil trop convenu. Le présentateur de *Sur le front* a su, depuis son accession au *Petit Journal* de Yann Barthès sur Canal+, construire une carrière, une image et une personnalité qui ne laissent pas indifférent dans le paysage politico-médiatique français. Et si toute comparaison avec l'ancien ministre de la Transition écologique est désormais devenue casse-gueule, il ne faut pas balayer les similitudes entre le Hulot époque *Ushuaïa*, qui éveillait les consciences des Français, et Hugo Clément, qui alerte sa communauté. Et là où *Ushuaïa* ne bénéficiait « que » des audiences de TF1, les canaux de communication du journaliste se multiplient à mesure que de nouveaux médias sortent du cerveau de geeks entrepreneurs. Une émission sur France 5, des productions pour la plateforme france.tv, des messages sur Twitter – plus de 660 000 followers –, des posts sur Instagram – un million d'abonnés – et des vidéos sur TikTok, où il est suivi par plus de 380 000 personnes. Et comme il n'y a pas que les *start-up* dans la vie, Hugo Clément est également présent en librairie avec – déjà – deux livres et un « livret agenda », *Il y a urgence !*[1], sorte de guide qui propose des solutions individuelles face aux dérèglements de la planète. *Comment j'ai arrêté de manger les animaux*[2] et *Journal de guerre écologique*[3] se sont chacun écoulés à 33 000 exemplaires, auxquels il faut ajouter plus de 36 000 exemplaires pour le premier, sorti au format poche. De bonnes ventes, estime-t-on dans le monde de l'édition. Hugo Clément est devenu un média à lui tout seul, et un média entièrement dévoué à une cause : la planète.

Si Hugo Clément a fait ses armes comme journaliste politique à l'époque du *Petit Journal* puis de *Quotidien*, tout son travail tourne désormais autour des sujets environnementaux, avec un intérêt tout particulier pour la cause animale dont il est devenu un porte-étendard. « Nous ne sommes pas toujours d'accord, mais c'est un journaliste sérieux qui peut faire avancer nos sujets respectifs », lui reconnaît le député Matthieu Orphelin, engagé lui aussi sur les questions environnementales et qui échange avec Hugo Clément depuis un an et demi. La présidente de l'association L214, Brigitte Gothière, a quant à elle fait sa rencontre lors de son passage sur le site Konbini : « Il nous a tout de suite posé des questions pertinentes et nous a aidés à progresser. C'est un facilitateur qui met les gens en relation et je le vois comme quelqu'un qui nous tire vers le haut, il ne se laisse pas avoir par les discours politiques et j'ai vu ses convictions se renforcer au fil du temps. » Jusqu'à sortir un manifeste sur ses habitudes alimentaires. Et là où d'autres seraient devenus végétariens sans en faire 192 pages, Hugo Clément est une personnalité publique qui s'assume comme telle et entend donc que sa vie, ses engagements, ses combats et même son intimité soient exposés. Oui, là aussi, il pourrait y avoir un air de ressemblance avec la trajectoire d'un (futur ?) homme politique.

Le couple qu'il forme avec l'ancienne Miss France Alexandra Rosenfeld a aussi attiré la presse people et, s'ils se sont beaucoup affichés sur les réseaux sociaux, cette surexposition semble révolue. Sur son fil Instagram, leur dernière photo en date remonte au 2 juin 2021, et encore, ils sont de dos. « Il y a des moments où on a envie de partager notre quotidien, et des moments où on se concentre sur le travail. Il n'y a pas de stratégie derrière tout ça », assure aujourd'hui Alexandra Rosenfeld. Celle qui fut couronnée en 2006 le sait, son couple a rapidement été l'objet de soupçons, dont celui de se mettre en scène. « C'est tout le problème avec eux, et en fait surtout avec lui,

1 – Hugo Clément, *Il y a urgence !*, Marabout, 2021.
2 – Hugo Clément, *Comment j'ai arrêté de manger les animaux*, Seuil, 2019.
3 – Hugo Clément, *Journal de guerre écologique*, Fayard, 2020.

puisqu'il est devenu le moteur médiatique de leur "*power couple*", on a du mal à croire à sa sincérité, grince un producteur télé qui le connaît. Je ne suis pas le seul à penser que la principale cause qu'il défend, c'est avant tout la sienne. » Pourtant, allez savoir pourquoi, rares sont les personnes qui prendront la parole publiquement pour critiquer Hugo Clément. S'il semble avoir agacé pas mal de monde du temps où il suivait les déplacements des personnalités politiques, celles et ceux qui l'ont croisé sur le terrain ne tiennent pas aujourd'hui à revenir sur une attitude souvent qualifiée, *off the record*, d'« arrogante », voire de « méprisante ». Dans la même lignée, un portrait dans *Libération* faisait à l'époque état d'un surnom que lui aurait donné ses collègues chez Bangumi (producteur de *Quotidien*) : « Ego Clément ». « Je le côtoie depuis longtemps et, d'accord, il a pu se la raconter et avoir tous les aspects du jeune con qui montre sa gueule à la télé, mais il a changé, il a mûri et il ne faut pas oublier que le mec n'a que 32 ans. Il n'avait même pas la trentaine quand ça a commencé à cartonner pour lui ! » le défend quelqu'un qui se considère comme l'un de ses amis mais qui ne tient pas, lui non plus, à s'afficher. On protège Hugo et on se protège d'Hugo.

« La principale cause qu'il défend, c'est avant tout la sienne. » Pourtant, [...] rares sont les personnes qui prendront la parole publiquement pour critiquer Hugo Clément.

De l'art d'être radical sans trop l'être

Le garçon n'est pourtant pas le genre de personnalité du PAF[4] qui envoie des SMS menaçants lorsqu'il est furieux contre vous. L'auteur de ces lignes a écrit deux ou trois fois au sujet d'Hugo Clément, et s'il y a déjà eu un désaccord, l'échange est resté courtois. Mais à la télé, on prend garde à ne pas insulter l'avenir, qui sait si demain celui que vous venez de dézinguer ne va pas devenir votre boss ? Et puis, Hugo Clément pèse dans le *game*. En le recrutant il y a deux ans pour une rentrée placée sous le signe de l'environnement, France Télévisions s'est donc payé une tête de gondole ainsi qu'un journaliste qui parle aux jeunes, ce qui n'est pas si fréquent au sein de ce média vieillissant. Problème : à la télé, il faut surtout parler... aux vieux ! Les débuts ont donc été difficiles pour son ambitieuse émission, *Sur le front*, qui est finalement passée des prime times de la chaîne généraliste France 2 à la plus spécialisée France 5. Depuis le début de la saison, son programme rassemble en moyenne 860 000 téléspectateurs par émission, une audience jugée « solide » par la chaîne. L'an dernier, il a également lancé sur la plateforme france.tv le programme *Génération 2021*, six épisodes traitant de sujets allant de la prison au porno en passant par les réseaux sociaux et les addictions. « Il a à la fois une expertise, une assise et un public, justifie Antonio Grigolini, le directeur de France tv slash, l'offre du groupe audiovisuel destinée aux jeunes adultes. C'est une personnalité engagée avec des positions claires sur des sujets structurants pour les 18-30 ans. Cela lui confère une légitimité, et c'est l'une des raisons de notre collaboration avec Hugo. » La série *Génération 2021*, qui s'est classée dans le top 10 des productions de France tv slash, devrait avoir un prolongement l'année prochaine. Reste à savoir si le costume ne devient pas trop étroit.

En juillet 2020, il pousse un peu plus loin son engagement en lançant un référendum d'initiative partagée (RIP) destiné à faire évoluer la protection des animaux en France. À ses côtés, trois hommes d'affaires : Xavier Niel, Jacques-Antoine Granjon et Marc Simoncini, ainsi que pléthore d'associations déjà engagées

4 – Paysage audiovisuel français.

Lamya Essemlali, présidente de Sea Shepherd France, et Hugo Clément. Port du Havre (Seine-Maritime), septembre 2021.

Photo de Christophe Geyres.

pour cette cause. Objectif annoncé : recueillir 4,7 millions de signatures et le soutien de 185 parlementaires. Dix-huit mois plus tard, il y a deux manières d'analyser cette mobilisation. Muriel Arnal souligne le savoir-faire du journaliste pour « réunir les différents interlocuteurs, qui ne sont pas toujours d'accord entre eux » et salue « son énergie pour avoir su donner de la visibilité à cette initiative ». Hugo Clément, de son côté, se félicite que « le grand mouvement citoyen ait déjà porté ses fruits, puisque trois des six mesures que nous proposions avec les associations ont été inscrites dans la loi récemment. C'est déjà une belle victoire, mais la mobilisation va continuer. Ce projet a montré qu'une majorité de citoyens veut que les choses avancent en faveur des animaux et a encouragé de nombreux politiques à se positionner sur le sujet ». Et si tout cela est vrai, une visite sur le site du référendum nous indique qu'à peine plus de 930 000 personnes se sont inscrites pour le soutenir. Loin, très loin des 4,7 millions de signatures qu'il aurait fallu réunir pour faire aboutir le projet initial. Alors, succès ou échec ? Là où la députée du groupe La République en marche (LREM) Aurore Bergé, cosignataire de la loi contre la maltraitance animale, salue le fait que les « propositions clés aient été déployées dans le texte législatif », du côté des associations, c'est la soupe à la grimace. La présidente de One Voice préfère ironiser : « La loi sur les animaux nous ferait nous tordre de rire si ce n'était pas aussi grave. » C'est tout le problème avec la politique, vous avez plus de chances de décevoir vos soutiens que de les satisfaire. Surtout qu'à en croire le journaliste et auteur Aymeric Caron, très engagé de longue date pour la défense des animaux – son livre, *Antispéciste*[5] est sorti il y a déjà près de six ans –, ces sujets ne tolèrent pas la frilosité. S'il reconnaît qu'Hugo Clément est « un vecteur puissant, notamment grâce à ses émissions », il regrette dans le même temps une sorte de timidité : « Hugo n'est pas un précurseur, il ne va pas mettre le doigt sur des sujets qui n'ont pas déjà été abordés par d'autres. Ce n'est pas un radical et, aujourd'hui, je pense que le monde a besoin de radicaux pour la cause animale. Un peu comme Nagui, c'est une caisse de résonance d'idées défendues par d'autres. » Une divergence d'approche fondamentale entre les deux hommes : Hugo Clément disait à l'époque de la sortie de son livre partager

5 – Aymeric Caron, *Antispéciste*, Éditions Don Quichotte, 2016.

« beaucoup d'idées avec Aymeric Caron, même si je trouve son discours parfois trop radical pour convaincre le plus grand nombre ». Être ou ne pas être radical ?

Hugo Clément 2027

Avant d'entrer de manière éphémère au gouvernement, Nicolas Hulot voulait lui aussi des décisions radicales, et puis… « Ce qui nous a beaucoup aidés, ce sont ses larmes au moment de son départ, mais à part ça, il n'a rien fait », cingle Muriel Arnal. C'est toute la difficulté d'être un symbole… Pour cette campagne présidentielle, Hugo Clément, prudent, ne compte pas dépasser le cadre qu'il s'est fixé. D'ailleurs, du côté des Verts français, on ne dit rien d'Hugo Clément. Non qu'il soit négligé, mais au sein d'Europe Écologie Les Verts (EELV) ou dans l'entourage de Yannick Jadot, il ne fait pas partie des « visiteurs du soir », ces gens qui alimentent la réflexion politique d'un mouvement, voire qui font office d'hommes de l'ombre d'un candidat. « On ne va pas se mentir, on sait évidemment qui il est, ce qu'il représente et ce qu'il peut permettre de faire, mais c'est un électron libre par rapport à notre campagne », souffle-t-on dans l'entourage de Jadot. De son côté, le journaliste reste discret concernant ses contacts avec le monde politique. Et s'il refuse, par exemple, de nous dire avec qui il échange, il assure être totalement apolitique : « Il est important à mes yeux d'échanger avec tous les camps politiques, sans exception, car c'est en essayant d'inclure tout le monde dans ce combat qu'on peut espérer avancer vers des mesures ambitieuses et nécessaires. » Avant d'avouer, un brin fataliste, « déplorer le fossé entre les attentes des citoyens en matière d'environnement et la réponse politique, qui n'est souvent pas à la hauteur ». Mais alors, pourquoi ne pas changer de braquet et « faire sa mue », comme on l'a pas mal entendu ces dernières semaines ?

« Il suit sa propre voie et se donne à fond dans son boulot de journaliste. C'est déjà très chronophage », répond sa compagne, Alexandra Rosenfeld. « Je n'y crois pas, assure quant à lui un ami journaliste, il est trop malin pour ne pas savoir qu'il a plus à y perdre qu'à y gagner. » De son côté, la députée LREM Aurore Bergé tranche : « C'est plus un activiste des réseaux sociaux qu'autre chose. Il ne fait pas le travail institutionnel sur le fond et si, dans la communication, il sert de lanceur d'alerte, comme cela a été le cas pour le référendum, sur la maîtrise des sujets, il n'est pas pris au sérieux. » À l'heure où l'inquiétude climatique est partagée par une large partie de la population, Aurore Bergé s'interroge d'ailleurs sur la nécessité qu'une grande figure médiatique porte ce sujet tout en regrettant, et c'est paradoxal, que de moins en moins de gens s'impliquent politiquement. « Or, interpeller, c'est facile, mais s'engager, c'est plus compliqué, car il faut faire des compromis. C'est d'ailleurs toute la différence entre l'homme politique et l'activiste, qui préférera faire des petits pas plutôt que de ne rien faire. Mais regardez un Éric Dupond-Moretti, qui arrive avec une notoriété très puissante, qui s'engage mais qui est vu comme un traître avec une suspicion généralisée. Qui aurait envie de ça, franchement ? » Bonne question ! Et si on demande à Hugo Clément s'il se verrait endosser le rôle d'un candidat, la réponse est dans la lignée de la réflexion de la députée : « J'ai appris en travaillant au *Petit Journal* qu'il ne faut jamais dire jamais, car les archives restent ! Le monde politique et ses règles, ses coups bas, ses mensonges, ses manipulations ont plutôt tendance à me faire fuir qu'à m'attirer. Peut-être qu'un jour ça changera, qui sait ? » Prudence toujours mais après tout, à ce stade, il n'aurait aucune raison d'avancer ses pions et de s'exposer inutilement. Le député Matthieu Orphelin, lui, pour plaisanter mais avec un brin de sérieux, aime penser que la porte n'est pas totalement fermée : « Je le chambre parfois là-dessus car il a tout pour lui avec sa vie parfaite, mais il est très jeune, il a le temps de mûrir. » En 2027, Hugo Clément serait toujours plus jeune qu'Emmanuel Macron lorsqu'il est entré à l'Élysée. ■

Grand nom de la communication, libéral assumé, Thierry Jadot ne se prive jamais de conseiller son petit frère, candidat des écologistes à la présidentielle. Il n'est pas étranger à la mue capitaliste du discours de l'ancien militant de Greenpeace.

Thierry Jadot, le frère business

PAR

Timothée de Rauglaudre

Il reçoit à 15 heures 15 précises, dans son spacieux appartement sous les combles – d'anciennes chambres de bonne fusionnées –, à la lisière des 7ᵉ et 15ᵉ arrondissements parisiens. Assis jambes croisées à l'extrémité d'un large canapé, Thierry Jadot se remémore son enfance, « plutôt heureuse », entre deux petits villages de l'Aisne. « Une enfance à la campagne, dans la nature, une enfance où nos parents étaient très à cheval sur la réussite scolaire, décrit l'homme de 58 ans à la barbe soigneusement taillée, vêtu d'un jean et d'un col roulé noir. En échange de cette réussite scolaire, on bénéficiait de beaucoup d'autonomie pour faire ce que l'on voulait et voir les gens que l'on voulait. » Il baigne très jeune, tout comme ses trois frères, dans l'univers de la politique grâce à ses parents, tous deux enseignants à l'école communale. Grâce au père, surtout, un socialiste encarté, tendance chevènementiste. « J'ai le souvenir qu'on avait collé des affiches pour François Mitterrand dans les années 1970 et 1980, on était enfants et ça nous faisait plaisir d'y aller le samedi soir, la nuit ; c'était drôle, c'était une grande aventure. » Des quatre frères, seul le petit dernier sera contaminé par le virus de la politique, jusqu'à devenir eurodéputé en 2009, puis candidat à l'élection présidentielle de 2022. Son prénom : Yannick.

Le numéro trois de la fratrie aurait pourtant pu, lui aussi, se lancer dans l'arène du militantisme, des débats et des élections. Lorsqu'il intègre Sciences Po Paris – en master « ÉcoFi », économie et finance – après une licence à Dauphine, Thierry Jadot, qui partage alors avec son petit frère une chambre de quatorze mètres carrés, participe aux clubs Forum, proches des idées de Michel Rocard, ainsi qu'à Échange et Projets, structuré autour de Jacques Delors. « J'étais plutôt dans cette mouvance-là, Rocard-Delors. » Cette mouvance, connue à l'époque sous l'étiquette de « deuxième gauche », a joué un rôle majeur, bien que méconnu et sous-estimé, dans la conversion du Parti socialiste à la mondialisation et au néolibéralisme – contre la ligne défendue par Jean-Pierre Chevènement, notamment.
Une fois diplômé, direction la Chine, où Thierry Jadot effectue sa « coopé », l'une des modalités du service civil à l'époque, en donnant des cours aux enfants des expatriés français de Canton. Il y vit de 1987 à 1989. « C'était une période assez particulière, puisque le pays s'ouvrait démocratiquement, et l'ouverture économique s'accélérait. C'était la grande période de Deng Xiaoping, ça voulait dire une ouverture au monde, ça voulait dire que les Chinois pouvaient voyager à l'intérieur de la Chine, puisqu'il existait des passeports intérieurs chinois, et que petit à petit ce pays s'ouvrait pour ses ressortissants. Cette période s'est arrêtée pour l'un des mouvements, le mouvement de démocratisation, avec Tian'anmen, en 1989. » Thierry Jadot était encore en Chine lors de la répression sanglante des manifestations sur la place pékinoise.
De l'empire du Milieu des années 1980, Thierry Jadot, photographe en parallèle de sa carrière d'homme d'affaires, a gardé de nombreux clichés, dont il a tiré une exposition à la Maison de la Chine ainsi qu'un livre, publié en 2018 et intitulé *Chine, les années enfiévrées* [1]. « C'est un artiste qui aime la beauté, qui pense, comme Dostoïevski, que la beauté sauvera le monde », estime, un brin élogieuse, son amie Tatiana F-Salomon, coprésidente de l'association #JamaisSansElles, qui regroupe des acteurs du numérique souhaitant accroître la participation des femmes aux manifestations publiques, et dont Thierry Jadot a rejoint le conseil d'administration.
Un ralliement de taille pour l'association. Car, s'il se tient relativement à l'écart de la sphère politique, le presque sexagénaire aux yeux bleus est un ponte de la communication et

1 – Thierry Jadot, *Chine, les années enfiévrées*, La Maison de la Chine, 2018.

de la publicité. À son retour de « coopé », il commence à travailler à la communication du groupe Peugeot, puis pour la prestigieuse agence Euro RSCG, devenue Havas Worldwide en 2012. Après un détour par la presse magazine, il prend la tête d'une agence média du groupe Publicis et, enfin, rejoint Dentsu, grand groupe de communication japonais qu'il a quitté en juin 2021. Cette carrière fulgurante, faite de voyages aux quatre coins du monde, l'a conduit à se passionner pour les enjeux liés au numérique, auxquels il a consacré plusieurs essais. C'est aussi à ce titre qu'il enseigne à Sciences Po Paris depuis une décennie. « C'est un enseignant star, souligne le directeur de l'Institut Montaigne, Laurent Bigorgne, qui l'a connu entre les murs de la rue des Saints-Pères. À l'époque, Richard Descoings l'avait chassé pour reprendre la communication de Sciences Po. »

Au cours de l'entretien, Thierry Jadot s'interrompt pour adresser quelques mots, dans un espagnol parfait, à son employée domestique qui range la cuisine. Pendant six ans, le communicant a travaillé en Argentine, son souvenir à l'étranger le plus marquant. Il conserve un appartement à Buenos Aires, où il avait l'habitude de se rendre une fois par an avant la pandémie de Covid-19. Il découvre le pays de Juan Perón à la fin des années 1990, alors qu'il travaille encore pour le groupe PSA. « Peugeot y était présent depuis les années 1960, donc depuis très longtemps, mais à travers un partenaire local, parce que pendant la dictature argentine, l'entreprise s'était retirée. En 1998, ils ont recréé une *joint-venture* avec le partenaire local, qui est de la famille de Macri, qui est ensuite devenu président de la République. »

Le Français a vu monter sur la scène politique Mauricio Macri, parfois présenté comme le Macron argentin. Lorsqu'il est recruté par Euro RSCG, il est chargé, avec le célèbre publicitaire Jacques Séguéla, de faire sa campagne pour gagner la mairie de Buenos Aires, qui l'amènera par la suite vers la présidence de la République. L'Argentine est alors frappée par une crise économique et financière sans précédent. « On s'est bien amusés. J'ai fait des campagnes intéressantes, en communication, sur la renégociation de la dette souveraine argentine. »

S'il n'a joué qu'un rôle de communicant auprès du futur président centriste, il ne cache pas le préférer à Cristina Kirchner, l'ancienne présidente et actuelle vice-présidente, péroniste de centre gauche. « Malheureusement, Mauricio Macri a cru que, simplement en arrivant, tout allait fonctionner tout seul. Je pense que ça a manqué de réformes et que ça manque toujours de réformes. »

Sur un coin de sa table basse en verre, Thierry Jadot a posé un numéro des *Échos*, quotidien économique auquel, l'étiquette en atteste, il est abonné. Le fils d'enseignants s'assume libéral, d'un libéralisme intégral, à l'anglo-saxonne, dit-il. « Le problème qu'on a en France, c'est que, souvent, les libéraux sont libéraux économiquement et conservateurs sociétalement, et les autres sont, à gauche, libéraux sociétalement et anticapitalistes. » Il est ainsi membre du très libéral Institut Montaigne, dont le directeur a participé à la campagne d'Emmanuel Macron. Lui aussi a voté Macron en 2017, aux deux tours, et n'hésitera pas à le refaire au prochain scrutin si le président se retrouve au second tour face à la droite ou à l'extrême droite. « Même si je trouve qu'il y a plein de choses qu'il aurait pu mieux faire, prend-il soin de préciser. Notamment en matière d'écologie, je trouve qu'il a commis entre autres des erreurs de communication – c'est le communicant qui parle –, sur le glyphosate, sur les pesticides contre les abeilles, où ce n'était pas compliqué de faire évoluer la législation, et il ne l'a pas fait. »

Quant au premier tour de la présidentielle, le 10 avril prochain, Thierry Jadot glissera « sans doute » un bulletin au nom de son petit frère, non sans fierté. « Il a une grande amitié pour son frère, ça se voit qu'il est fier, mais il n'en fait pas la pub, il est très discret », relève Tatiana F-Salomon. Les désaccords qu'ils peuvent avoir, sur la nécessité de sortir du nucléaire ou de réguler la publicité, semblent passer après la proximité fraternelle. Il le soutient de toute façon dans la plupart de ses combats écologiques comme, par exemple, l'encadrement de la chasse, qu'ils ont bien connue dans leur enfance. « Je pense que la vision idéalisée de la ruralité, c'est une vision de citadin. Quand on sait que 70 % des chasseurs sont des citadins, il faut arrêter de penser que c'est le monde rural qui perpétue une tradition. Ce sont beaucoup de citadins qui vont chasser. »

« *Well done bro* », tweetait-il fin septembre dernier lorsque l'eurodéputé a remporté la primaire du parti face à la candidate plus radicale Sandrine Rousseau. « Je pense qu'on a besoin

Page précédente et page de droite : Thierry Jadot sur Public Sénat. Paris, février 2018.

Photo de Nasser Berzane. © Nasser Berzane / ABACA

« À gauche, il y a cette idée que les entreprises, c'est sale. »

d'une écologie politique responsable, c'est-à-dire qui, petit à petit, dans les villes, dans les régions et ailleurs, accède aux responsabilités – un peu à la façon dont les Allemands fonctionnent. » Outre-Rhin, justement, le parti Die Grünen s'est allié aux sociaux-démocrates et aux libéraux pour accéder au pouvoir. S'il ne fait pas partie de l'organigramme officiel de la campagne, le businessman n'hésite jamais à conseiller son frère sur sa communication ou sur son rapport au monde capitaliste. « Je pense qu'il y a quelque chose qu'il a très bien compris – et j'y suis un tout petit peu pour quelque chose, parce qu'il me connaît – sur le rôle que doit jouer l'entreprise dans la transformation écologique. »

D'après son grand frère, Yannick Jadot a « mûri » en adoptant un discours sur les questions régaliennes ou la laïcité. « Je trouve qu'il a les valeurs de la République chevillées au corps, et je le vois, que ce soit sur le problème entre l'Union européenne et la Biélorussie, sur son rapport au régalien, à la police ou à la gendarmerie. Il a des valeurs dans lesquelles je me reconnais. » Un héritage de leurs parents, des « hussards » attachés à l'histoire républicaine. Discrètement, l'aîné « pro-business » l'a poussé à rencontrer des patrons, que ce soit à l'Institut Montaigne ou au Mouvement des entreprises de France (Medef), dont il a été membre. Et il faut dire que l'essai a souvent été transformé, comme à l'été 2020, lorsque Yannick Jadot a plutôt séduit son auditoire lors de l'université d'été du Medef en défendant le « capitalisme européen » et la conviction que « la transition écologique ne se fera pas contre mais avec les entreprises, sinon elle ne se fera pas ». Quitte à faire grincer des dents à gauche. « Je trouve que, à gauche, il y a cette idée que les entreprises, c'est sale, et qu'il n'y a que le service public qui est propre, tacle Thierry Jadot. C'est une vision complètement obsolète de l'économie, parce que dans les entreprises il y a des gens, il y a des pères de famille, il y a des mères de famille, des frères, des sœurs. » Père de deux filles avec son compagnon, avec qui il est pacsé, le communicant sait de quoi il parle. ■

La haine (de soi) au programme

PAR
Yann Diener

ILLUSTRATIONS
Fanny Monier

En 2017, un candidat d'extrême droite était présent au second tour de l'élection présidentielle. En 2022, deux candidats d'extrême droite se présentent aux suffrages. Le nouvel arrivant a remis le nom de Pétain au goût du jour : les fantômes sont entrés en campagne. Et nous serrons les dents jusqu'à ressentir une douleur dans la mâchoire. Ça me rappelle le vieux Freud, qui, dans les quinze dernières années de sa vie, a souffert en même temps que Vienne : l'homme et la ville étaient chaque jour un peu plus enserrés par les discours haineux, racistes et antisémites.

Le 24 décembre 1936, Freud note ces trois mots dans son journal : « *Weihnacht in Schmerzen*[1] », « Noël dans la douleur ». Le découvreur de l'inconscient est alors âgé de 80 ans. Il ne se plaint jamais auprès de ses proches, mais, ce jour-là, il déguste particulièrement. Diagnostiqué treize ans plus tôt, un cancer lui ronge la mâchoire et la bouche.

Freud a déjà subi une vingtaine d'interventions pour freiner la maladie. Son chirurgien stomatologue tâtonne ; excision des tissus touchés par la tumeur, brûlure par procédé galvanocaustique, électrocautérisation, ondes courtes, exposition au radium, massages et greffes de peau. Freud ne peut plus parler ni manger correctement ; une prothèse, qui connaîtra plusieurs versions, est installée dans sa bouche, et ajustée par d'éminents spécialistes de la réparation des « gueules cassées ». Le journal clinique tenu par le chirurgien, qui retrace jour après jour le traitement et les réactions de son patient, donne une idée de la torture que ce lourd appareillage fait vivre à Freud : « 8 mars 1928 : la prothèse 5 essayée avec ressorts verticaux placés dans deux tubes télescopiques [...]. Prothèse 5 inutilisable : trop grande. » (Quand la prothèse est retirée, des greffons de peau se détachent avec elle.) « 7 mai : prothèse 4 : le ressort gêne considérablement la langue. »

De son côté, Freud écrit qu'il se trouve « dans l'incapacité d'ouvrir la mâchoire ». Après qu'on lui a posé un nouvel appareil le jour de son anniversaire, il note : « Il ne reste plus grand-chose de moi. » Un autre jour, il casse sa prothèse en la laissant tomber. « Le ressort gêne considérablement la langue » : cette phrase nous parle aussi d'aujourd'hui. Nous sommes chaque jour un peu plus entravés par la communication, gênés par les ressorts de la novlangue, par nos « prothèses verbales », comme disait Orwell pour qualifier les formules toutes faites avec

1 – Sigmund Freud, *Chronique la plus brève. Carnets intimes 1929-1939*, Albin Michel, 1992.

lesquelles nous parlons comme des machines. Tous ces dispositifs empêchent notre expression et brouillent notre position dans la cité : ils sont censés faciliter la communication, mais ils compliquent la parole – comme une prothèse sur laquelle on compte encore même si elle nous gêne plus qu'autre chose.

Pourrons-nous encore nous autoriser à laisser tomber nos chères prothèses ? Les plus jeunes, qui sont nés avec, ne sont pas près de lâcher ces brillantes machines qui bousillent la langue et la parole : appareillages monstrueux, les réseaux soi-disant sociaux ont fini de laminer toute parole citoyenne. Parce que leur principe même, leur fonctionnement, est homogène avec la paranoïa qui sous-tend la xénophobie et le discours d'extrême droite : des algorithmes binaires, qui ne font qu'épaissir les carapaces identitaires. On parle de « bruxisme » quand le patient serre les dents la nuit au point de se provoquer des douleurs dans la mâchoire et de s'abîmer les dents. Nous sommes peut-être en présence d'un cas de bruxisme collectif. Un bruxisme hexagonal.

Les ressorts de la novlangue d'extrême droite

Nous serrons les dents jusqu'à nous bloquer la mâchoire. Les oreilles et les bouches sont pleines du vocabulaire raciste et négationniste qui sature la logosphère. Le candidat Zemmour a fait de la dénégation un slogan, un gimmick de campagne qui fait jouir ses supporters : « Moi, fasciste ? Ben voyons ! » : le désaveu rebondit à l'infini. Dans les meetings, il lance : « Moi, fasciste ? », et la foule finit sa phrase : « Ben voyons ! » À Villepinte, le 5 décembre dernier, il se défendait d'être raciste avec cette question rhétorique : « Moi, le petit juif berbère venu de l'autre côté de la Méditerranée ? »

L'être parlant dispose d'un vaste choix de mécanismes de défense pour nier un désir ou un affect qu'il ne veut pas reconnaître : la dénégation, le déni ou le désaveu, le démenti, le rejet, ou encore la projection sur l'autre. La *Verneinung*, ou « dénégation », est un « procédé par lequel le sujet, tout en formulant un de ses désirs, pensées, sentiments jusqu'ici refoulés, continue à s'en défendre en niant qu'il lui appartienne[2] ». Et la *Verleugnung*, que l'on peut traduire par « déni » ou « désaveu » en français, est un terme utilisé par Freud dans le sens spécifique d'une défense consistant en un « refus par le sujet de reconnaître la réalité d'une perception traumatisante, essentiellement l'absence de pénis chez la femme ». Cette défense peut se déplacer sur d'autres perceptions. Quand le candidat Zemmour s'exclame : « Moi, fasciste ? », il cumule dénégation et désaveu dans le même énoncé.

J'entends souvent cette phrase en ce moment : « Il ne peut pas être antisémite puisqu'il est juif. » À chaque fois que je le peux, je réponds : lisez donc *La Haine de soi. Le refus d'être juif*, de Théodore Lessing[3]. C'est avec ce livre que Lessing (1872-1933), écrivain et journaliste juif allemand assassiné par les nazis, a documenté et théorisé la « haine de soi juive » que nombre d'intellectuels juifs de cette période ont manifesté explicitement en exprimant leur hostilité au judaïsme. À partir de six études de cas, Lessing montre comment le désir d'assimilation de certains juifs allemands est allé jusqu'à leur faire refuser et même haïr leurs origines. Ils ont eu besoin de renier leur propre culture pour mieux élever la culture allemande au rang d'idéal. Cette quête d'assimilation leur a fait assimiler jusqu'à l'antisémitisme allemand. C'est une forme d'identification à l'agresseur.

2 – Jean-Bertrand Pontalis, Jean Laplanche, *Vocabulaire de la psychanalyse*, PUF, 2007.
3 – Théodore Lessing, *La Haine de soi. Le refus d'être juif*, Pocket, 2011.

Lessing fait l'hypothèse que la source de cette haine de soi juive est l'interprétation que les juifs font de chaque malheur qui leur arrive, considéré comme l'expiation d'une faute : « Le peuple d'Israël est le premier, le seul peut-être de tous, qui ait cherché en soi-même la coupable origine de ses malheurs dans le monde. » Et puis Lessing se réfère à Freud, qui affirmait que « le complexe de castration est la plus profonde racine inconsciente de l'antisémitisme », et qui ajoutait : « La morgue envers les femmes n'a pas de racine inconsciente plus forte. »
Misogynie et antisémitisme sont donc deux formes de la même peur de la castration. Le raciste déteste les étrangers parce qu'ils n'ont pas de travail, pas d'argent, et qu'ainsi ils menacent son travail et son argent. L'antisémite reproche aux juifs d'avoir trop d'argent, trop d'influence : les juifs incarnent son propre manque. Le syntagme « antisémite juif » semble une contradiction, mais Lessing répond : « Si peu, si peu, car dès que quelqu'un dit d'un juif que c'est un *rasha'* (un antisémite), les autres s'exclament aussitôt : "Typiquement juif !" »
Je cite encore Lessing : « Otto Weininger était juif. Mais s'il y eut un enfant pour cracher sur le sein maternel et maudire son sang, ce fut bien cet Œdipe juif. Son opposition aux juifs et à ce qui était juif n'avait rien de commun avec ce qu'on avait vu jusqu'ici. »
En 1903, âgé de 23 ans, étudiant en philosophie, Otto Weininger publie *Geschlecht und Charakter* (Sexe et caractère), qui fait scandale et rencontre un grand succès de librairie. Weininger se suicide la même année. Sa folie, sa confession sur ses problèmes sexuels – il est obsédé par la question de la virilité, de la bisexualité –, et ses diatribes antisémites autant qu'antiféministes intéressent Freud comme cas clinique, et retiennent aussi l'attention de Stefan Zweig, Kafka, James Joyce et Georges Bataille. Le livre connaîtra trente-six rééditions jusqu'en 1925. Weininger considère par exemple que « l'élément juif est la forme lubrique de la femme qui a rabaissé Dieu le Père du rang de l'Esprit à celui de la matière inerte ». Il identifie la féminité à une « sous-humanité » et, dans le chapitre intitulé « Le judaïsme », qui est un condensé d'antisémitisme, il fait l'équation entre sous-humanité et judéité.
En 1982, le germaniste Jacques Le Rider publiait *Le Cas Otto Weininger. Racines de l'antiféminisme et de l'antisémitisme*[4] ; une étude d'une formidable actualité. Weininger et son livre incarnent toute la génération de la Vienne fin de siècle, qui voulait en finir avec les paradis artificiels de la décadence, et qui mettait en avant la race contre la masse. Weininger était un puritain. Après avoir dépeint la « force démoniaque de la sexualité » dans son livre, il prônait un retour de l'ordre moral. Il était convaincu que le « génie viril » mène un combat désespéré contre un pouvoir

4 – Jacques Le Rider, *Le Cas Otto Weininger : racines de l'antiféminisme et de l'antisémitisme*, PUF, 1982.

Éric Zemmour s'adresse explicitement à la hantise de ses lecteurs et de ses électeurs : la hantise de *se faire mettre.*

diabolique, la femme tentatrice. C'est ce que nous retrouvons aujourd'hui dans les discours religieux et ultraréactionnaires en plein essor.

Une politique du bagel ?

Dans son livre sur la phobie d'un petit garçon de 5 ans, Freud développe les enjeux du complexe de castration, et note en bas de page : « Weininger a traité du juif et de la femme avec la même hostilité, les accablant l'un et l'autre des mêmes insultes.[5] » Et, dans *Réflexions sur la question antisémite*[6], Delphine Horvilleur rappelle comment les historiens, les sociologues, les théologiens et les psychanalystes ont déjà tenté de saisir les ressorts de l'antisémitisme. (Rabbin libérale, féministe, Delphine Horvilleur en énerve plus d'un.) Elle montre d'abord comment la tradition rabbinique elle-même essaie de comprendre cette haine chronique qu'est la haine des juifs. Mais le premier défi que Delphine Horvilleur se lance, c'est de mêler l'humour à son analyse de cette question franchement pas marrante. Son livre s'ouvre sur une boutade de Lacan : pourquoi n'aime-t-on pas les juifs ? « Parce qu'ils ne sont pas gentils », disait Lacan. Ce qui permet à Delphine Horvilleur de rappeler l'étymologie du terme « gentil », qui désigne un non-juif : il vient de la *gentilis* latine, la « famille », le « peuple », le « familier ». Les juifs étaient à l'extérieur de la famille romaine.
Ensuite, Delphine Horvilleur insiste sur la particularité de l'antisémitisme parmi les autres formes de racisme. Le xénophobe se sent menacé par l'étranger qui non seulement n'a pas les mêmes moyens que lui, mais qui en plus n'a pas la même langue. Aux juifs, il est plutôt reproché d'avoir quelque chose en plus : plus d'argent, plus de pouvoir, plus d'influence. L'antisémite déteste le juif parce qu'il incarne sa propre angoisse : son trou, son incomplétude.

À propos de trou : lorsqu'en 2019, le mot *Juden* avait été peint sur la vitrine d'un marchand de bagels à Paris, Delphine Horvilleur avait écrit une tribune dans *Le Monde* pour proposer une passionnante ébauche de théorie politique du bagel[7]. Le bagel, ce petit pain rond et troué. En mathématiques, on appelle ça un « tore », et en psychanalyse, la topologie torique est indispensable pour saisir comment se nouent la parole et le corps humain, lequel a précisément une forme de tore (et non de sphère, comme on le pense à tort). Lacan avait utilisé la topologie du tore pour décrire les rapports complexes entre l'intérieur et l'extérieur, et pour écrire le nouage dynamique entre la demande et le désir. Super freudienne et hyper lacanienne, Delphine Horvilleur cite comme Théodore Lessing les propos de Freud sur l'antisémitisme : « Le complexe de castration est la plus profonde racine inconsciente de l'antisémitisme », et montre que le Talmud faisait déjà le rapprochement entre antisémitisme et misogynie en suggérant que la haine des juifs est inséparable d'une réflexion sur la place du féminin dans l'Histoire. « Car le Juif et la femme incarnent tous deux le manque aux yeux du haineux : *Je lui en veux à mort de trouer ma complétude*[8]. »
Ainsi, ces mots tournent en boucle dans la tête d'un antisémite : « En même temps le juif me révèle mon trou, et en même temps il me présente son en-plus, son phallus imaginaire. »
Cas clinique express : M. Zemmour ne parle que de ça, de sa hantise de se faire tamponner le bagel. Ce qui parle à la hantise de beaucoup de monde. Marine Le Pen parle à la xénophobie de ses électeurs, sans toujours expliciter la structure sexuelle de son obsession ; Éric Zemmour s'adresse explicitement à la hantise de ses lecteurs et de ses électeurs : la hantise de *se faire mettre*. (Ce qu'il confirme quand il fait un doigt d'honneur à une opposante marseillaise avec ce commentaire : « Et bien profond ! »)

Le suicide comme programme politique

Otto Weininger était obsédé par la remise en question de la virilité ; son modèle social était le virilisme. Éric Zemmour veut mettre fin à la mixité à l'école parce que la fréquentation des filles déviriliserait les garçons. C'est sa hantise.

5 – Sigmund Freud, *Le Petit Hans. Analyse de la phobie d'un garçon de cinq ans*, Payot, 2011.
6 – Delphine Horvilleur, *Réflexions sur la question antisémite*, Grasset, 2019.
7 – *Le Monde*, 12 février 2019.
8 – Delphine Horvilleur, *op. cit.*

Il a confirmé qu'on pouvait être juif et vanter les mérites de Pétain ; il a porté le signifiant « suicide » au cœur de la campagne avec un livre, *Le Suicide français*[9] : le succès de librairie et la haine de soi comme programme politique.
« Pétain a aidé les juifs » : la violence de cette phrase est peut-être édulcorée et banalisée, quand le président de la République déclare que « Pétain a été un grand chef ». Ça installe la confusion dans les esprits. Dans *Le Suicide français,* Zemmour a aussi pris la défense de Papon, en disant que son procès n'aurait pas dû se tenir, « puisqu'il n'avait fait qu'obéir aux ordres[10] ». Allez savoir pourquoi, quand j'entends ces propos, je pense à George Orwell : « Ils vous sauteront à la figure et creuseront droit dedans.[11] »

Avant de publier *1984* en 1949, Orwell s'était déjà intéressé de près aux langages totalitaires qui venaient de ravager l'Europe. C'est dans le chapitre 5 de la troisième partie du livre que l'on trouve une effroyable allégorie du langage totalitaire : pour obtenir une déclaration de complète soumission, Winston, le héros de *1984*, est soumis à un dispositif de torture ajusté à son cauchemar le plus intime. Des rats affamés sont enfermés dans une cage ; la cage est adaptée à la tête de Winston, fixée devant son visage ; le tortionnaire se prépare à ouvrir une porte qui retient les rats ; il explique à Winston le sort qui l'attend : « Ils vous sauteront à la figure et creuseront droit dedans. Parfois, ils s'attaquent d'abord aux yeux. Parfois, ils creusent les joues et dévorent la langue.[12] »
Dans le livre d'Orwell, comme dans notre monde actuel, la parole est en permanence attaquée par des machines de guerre rhétoriques qui dévorent la langue, le langage et la parole. Le *Newspeak*, le « néoparler », et toutes les novlangues sont fondées sur des inversions de sens qui mettent les têtes à l'envers, qui blessent les corps et qui banalisent la violence. Les supporters de Zemmour ont traité de fascistes les « antifas » qui venaient perturber son premier grand meeting.

« Ils vous sauteront à la figure et creuseront droit dedans. » Quand deux candidats d'extrême droite se tirent la bourre au premier tour d'une élection présidentielle, la logosphère se trouve vite saturée par leur vocabulaire, et le champ du langage est plus miné que jamais. Les éléments de langage lancés par d'autres leaders au moment de la pré-campagne sont déjà oubliés, éliminés par les lois du darwinisme sémantique : le « respect » était le mot d'ordre du discours de déclaration de candidature d'Anne Hidalgo ; la « raison » était le mot-clé lancé en fanfare par le camp présidentiel – cette opposition très XIXᵉ siècle entre raison et déraison paraît bien faible quand on a un candidat maréchaliste condamné pour incitation à la haine, et qui, remplissant une salle de 10 000 personnes, encourage ses fans à s'en prendre aux journalistes.
« Reconquête » : le langage part en vrille, et même en guerre. Pour sortir de ce brouillard sémantique, j'ai envie de relire les sémiologues, les linguistes, et les premiers psychanalystes. En ce moment, je relis Roland Barthes. Je suis replongé dans l'année 1977 : Giscard est président, Raymond Barre est Premier ministre, il va bientôt nommer Maurice Papon ministre du Budget, et Roland Barthes est nommé professeur au Collège de France, à la chaire de sémiologie.
Lors de sa leçon inaugurale, Barthes explique en quoi la langue est fasciste : « La langue, comme performance de tout langage, n'est ni réactionnaire ni progressiste, elle est tout simplement fasciste. Car le fascisme, ce n'est pas d'empêcher de dire, c'est d'obliger à dire.[13] »
Le même Roland Barthes : « Tout ce que nous lisons et entendons nous recouvre comme une nappe, nous entoure et nous enveloppe comme un milieu : c'est la logosphère. Cette logosphère nous est donnée par notre époque, notre classe, notre métier : c'est une "donnée" de notre sujet. Or, déplacer ce qui est donné ne peut être que le fait d'une secousse ; il nous faut ébranler la masse équilibrée des paroles, déchirer la nappe, déranger l'ordre lié des phrases, briser les structures du langage.[14] »
Concrètement, on fait comment, Roland, quand la logosphère se confond avec la fachosphère ? ■

9 – Éric Zemmour, *Le Suicide français*, Albin Michel, 2014.
10 – *Ibid.*
11 – George Orwell, *1984*, trad. Amélie Audiberti, Gallimard, 1950.
12 – *Ibid.* À noter que la dernière édition Penguin (2019) de *Nineteen Eighty-Four* fait figurer en couverture un autoportrait de Francis Bacon. Le peintre y est représenté le visage ravagé, la bouche blessée, sa joue gauche trouée par une large masse sombre.
13 – Roland Barthes, *Leçon*, Points, 2015.
14 – Roland Barthes, *Écrits sur le théâtre*, Points, 2015.

HÉRITAGE

Olivier Marchais, au nom du père

Dans la famille Marchais, on ne présente plus le père, Georges, secrétaire général du Parti communiste français de 1972 à 1994, dont le franc-parler affolait l'audimat. On connaît moins le fils, cheville ouvrière de la campagne de Fabien Roussel.

PAR
Denis Demonpion

Olivier, 52 ans, encarté dès son plus jeune âge au PCF, par fidélité à son père autant que par admiration, adorait aussi sa mère, Liliane, morte du Covid-19 en 2020, seule, confinée dans un Ehpad. Olivier a été « l'enfant de l'amour ». L'année de ses 8 ans, ses parents régularisent leur situation matrimoniale. « Je n'étais pas au mariage. Il a eu lieu une après-midi à la mairie de Champigny, pendant que j'étais à l'école. Je l'ai appris par la presse. » Dans la campagne de Fabien Roussel, le candidat communiste à l'élection présidentielle de 2022, Olivier Marchais s'occupe de la logistique et de l'organisation des réunions publiques, placées sous le signe des « jours heureux ». Un slogan sous forme de ballade, qui rappelle furieusement le tube de Gérard Lenorman. Dimanche 21 novembre 2021, place Stalingrad, à Paris, lors de la première grande réunion publique en faveur du « droit universel au travail » et de la « relocalisation des outils de production », il veillait à ce que les représentants des fédérations, venus de la France entière, repartent avec leur lot de tracts, affiches, badges, tee-shirts et kakemonos à l'effigie de leur favori à la magistrature suprême. La « coordination opérationnelle », c'est son dada, et un métier qu'il exerce au sein de la MGEN, la mutuelle historique des fonctionnaires et contractuels de

« Olivier ? C'est comme un frère. »

FABIEN ROUSSEL

l'Éducation nationale, en tant que directeur de projet. Il a pris un congé sabbatique pour les élections. Fabien Roussel et lui sont comme les doigts de la main. Ils se sont connus en classe de seconde au lycée Louise-Michel, à Champigny-sur-Marne, la ville natale d'Olivier Marchais. Ils avaient 15 ans et ne se sont jamais perdus de vue. Demandez à Fabien Roussel : « Olivier ? C'est un ami, l'un de mes meilleurs amis. Comme un frère. » Aujourd'hui encore, ils passent leurs vacances ensemble – en famille désormais, avec femmes et enfants. Pas plus tard que l'été dernier, ils étaient en Corse, dans le « petit camping 2 étoiles Chez Antoine », qu'ils affectionnent, relate Olivier Marchais. Il préfère ça aux vacances au bord de la mer Noire, où ses parents l'emmenaient, enfant. « C'était particulier. Pas des souvenirs inoubliables, relève-t-il. Je ne suis pas un fan des cadres officiels. C'était l'époque des partis frères à l'Est. » Alors qu'il avait 7 ou 8 ans, un séjour à Cuba l'a marqué. En pleine nuit, des militaires en armes sont venus les réveiller pour les conduire chez Fidel Castro, un « sacré personnage », dit-il. « C'était celui dont mon père était le plus proche. Quand Mitterrand l'a invité à Paris, il nous a rendu visite à Champigny. » Indépendamment des luttes politiques, pour la libération de Nelson Mandela (détenu pendant vingt-sept ans dans les geôles sud-africaines de l'apartheid) ou contre la loi Devaquet (instaurant la sélection des candidats à l'entrée des universités), Olivier Marchais, adolescent, pratiquait le triathlon. En avril 2018, il a couru le Marathon de Paris en quatre heures. La course de fond ne lui fait pas peur. Il a de l'endurance. Que le communisme soit démodé, il refuse de le croire. « Il y a dix millions de pauvres dans le pays, on a besoin de justice sociale et de reconstituer l'appareil productif, explique-t-il. Produire français, c'est ce que Georges Marchais prônait en 1981, quand il était candidat à la présidence de la République. Ça reste des idées porteuses. » Normal : la « lutte finale » de *L'Internationale* n'a toujours pas triomphé du genre humain.

Olivier Marchais et ses parents. (Non datée).

REPORTAGE

Sois jeune et abstiens-toi !

De Charleville à Hirson, notre reporter est parti écouter la voix de cette nouvelle génération de citoyens.

PAR

Arthur Frayer-Laleix

PHOTOGRAPHIES

Sofiane Boukhari

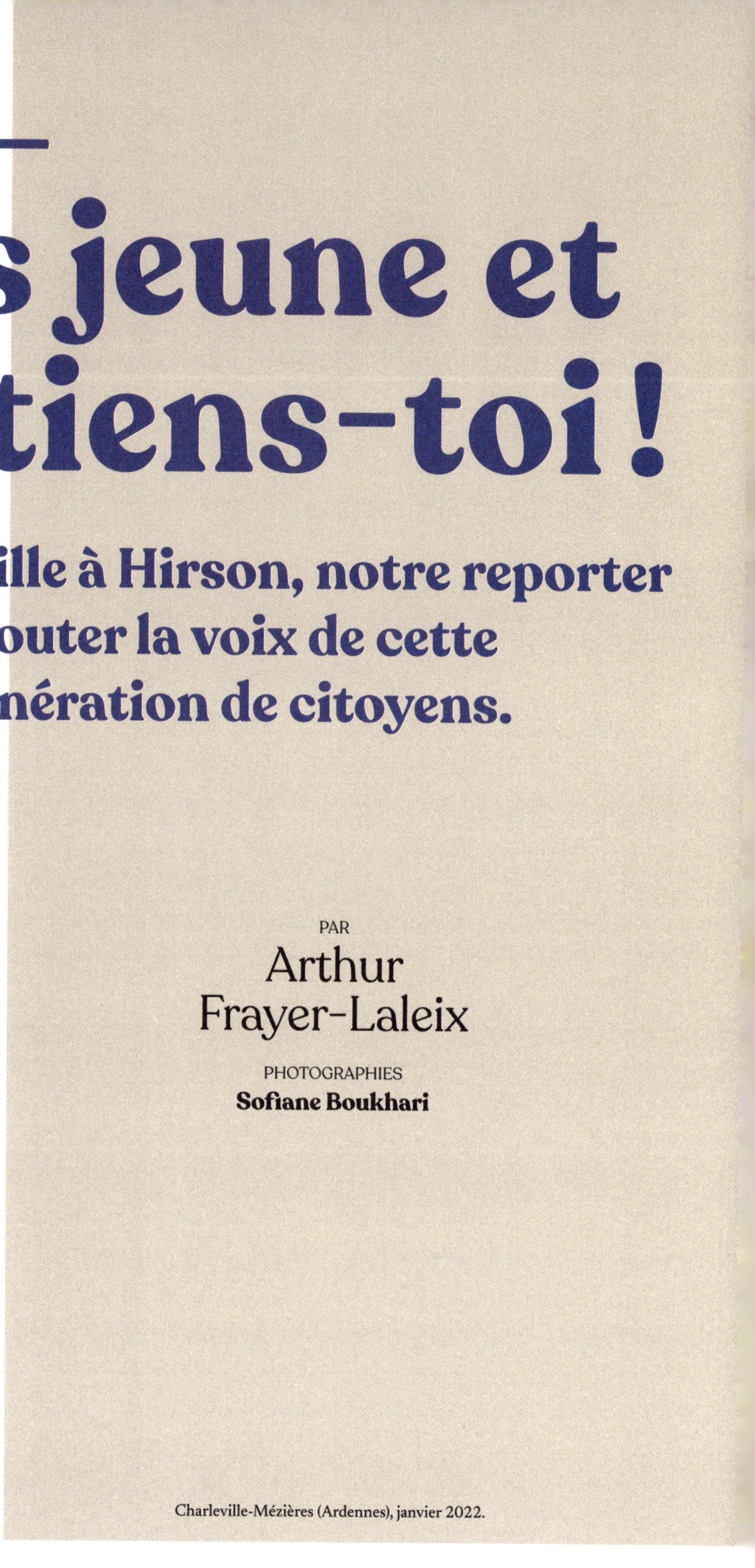

Charleville-Mézières (Ardennes), janvier 2022.

beko

AUX ÉLECTIONS RÉGIONALES ET DÉPARTEMENTALES DE JUIN 2021, 87 % DES 18-24 ANS NE SONT PAS ALLÉS VOTER. NEUF JEUNES ÉLECTEURS SUR DIX.

À la cafétéria du campus de Charleville-Mézières, deux jeunes filles révisent leurs cours enfoncées dans le moelleux d'un canapé de couleur. Il est 11 heures. On est le 15 décembre 2021. La cafétéria est tout en bois clair avec un babyfoot en son centre, des clips musicaux sont diffusés sur l'écran de la télé. Derrière la vitre du snack, un jeune homme en service civique place les sandwichs qui seront vendus pour le déjeuner. En cuisine, une dame en tenue blanche s'active. Le rush du midi est pour tout à l'heure.

Les deux filles sur le canapé se prénomment Sophie et Chloé. La première a les cheveux aux épaules ; la seconde, les yeux clairs et des bagues plein les doigts. C'est l'heure de leur pause. Elles sont étudiantes en BUT Techniques de commercialisation. L'élection présidentielle est dans 116 jours. Cela paraît loin alors que l'air bourdonne des fêtes de Noël. Ont-elles prévu de voter ?

Chloé lève un sourcil :

« Franchement ?... Non. Je vois pas l'intérêt.

– Pourquoi ?

– Franchement ? On n'a pas assez d'infos. »

Elle dit souvent « franchement ».

« Quand on regarde les chaînes, on comprend rien. Faudrait en plus que l'on cherche nous-mêmes les infos... »

Elle porte un long pull gris. Elle a bientôt 20 ans : « J'ai jamais voté. Mes parents, eux, ils ne votent pas. Du coup, moi, je n'y pense pas forcément. » Elle a posé ses feuilles de cours. Sa copine l'écoute. « De toute façon, je crois qu'on ne vote pas pour le président directement... Il y a des grands électeurs, c'est eux qui votent après pour lui... Enfin, je crois. » Sophie, la copine, 18 ans tout juste, « pense » qu'elle ira voter mais sans certitude. « J'irai à l'initiative », elle dit.

Au babyfoot, deux garçons ont débuté une partie. On entend la balle qui roule et le claquement des tiges en métal quand l'un d'eux tente une roulette. Lucas a 22 ans et les manches de son sweat remontées jusqu'aux coudes. Il n'a voté ni aux régionales, ni aux départementales, ni aux européennes. Peut-être aux municipales mais il n'en est plus certain. Il se rappelle avoir raté l'un des scrutins à cause d'un match de foot loin de chez lui. La présidentielle ? « Oui... si je n'oublie pas. Si on nous le répète et qu'on nous y fait penser. Faut juste pas oublier. » Idem chez Fiorenzano, son pote, 22 ans lui aussi. Il porte

une chemise à gros carreaux qui lui descend aux hanches. « Je vote quand ça me passe devant les yeux mais c'est pas une priorité », il dit.
La veille, on est tombé sur deux lycéennes, Violette et Marion, dans les rues du centre de Charleville-Mézières. Et les mots étaient à peu près les mêmes. La première a 18 ans, une veste imitation peau de mouton, les joues rouges de froid. Elle est en terminale au lycée Saint-Paul. Elle dit : « Pour ma première élection, je vais sûrement voter blanc. »
Quelques jours plus tôt, les petites mains du Parti socialiste local ont recouvert les rues d'affiches d'Anne Hidalgo. Sur un fond mauve, la candidate sourit. Violette n'y a pas vraiment fait attention. Marion, sa copine, souffle : « De toute façon, Hidalgo, Mélenchon, Le Pen... ce sont toujours les mêmes qu'on voit en politique. »

À quoi rêvent les jeunes ?

La même petite musique revient dans la bouche de nombreux jeunes rencontrés à Charleville et dans les Ardennes en ce mois de décembre 2021. Beaucoup de jeunes citoyens n'iront pas voter à la prochaine présidentielle. Ce n'est pas véritablement une surprise. Aux élections régionales et départementales de juin 2021, 87 % des 18-24 ans ne sont pas allés voter. Neuf jeunes électeurs sur dix. Aux municipales de juin 2020, une étude estimait à 72 % l'abstention chez les 18-34 ans. Une bombe à retardement démocratique que personne ne veut voir exploser.
Au lendemain du premier tour des élections de juin 2021, Richard Ferrand, le président de l'Assemblée nationale, s'en était inquiété. « C'est toute notre démocratie représentative qui doute », avait-il énoncé depuis le perchoir.

Il est 9 heures du matin en ce jour de décembre. Le ciel est sale et gris. Les rues sont collantes de pluie. Heureusement, Tanguy Dupas et Eva Attina ont donné rendez-vous à l'intérieur. La salle de coworking du Campus Sup Ardennes est une vaste pièce inondée de lumière avec des lampes à pied sur les tables et des livres de marketing dans la bibliothèque. À l'une des tables, trois étudiants à bonnet pianotent sur leur Mac, absorbés comme des moines en prière.

« L'ABSTENTION ICI EST LIÉE À L'ABSENCE DE DANGER POUR LE PEUPLE DE GAUCHE. LES JEUNES CONSIDÈRENT QU'IL N'Y A PAS DE VÉRITABLES CHOIX POLITIQUES À FAIRE. »

Tanguy Dupas et Eva Attina sont membres des Jeunes avec Macron (JAM), section Ardennes. À rebours de leur génération, la chose publique les intéresse. Ils ne parlent pas très fort à cause des trois étudiants à bonnet et de leur calme religieux. Tanguy Dupas, pour expliquer l'abstention de sa génération, dit : « Le souci, c'est que les partis politiques ne prennent pas en considération les jeunes… La société a bougé. Il n'y a que la façon de faire de la politique qui n'a pas changé. Les politiques nous disent que les choses sont "bien" ou "mal" sans chercher à expliquer… Il n'y a pas assez de pédagogie, de fait. »

Il a 19 ans et une gourmette qui brille sous les lumières de la pièce. Il est étudiant en BTS Management. « La seule image que notre génération a de la politique, ce sont les députés qui s'engueulent à l'Assemblée nationale. C'est dur d'y voir quelque chose de constructif. » Il dit qu'il aimerait bien être maire plus tard.

À côté de lui, Eva Attina, 17 ans, poursuit : « Si on ne vient pas d'une famille dans laquelle on parle politique, on ne se sent pas légitime à en

« CE SONT ENCORE LES PLUS DE 60 ANS QUI VONT FAIRE L'ÉLECTION. »

parler. » Elle parle fort. Tanguy lui fait signe de baisser la voix. Elle ajoute, un ton plus bas : « Souvent, le vocabulaire, les mots utilisés sont incompréhensibles pour quelqu'un qui n'en a pas l'habitude. » Quand elle a commencé à s'intéresser à la chose publique, elle a dû passer de longs moments à chercher la définition de certains mots, précise-t-elle. Elle est en terminale dans un lycée du centre-ville. Tanguy ajoute encore : « Les autres partis n'arrivent pas à attirer les jeunes parce qu'ils ne leur donnent pas de place. Ils sont cantonnés à faire les colleurs d'affiches et doivent attendre d'être vieux pour accéder aux responsabilités. »

Eva vient d'une famille « qui vote mais qui n'est pas militante ». Pour Tanguy, c'est l'inverse : « Je viens d'une famille qui dit "de toute façon, ça ne changera rien". »

Leurs mots font écho à un récent rapport parlementaire sur l'abstention rendu en décembre 2021. Il y est dit que la défiance à l'égard du personnel politique est la première cause du refus de voter.

La diagonale de l'abstention

Le désintérêt de la jeunesse pour la chose publique n'est pas seulement national. À l'échelle locale aussi, les choses sont compliquées. C'est ce que constate Miguel Leroy, le maire de la petite commune d'Auvillers-les-Forges et président de la communauté de communes Ardennes Thiérache, à 35 kilomètres de Charleville. Il est assis dans l'arrière-salle du restaurant routier Mon Idée, situé dans le périmètre de sa commune. Il a 46 ans et une barbe légère aux joues. Sa « com com », rurale, compte environ 10 000 habitants.

« On a lancé en septembre 2021 une grande concertation sur notre communauté de communes pour imaginer ce que serait notre territoire dans dix ans. Les gens qui se sont mobilisés étaient essentiellement des personnes de plus de 60 ans, déjà impliquées dans la vie associative. Les jeunes ne sont presque pas venus. C'est très difficile d'aller les chercher », souffle-t-il.

Il s'interrompt pour dire bonjour à la patronne qui vient contrôler son pass sanitaire et prendre la commande. C'est burger en plat du jour, ce midi-là. Le restaurant est décoré d'un père Noël en plastique, d'un sapin dans l'entrée et de boules de coton imitant la neige. Des lutins de Noël sont peints un peu partout. Souvent, des habitués viennent saluer le maire en entrant dans la salle.

« L'idée de la concertation locale était d'imaginer avec les habitants la santé, les transports, les associations du futur dans le coin. Les jeunes ne sont pas venus malgré des questionnaires dans les boîtes aux lettres, l'organisation de réunions publiques et de balades citoyennes..., ajoute l'élu. Il faut s'appuyer sur des gens du même âge pour les sensibiliser, sinon ça ne fonctionne pas. »

Même les jeunes parents, qu'il pensait mobiliser sur les questions scolaires, ne sont pas venus : « On avait mis en place des ateliers "Mon école demain" pour les 30-40 ans qui ont de jeunes enfants... Ça n'a pas pris. » Les plats arrivent. Il reste optimiste : « Tout cela était nouveau. Il faudra le refaire pour habituer les gens. Cela va juste prendre du temps. »

Au sujet de l'élection présidentielle du printemps, il dit : « Ce sont encore les plus de 60 ans qui vont faire l'élection. »

Le constat est le même chez Jean-Jacques Thomas, le maire d'Hirson, une commune de 9 000 habitants à 25 kilomètres d'Auvillers-les-Forges. L'élu, figure socialiste locale, dirige la ville depuis vingt-six ans. Son bureau a la taille d'une chambre d'enfant avec des murs peints en bleu et des stores qui obstruent la vue. Un buste de Jaurès trône en majesté sur le bureau. Le discours de réélection de François Mitterrand en 1988 a été fixé à l'un des murs et mis sous verre.

« Dans les années 1980, les jeunes participaient à la vie politique. Maintenant... » Le maire laisse planer un silence. « Maintenant beaucoup moins. L'abstention ici est liée à l'absence de danger pour le peuple de gauche. » L'élu estime qu'il n'y a pas d'opposition politique forte dans

Un poème de Rimbaud sur le mur du stade, en face du lycée Chanzy.

« LES GENS CONSOMMENT LE POLITIQUE. TOUT CE QUI LES INTÉRESSE, C'EST COMBIEN ÇA COÛTE ET S'ILS VONT PAYER MOINS CHER. »

sa ville. Conséquence : « Les jeunes considèrent qu'il n'y a pas de véritables choix politiques à faire. »

La ville projette de construire un écoquartier et d'y intégrer un lieu dévolu à la jeunesse. « Sauf que c'est très compliqué d'aller chercher les jeunes et de les intéresser à cette question », soupire Hervé Souply, 38 ans, l'adjoint aux finances. « On essaie de cibler certains jeunes mais ce n'est pas évident. »

TikTok, O'Tacos et bulletins à emporter

À Charleville, une vaste consultation populaire a été organisée en novembre 2021 à propos d'un nouveau « schéma de mobilité ». En clair, sur l'avenir des transports dans la ville. La participation a été de 16 %.

Pour Miguel Leroy et Jean-Jacques Thomas, l'une des causes de l'abstention est à chercher du côté de la disparition des « lieux de sociabilisation ». C'est un peu abscons formulé comme cela. Disons que les lieux où l'on discutait de la vie publique se sont faits plus rares. « Dans la campagne ardennaise, on a longtemps eu des "jeunesses" : des associations locales pour les moins de 30 ans dans lesquelles les jeunes se rencontraient, discutaient, échangeaient des idées. Elles ont pratiquement toutes disparu », constate Miguel Leroy. Pour Jean-Jacques Thomas, c'est la fermeture des usines et la chute de l'engagement syndical qui en est la cause : « L'usine était un creuset de formation politique *via* les syndicats puis les partis qui en étaient proches. On a assisté à un changement majeur en une génération. Cette formation politique au sein de l'usine a disparu. »

Il est presque midi dans les rues de Charleville-Mézières. Lola, Ethan et Noémie avancent à pas lents en direction du O'Tacos du cours Briand. Le fast-food est le point de convergence de nombre d'adolescents. À l'heure du déjeuner, on les voit se diriger par grappes vers le restaurant rapide depuis Chanzy, Saint-Paul et Sévigné, les lycées du centre-ville. Pour une poignée d'euros, O'Tacos propose un menu qui vous cale l'estomac comme si vous aviez avalé un parpaing.

Noémie a 16 ans et est en classe de première. On lui demande comment elle s'informe de la vie publique. Elle répond : « Avec mes parents, BFMTV et un peu TF1. » Les réseaux sociaux ? « Évidemment », elle dit. Sa copine Lola, 16 ans elle aussi, cheveux courts et mèches claires par endroits, ajoute : « Mais pas Facebook... c'est trop vieux. Instagram beaucoup. TikTok aussi. » Ethan est plus sibyllin : « J'écoute les conversations autour de moi. »

Fiorenzano, l'un des jeunes garçons du campus universitaire qui jouait au babyfoot, dit également que les réseaux sont sa caisse de résonance politique : « Insta, Twitter aussi, mais pas Facebook... un truc de boomers. » Sophie et Chloé, les deux jeunes filles de la cafétéria du campus, listent BFMTV, M6 et le journal télévisé de TF1 « quand ça tombe sous le nez ». De nombreux rapports (Médiamétrie, Institut Reuters...) documentent depuis plusieurs années cette montée en puissance des réseaux sociaux comme source majeure d'informations. Le temps passé sur téléphone et tablette pour s'informer ne cesse d'augmenter au détriment de la télévision et de la presse papier.

La politique serait-elle en passe de devenir un bien de consommation ? Une chose que l'on consomme comme les savonnettes, le papier-toilette et les rasoirs à quatre lames ? Miguel Leroy et Jean-Jacques Thomas ne sont pas loin de le penser. « C'est sûr qu'il y a un consumérisme du collectif, constate Miguel Leroy. Les gens se sont repliés sur leur sphère privée, qu'elle soit familiale ou amicale. La conséquence, c'est que dès qu'il faut trouver des parents pour accompagner les jeunes du club de foot en déplacement ou pour constituer les listes de parents d'élèves dans les écoles,

-Ronde - Intervention

on peine à trouver du monde. » C'est la même difficulté pour constituer les bureaux des associations sportives et culturelles, pour recruter de nouveaux pompiers volontaires ou pour former des listes électorales.
De son bureau bleu, le maire d'Hirson voit la même chose : « Les gens consomment le politique. Ils ne cherchent pas à faire la différence entre une mutuelle et une complémentaire santé. Tout ce qui les intéresse, c'est combien ça coûte et s'ils vont payer moins cher. »

Des cours d'« enseignement moral et civique » (EMC) existent dans les classes de l'école primaire au lycée. On y apprend le fonctionnement des institutions, les attributions de chacune et la différence entre l'État, la région et le département. En théorie du moins. Sophie, l'une des jeunes filles en BUT, juge les cours « beaucoup trop généraux ». Tanguy Dupas les trouve « mal encadrés » : « Il n'y a pas d'examens et le programme d'histoire-géographie est tellement lourd que les profs chargés des cours d'EMC ont souvent du mal à dégager du temps. »

Et maintenant, on fait quoi ?

Dans le rapport parlementaire remis à Richard Ferrand début décembre sur les moyens de lutter contre l'abstention, les auteurs listent 28 propositions. Parmi les mesures suggérées : permettre la diffusion dématérialisée (par mail ou *via* une appli) de la propagande électorale ; des campagnes d'information sur les procédures électorales ; l'inscription automatique sur les listes communales en cas de déménagement ou encore permettre aux électeurs de voter dans la commune de leur choix pour la présidentielle ou les européennes. Le rapport suggère aussi d'expérimenter le vote par correspondance, par anticipation ou par Internet pour des scrutins locaux, et propose l'idée de cérémonies pour la remise de la carte électorale ou des invitations à tenir des bureaux de vote pour les jeunes majeurs.
Fin octobre 2021, Anne Hidalgo a, elle, avancé l'idée d'abaisser le droit de vote à 16 ans. Une mesure déjà en place en Autriche et à l'étude en Italie.
En 2015, un autre socialiste, Claude Bartolone, alors président de l'Assemblée nationale, suggérait dans un rapport sur l'« engagement citoyen et l'appartenance républicaine » de rendre le vote obligatoire comme en Belgique ou au Brésil.
Il n'est pas certain que tout cela suffise. Rapports parlementaires comme personnalités politiques avancent des solutions portant sur les procédures démocratiques quand la jeunesse se désespère du fond. Sur le droit de vote dès 16 ans, Lola, Ethan et Noémie, les trois lycéens en route pour le O'Tacos, se disent dubitatifs : « C'est trop jeune. On n'est probablement pas assez mûrs et on a la tête plus dans les cours qu'autre chose », dit Lola. Eva Attina juge qu'à 16 ans, « on n'est pas suffisamment formé politiquement ». « On ne connaît pas bien les sujets de société. »

Tanguy Dupas suggère quelques pistes plus sérieuses à ses yeux : « Il faut que les partis rendent les adhésions gratuites pour lever les freins et que les jeunes y soient réellement pris en compte. »

Dans l'arrière-salle du restaurant Mon Idée, Miguel Leroy, l'élu local, dit une chose intéressante : « Plutôt que de se demander pourquoi les jeunes ne se préoccupent pas de la politique, il faut plutôt se demander si la politique s'intéresse à eux. Si les programmes portaient davantage sur la jeunesse, peut-être cette dernière se sentirait-elle plus concernée. » Jean-Jacques Thomas, l'élu socialiste d'Hirson, lui, veut croire que « la culture va remplacer l'usine » comme lieu de formation politique. L'époque doit « développer la citoyenneté plus que le militantisme », dit-il.

Pour contrer l'abstention de leur génération, une poignée de jeunes Ardennais déjà politisés a eu l'idée d'une association : « L'Engrenage ». Parmi eux, Tanguy Dupas, des JAM, mais aussi de jeunes militants issus des rangs socialistes et des Républicains. « On a voulu une organisation qui ne soit pas partisane. Il ne fallait pas un outil de propagande pour un bord ou un autre », explique Tanguy Dupas.

Le but de L'Engrenage ? Sensibiliser à la citoyenneté les lycéens et les étudiants de la région. « On a prévu de faire des interventions dans les classes de la seconde à la terminale et lors d'événements étudiants comme les journées d'intégration pour expliquer le fonctionnement des institutions. Que ce soit l'État, l'Union européenne ou les départements », explique le jeune homme. Plus largement, les membres de L'Engrenage souhaitent sensibiliser « à la citoyenneté ».

L'association, montée en septembre 2021, n'a pas encore débuté ses sessions. Elles devraient démarrer à l'automne 2022. Une fois la présidentielle passée. Et les passions politiques retombées. ■

« PLUTÔT QUE DE SE DEMANDER POURQUOI LES JEUNES NE SE PRÉOCCUPENT PAS DE LA POLITIQUE, IL FAUT PLUTÔT SE DEMANDER SI LA POLITIQUE S'INTÉRESSE À EUX. »

ÉLECTEUR TYPE

Qu'est-ce qu'un identitaire ?

Lulu la Nantaise et François Salaün croquent un électeur type. En toute subjectivité.

Entre un festin chez McDo et une série américaine sur Netflix, le militant identitaire se souvient parfois qu'il est français et, par conséquent, qu'il est mécontent. Cet accès de patriotisme frondeur le saisit généralement quand il s'égare sur les chaînes d'information en continu pour parfaire sa culture générale. Ce qu'il y découvre le révulse. Qui sont ces hordes mahométanes qui égorgent tous ses fils et ses compagnes ? « On est chez nous ! » s'égosille-t-il alors en disséminant quelques miettes alentour.
Il n'entend pas rester les bras ballants face à l'invasion en cours. N'écoutant que sa bravoure, il n'hésite pas à délaisser ses nuggets et son Coca pour se lancer dans d'audacieux raids gastronomiques, ces apéros « saucisson-pinard » qui constituent la version contemporaine des coups de main des maquisards d'hier face à l'occupant teuton. Tout étant bon dans le cochon, il renouvelle l'opération avec la même persévérance que ses aïeux des Glières. C'est ainsi qu'il perpétue cette longue tradition guerrière au mépris de son cholestérol et de son taux de gamma GT. Son sacrifice ne sera cependant pas vain puisque c'est ainsi que rejaillit la flamme vacillante de la Résistance.

Son ardeur redouble quand il s'échappe de son lotissement pavillonnaire pour se ravitailler en jambon de pays et en côtes-du-rhône dans le centre commercial le plus proche. Circulant sur la rocade, il découvre épouvanté qu'un minaret a émergé entre Buffalo Grill et l'antenne relais SFR. Comment ose-t-on saccager ainsi les paysages de la patrie éternelle ? Cette agression architecturale est celle de trop. Tel l'amnésique recouvrant brutalement la mémoire, le souvenir lui revient du baptême de Clovis. Lui qui ne pratiquait plus que le culte de sa carte Carrefour se rappelle que la France est la fille aînée de l'Église.
Si bien que la foi intacte de ces intrus le désoblige et que c'est paradoxalement lui qui répond à l'appel du muezzin par un sursaut de spiritualité.
Sursaut qui ne le poussera toutefois pas à se rendre à la messe, puisque le dimanche matin est consacré à cuver l'apéro de la veille. On ne peut pas lutter sur tous les fronts. On voit mal, en revanche, ce qui pourrait l'empêcher de défendre ses clochers par quelques publications Facebook bien senties. C'est à l'approche des fêtes de fin d'année qu'il donne sa pleine mesure dans cette croisade. En quelques clics, il inonde sa page d'images pieuses pour rappeler à chacun le caractère sacré de Noël sur nos terres chrétiennes. Après cette démonstration de force, il ne lui reste plus qu'à enfoncer le clou en se rinçant copieusement la dalle tout en dévorant une cuisse de sanglier. Si l'on ne comprend pas qu'il est chez lui, c'est à désespérer de tout.

On le constate, la reconquête est en bonne voie. Une fois digéré ce rude combat, l'offensive décisive, comme souvent dans l'Histoire, doit avoir lieu au printemps. Celle-ci doit d'abord se mener sous la houlette d'une Jeanne d'Arc des temps modernes : la flamboyante Marine, dont le passif et la lignée sont autant de gages de rigueur et de professionnalisme. Après avoir impressionné la France entière par ses talents de stratège cinq ans auparavant, il lui tarde de porter l'ultime coup de boutoir.

PAR

François Salaün

ET

Lulu la Nantaise

Mais voilà que tout se complique pour notre militant. Preuve supplémentaire des méfaits de l'immigration, un trublion berbère vient perturber son choix au moment crucial. L'homme parle juste, avec des intonations belliqueuses qui rendent soudain sa rivale bien fade. Mais peut-on faire une confiance aveugle à ce Méditerranéen jovial, à propos duquel la rumeur affirme qu'il ne mange même pas de jambon ? Puis il n'a de cesse de citer tous ces gens obscurs dont on ne comprend pas un traître mot. « Les morts gouvernent les vivants », répète-t-il à l'envi. Que peut bien vouloir dire ce charabia ? On est chez nous, voilà tout ! Ça, c'est une formule.

L'indécision submerge le chauvin des terroirs face à cette alternative. Mais il s'agit pourtant de passer l'indispensable coup de balai sous une bannière ou une autre afin de sauvegarder nos traditions. Or, une tradition nationale bien établie consiste à confier les tâches ménagères à une main-d'œuvre exotique. Il semblerait que nous ayons là l'homme de la situation. D'autant que ce profil atypique coupe court aux sottes accusations d'intolérance proférées par les islamo-gauchistes de la radio publique.
Ainsi, le cœur éprouvé de l'électeur balance entre deux nostalgies. Il lui faudra néanmoins lever le voile sur l'identité de son défenseur avant l'infarctus. Afin d'éviter que les Maures ne gouvernent des morts.

en
DIMANCHE À LA CAMPAGNE
DIMANCHE 5 DÉCEMBRE 2021
La campagne électorale s'accélère. Ce même jour, Jean-Luc Mélenchon et Éric Zemmour organisent deux meetings.
À LA DÉFENSE
Rendez-vous à 12h30 pour le point presse de l'équipe de Jean-Luc Mélenchon. Il lance aujourd'hui le « Parlement de l'Union populaire » : 200 personnes le composent. Ils alimenteront le programme.
Aymeric Caron
… On a la droite dure représentée par le président Macron…
Bruno Gaccio
Humoriste et producteur
Adrien Quatennens Député LFI
… Il faut lutter contre l'extrême droitisation de la société…
L'équipe de Jean-Luc Mélenchon bichonne ses invités et les journalistes.
Navette saumon et crème fraîche
Cracker fromage végan
Cantal jeune
MIAM !
Pain viennois coppa et parmesan
Sandwich salade de lentilles

PAR Hubert Van Rie

À VILLEPINTE
OLIVIER UBÉDA DONNE DES CONSIGNES À LA PRESSE ET LUI DEMANDE DE PATIENTER UN PEU.
On démarre le show dans une heure !
Homme à tout faire d'Éric Zemmour.
C'est un peu longuet...
CONCOURS DE LOOKS :
moustache guidon
Béret
Béret
moustache crayon
gilet
coupe mulet
Chapka
Rouflaquettes
Carré
tweed
golfeo
DE NOMBREUX ORATEURS SE SUCCÈDENT...
Je trimballe ma moustache sur les plateaux télé !
Antoine Diers, Porte-parole (lui, c'est un régal à dessiner !)
ON APERÇOIT LES SILHOUETTES D'ÉRIC ZEMMOUR ET DE SARAH KNAFO À LA FENÊTRE DE LA LOGE.

La personnalité d'Emmanuel Macron ne nous intéresse pas car elle n'est pas intéressante.
Il n'est personne.
ON EST CHEZ NOUS !
Il est beau le Zemmour
CLAP CLAP
SARAH KNAFO, SA CONSEILLÈRE, LE GUIDE :
Attends
JE L'AI UN PEU VIEILLIE, NON ?
Notre campagne est différente des autres, car je suis différent des autres.
Tiens-toi droit !
RECONQUÊTE !
C'est super !
ÉTANT TOUT DEVANT, JE N'AI PAS VU LA BAGARRE AU FOND DE LA SALLE. MAIS DE TOUTE FAÇON, JE NE DESSINE PAS BIEN LES LANCÉS DE CHAISES.

EN MEETING AVEC MICHEL BARNIER
MARDI 9 NOVEMBRE 2021 . 19H30
À moins d'un mois du congrès LR, le doyen de la primaire de la droite, Michel Barnier, avait donné rendez-vous aux adhérents des Républicains à Boulogne-Billancourt, dans les Hauts-de-Seine.
Je ne suis pas facile à dessiner...
POINT PRESSE :
MICHEL BARNIER FAIT ALLUSION AU PREMIER DÉBAT ENTRE LES CINQ CANDIDATS À L'INVESTITURE DE LA DROITE QUI A DURÉ PLUS DE TROIS HEURES !
Le débat d'hier soir était particulièrement court...
HAHA
HAHA
Constance Le Grip Députée
Christine Lavarde Sénatrice
CLIC
CLIC CLIC
CLIC
CLIC CLIC
MICHEL BARNIER NE PARLE PAS FORT. LE BRUIT DES CLIC-CLAC DES APPAREILS PHOTO EST PLUS FORT QUE SA VOIX.
... concernant votre popularité...
J'ai des marges de progression. Je ne suis pas Thomas Pesquet !
HAHA
HAHA
Michel Barnier a assorti sa cravate à la couleur de ses yeux. Très chic.
(C'EST VRAI CE QU'IL ME DIT, CE N'EST PAS FACILE DE LE DESSINER... PAS FACILE DU TOUT !!)

Le débat d'hier soir était particulièrement court...
(IL AIME SA BLAGUE.)
HAHA
HAHA
En ce moment, le trésorier de notre parti est content...
(LE NOMBRE D'ADHÉRENTS AUGMENTE.)
HA HA
Ce qui m'intéresse, c'est que tout le monde fasse du sport, car un pays sportif est un pays qui a le moral.
CLAP
CLAP CLAP
CLAP CLAP
Il faut limiter l'immigration !
Je préfère faire que parler...
Pierre-Christophe Baguet Maire de Boulogne-Billancourt
Il manque encore de punch.
J'étais venue voir un spectacle de tango ici.
LA SALLE EST À MOITIÉ VIDE...
OU À MOITIÉ PLEINE,
SELON VOTRE POINT DE VUE.
Le problème, c'est Macron qui passe à 20 heures.
HL

RÉCIT

Je voudrais tant tenir

Le marathon présidentiel est d'abord une épreuve physique. Jusqu'à provoquer des accidents de parcours. Alors, comment tenir ? Régime alimentaire, sport, somnifères, voire produits dopants ? Chacun a sa discipline. Mais à la fin, c'est la nature qui gagne.

PAR

François-Xavier Ménage

Un petit bureau, juste à côté de la Seine. Des photos de ses enfants posées sur plusieurs meubles. Une armoire lit. Une machine à café. Du muesli. Et beaucoup de dossiers empilés. Rien d'autre.

Depuis le début de la campagne, Fabien Roussel, le candidat du Parti communiste français (PCF), n'habite pas chez lui mais à l'Assemblée nationale. Les siens l'attendent le week-end à Saint-Amand-les-Eaux, dans le Nord : sa femme, Dorothée, et les cinq enfants qui constituent sa famille recomposée. Loin d'eux – c'est un problème , Fabien Roussel dort mal.

La nuit, dans sa garçonnière du palais Bourbon, il se verse des tisanes pour espérer trouver un sommeil réparateur. Jamais de somnifères, « ça casse trop ». Il se réveille souvent vers 4 heures. Et refait le match. L'interview de la veille, qui aurait dû se passer autrement (c'est un ancien journaliste). Le programme. Les argumentaires. Il détricote, retricote.

En pleine nuit, il potasse des fiches cartonnées de l'Assemblée qui portent son nom de député. Avec un crayon de papier, il griffonne « des mots, des *punchlines* pour une matinale radio ou une réunion stratégique », explique sa cheffe de cabinet, Solène Bjornson-Langen. Le « capital repos » en prend donc un coup.

Fabien Roussel en coulisse lors d'une interview sur France 3. Paris, janvier 2022.

Photo d'Eliot Blondet.

Dans l'avion présidentiel, l'équipe est rincée. À l'exception du premier de cordée : le chef de l'État. « Et si on prenait un whisky pour faire glisser tout ça ? » Les conseillers font la grimace. La plupart sont bien obligés d'accepter.

Insomnies et migraine ophtalmique

Pour les candidats à la présidentielle, la privation de sommeil est une arme de destruction massive. Marine Le Pen en sait quelque chose, elle qui a la réputation d'être une ancienne fêtarde. Aujourd'hui, c'est une couche-tôt. « Après 21 heures, confie-t-elle, prière de me laisser tranquille. » Une discipline liée à un accident de parcours survenu lors de la précédente élection. La candidate ne veut pas réitérer l'erreur.
Nous sommes le 2 mai 2017, à la veille du grand débat télévisé qui l'oppose à Emmanuel Macron. Seize millions et demi de Français vont dévorer cet affrontement cathodique de l'entre-deux-tours. La candidate est sur les genoux. Alors que le rythme de ses déplacements de campagne s'accélère de jour en jour, pendant ce temps, son concurrent s'économise, ne quittant Paris que pour des sauts de puce. « Ils ont chargé la barque, trop, beaucoup trop », se remémore la candidate. Une réunion nocturne est ainsi organisée pile vingt-quatre heures avant le débat. « Une idiotie », glisse aujourd'hui une conseillère. Une interminable session de travail où les conseils s'empilent et où chacun y va de son petit couplet, dont Marine Le Pen sort K-O. Et tendue. Stress, anxiété... la nuit est courte. La légende parle de quarante-cinq minutes de sommeil. Pour ne rien arranger, au réveil, Marine Le Pen est prise d'une migraine ophtalmique. Et c'est reparti pour les réunions dans sa maison de La Celle-Saint-Cloud. Une succession de tête-à-tête avec les huiles du parti. La candidate ne tient plus debout.
Bientôt 16 heures. Enfin, son entourage suggère une sieste. « Je ne commettrai pas les mêmes erreurs cette fois-ci », tranche aujourd'hui Marine Le Pen. Et rappelle qu'elle est, pour la bataille 2022, entourée de femmes capables de comprendre son rythme. « J'arrive même à obtenir trente minutes dans la semaine pour me faire un shampoing et un brushing. » C'est sa septième campagne présidentielle. « En comptant celles de Le Pen », souligne-t-elle en évoquant son père. « Je ne suis peut-être plus toute jeune, mais j'ai l'expérience, cette fois. » Notamment une précieuse gestion du sommeil.
En voilà un qui compte religieusement ses moments de dodo. Jean-Luc Mélenchon n'a pas honte de déclarer être un gros dormeur quand d'autres crânent avec leurs quatre heures de sommeil quotidien. « Dès que je peux, je m'accorde une nuit de onze à treize heures. Comme un bébé ! Hélas, cela arrive rarement. »
Le reste du temps, le candidat s'impose chaque jour « une ou deux siestes ». Ce conseil, il le tient d'un « copain » qui travaillait dans une centrale nucléaire et se devait d'être toujours

vigilant. La « méthode » Mélenchon se découpe ainsi : cinq minutes pour décrocher, puis douze ou treize minutes de sommeil effectif. « Comme pour la pratique d'un sport, vous prenez vite l'habitude. » Ne surtout pas en déduire que le patron de La France insoumise est usé, pour ce qui est sa troisième bataille présidentielle. « J'espère démoraliser mes concurrents : il est inutile de compter sur mon épuisement dans cette campagne. » Seul bémol pour lui : le lever très matinal afin de se rendre à une interview radio. Plusieurs programmatrices évoquent leur « hantise » quand il convient de caler un rendez-vous avec Jean-Luc Mélenchon, qui a une sainte horreur des réveils à l'aube.

Dans une présidentielle, des pannes de réveil surviennent-elles parfois ? Des annulations de dernière minute ? Stéphanie Boutonnat, rédactrice en chef de la matinale de *France Inter*, pilier de la station, se souvient d'un candidat ayant téléphoné une heure avant la prise d'antenne pour décommander, à cause d'une gastro. « C'était il y a quinze ans. Depuis, rien de pareil ne m'est arrivé. Les candidats sont rodés. Certes, pour quelques-uns, se lever tôt est une douleur immense, mais ils savent l'importance de l'exercice. » Certains oublient tout de même qu'en 2022, toutes les matinales FM sont filmées. Les cernes, moins gommés que sur les plateaux télé, révèlent de sérieuses et cruelles dettes envers Morphée.

Macron boxe… dans une autre catégorie

Lui n'a besoin que de quatre heures de repos quotidien pour être « en forme ». « Emmanuel Macron dîne généralement à 23 heures, et rédige des textos jusqu'à 1 h 30 ou 2 heures du matin », explique un conseiller de l'Élysée, lui-même en souffrance face à un tel rythme. Mais attention à ne pas forcer le trait. « Les SMS reçus par les ministres à 3 heures ou 4 heures du matin, c'est un peu exagéré, arrêtons avec cette légende », assène ce collaborateur qui – promis, juré, craché – n'a jamais vu Emmanuel Macron piquer du nez lors d'une réunion. « À la différence de son prédécesseur. »

Ne jamais bâiller, faillir, s'écrouler… Quand vous interrogez un candidat sur sa « conduite disciplinaire », c'est le festival de l'ascétisme. Restons sur Emmanuel Macron. Le locataire de l'Élysée pratique la boxe avec l'un de ses agents de sécurité, après avoir dévoré du tennis pendant des années. « Il demande à ce que les coups soient portés de manière virile. On est loin du "Votre majesté, je ne taperai pas trop fort." » Comprendre : le candidat est solide, toujours. À table ? « Le président mange beaucoup de poisson et de légumes. » Nous protestons : « Attention, ça sent vraiment la com', votre réponse. » Le conseiller se reprend : « Quand il se rend à La Rotonde, son resto préféré, il s'autorise des dérapages contrôlés. Tu ne vas pas là-bas pour commander un plat de sushis. Mais un écart est toujours compensé par un retour à l'équilibre alimentaire le lendemain. » Le fameux « en même temps ». Catégorie culinaire. Et puis, parfois, ça dérape. Nous sommes à Clermont-Ferrand, un soir d'octobre. Le journal La Montagne fête son centenaire. Six cents personnes dans le centre des congrès, le Polydome. Le président rend hommage à Alexandre Varenne, le fondateur du quotidien. Arrive ensuite le dîner, dans un cadre plus intimiste. Pieds de porc au foie gras, tartiflette, plateau de fromages dont saint-nectaire, cantal et bleu d'Auvergne. Quatre vins différents. Le menu a été validé par feu Michel Charasse, depuis son lit d'hôpital. Repas gargantuesque. Il est minuit. L'heure de rentrer à Paris. Dans l'avion présidentiel, l'équipe est rincée. À l'exception du

Emmanuel Macron à Paris, juin 2017.

Photo de Jean-Paul Pelissier. © Jean-Paul Pelissier / Pool / ABACA

« La campagne [...] offre les mêmes fluctuations que l'héroïne : montée, circuit de la récompense puis chute et manque. »

premier de cordée : le chef de l'État. « Et si on prenait un whisky pour faire glisser tout ça ? » Les conseillers font la grimace. La plupart sont bien obligés d'accepter. Après bientôt cinq ans à l'Élysée et une campagne express, attention cependant aux cicatrices. « Aujourd'hui, Macron est fatigué. Plus rien à voir avec son visage de 2017 et la photo officielle dans les mairies. » Les rides du pouvoir, dirons-nous. « Les rides d'intensité d'existence », corrige avec lyrisme un proche. Lors de la précédente présidentielle, le candidat Macron avait dépensé pas moins de 29 042 euros pour trente-cinq séances de maquillage [1]. Depuis, le budget anti-cernes a dû gonfler.

La campagne, une drogue dure

Le docteur Gérald Kierzek – il connaît l'horloge médiatique par cœur – compare la course à la présidentielle à une drogue dure. « La campagne est le meilleur des neurostimulants naturels, elle offre les mêmes fluctuations que l'héroïne : montée, circuit de la récompense puis chute et manque. Les neurostimulants compensent pour partie la privation de sommeil, qui implique immanquablement des dommages à court et moyen termes. État psychique, mémorisation, capacités orales... » Autant de compétences altérées. « Du coup, les candidats passent de l'exaltation aux troubles de l'humeur. Ce qui explique quelques pétages de plombs. »

Surveiller aussi :
– tachypsychie (accélération anormale du rythme de la pensée) ;
– hypertension artérielle ;
– hyperadrénergie (excédent d'adrénaline).
Sans compter qu'une personne éveillée pendant dix-sept heures d'affilée a la même agilité qu'après avoir ingurgité 0,5 gramme d'alcool. Alors trois jours sans dormir...

Le poids, c'est l'ennemi

Pour tenir, donc, prière de surveiller son sommeil. Sa courbe de poids, également.
Voici Vesoul (Haute-Saône) et sa foire de la Sainte-Catherine. Trois heures et demie de déambulation dehors. Zéro degrés. Cinq cents selfies dans la foule. L'heure du repas arrive, place de l'Église, sous une petite tente. Marine Le Pen est « congelée ». Des militants se faufilent pour offrir des cochons en chocolat et plusieurs corbeilles de produits locaux. Une sympathisante : « On a posé des clémentines dans le panier, il vous faut des vitamines, surtout si vous vous faites taper dessus pendant la campagne. » La serveuse prend la commande. « De l'eau », répond Marine Le Pen. Avant de se raviser pour un vin chaud. « Parce qu'il fait froid », justifie-t-elle devant Julien Odoul, son fidèle lieutenant. Qui ajoute, en direction d'une caméra : « L'alcool s'est évaporé, tout va bien. » La maîtrise, toujours. « Pas facile de faire un régime pendant une présidentielle », conclut la candidate. Raison pour laquelle elle a perdu du poids durant l'été 2021. « Quand il y avait moins de pression. » Stratégique. « Elle a fondu très vite, elle a bossé », se félicite un proche. Maintenant, Marine Le Pen doit « se maintenir ». Alors, une fois dans son QG parisien de la porte de Saint-Cloud, la candidate peut compter sur sa sœur, Marie-Caroline, pour descendre au supermarché au pied de l'immeuble acheter des fruits secs en cas de fringale, et lui prendre des pommes, qu'elle avale après les avoir pelées. Personne n'est parfait, cela étant : quand la cheffe du Rassemblement national craque, c'est pour des chouquettes. Et de grosses soirées festives jusqu'à pas d'heure, pour décompresser ? Officiellement, aucun candidat ne l'avoue. Sauf un – chut, pas de nom – qui a sanctuarisé

1 – Chiffres de la Commission nationale des comptes de campagne et des financements politiques (CNCCFP) pour l'élection présidentielle de 2017.

la soirée du réveillon. Pour une fête mémorable. Trois semaines avant, il annonçait déjà la couleur : « Je me prends une caisse. » Merci à l'attachée de presse d'annuler ou de reporter les quelques médias programmés les deux jours suivants. « Après, impossible de faire la fête comme ça jusqu'au premier tour. »

Anne Hidalgo, elle, ne s'autorise aucun excès depuis le lancement officiel de sa campagne. Dès l'automne, la maire de Paris affiche une perte de sept kilos. À chaque repas servi, elle ne picore qu'un peu dans l'assiette. Et laisse discrètement le reste. Sa conseillère presse, Françoise Pams, est chargée de lui fournir quelques amandes en cas de coup de mou. Sur les marchés, elle intercepte beignets et sucreries proposés à la candidate socialiste. « L'endurance physique que revêt cette course de fond est inimaginable », relate-t-elle. On vous voit venir ! Quel sexisme ! Seules les femmes sont interrogées sur leur poids ! Raté. Nous avons questionné nombre de concurrents masculins. Beaucoup ont botté en touche. D'autres ont joué les offusqués. « Vous osez demander ça ? » a répondu, folle de rage, la conseillère en com' de Xavier Bertrand. C'était deux heures avant son élimination au premier tour de la primaire des Républicains. Peut-être ne s'agissait-il pas du bon timing pour poser la question.

Le plaisir régressif de Mélenchon

En matière de poids, le dirigeant de La France insoumise n'a pas ces pudeurs. Lors de la précédente campagne, il avait ouvert sa cuisine à une équipe du journal people Gala. Chemise blanche déboutonnée, manches retroussées, il concoctait tout sourire – devant une caméra – une salade de quinoa. Son régime minceur. Cinq kilos perdus en à peine un mois. La vidéo est virale. L'occasion, au passage, de vanter les protéines végétales et de dénoncer la surconsommation de viande. Mais après le scrutin, les cinq kilos sont revenus aussi vite qu'ils étaient partis. La politique est cruelle jusque sur la balance.

En 2022, terminé le quinoa, la bataille porte sur les vergers. Dans son programme, Jean-Luc Mélenchon réclame le droit à « cinq fruits et légumes à petits prix bloqués tous les jours ». Pour montrer l'exemple, il dispose dans sa salle de réunion d'une assiette toujours garnie de produits achetés chez des primeurs du coin, of course ! La consigne ? Cultures vivrières plutôt que fermes usines. Une petite entorse tout de même : le candidat raffolant du raisin, ses équipes s'arrangent avec les saisons.

Côté carburant – parce qu'une présidentielle, ça pompe –, après une grosse émission télé ou une réunion éreintante, Jean-Luc Mélenchon s'autorise souvent un petit plaisir coupable et régressif. Il fonce dans un resto italien et commande des *pasta*. « Jamais celles figurant sur la carte. » Il réclame des pâtes au beurre et au fromage.

Marche ou crève

La cuisine, valeur refuge pour encaisser la pression de l'échec, l'effroi de la chute ? Nicolas Dupont-Aignan fait partie des rares à avouer – en pleine campagne – de substantifiques montées d'angoisse. « Les parrainages m'obsèdent. Trouver des maires pour soutenir ma candidature représente un stress nerveux très violent. C'est 80 % de mon travail actuel. Je me tue littéralement à la tâche. Pour décompresser, je marche. Cinq kilomètres par jour. J'appelle les élus dans la rue, en allant d'un rendez-vous à l'autre. » Une application sur son smartphone lui signale le nombre de pas parcourus, « plutôt que d'être assis comme un con au bureau ».

La marche, cependant, ne fait pas de miracles. Alors, pour tenir, certains auraient tendance à privilégier une autre méthode de décompression, plus controversée dirons-nous : les produits dopants. François Bayrou, alors candidat, avait lâché : « Je ne prends rien, contrairement à d'autres. » Nicolas Sarkozy fut, dans un ouvrage paru en 2012 [2], soupçonné de consommer des médicaments énergisants ou des calmants. Le candidat avait alors répliqué que son carburant, c'était le chocolat. Point à la ligne.

On a décroché notre téléphone et appelé sa conseillère presse. Sa réponse : « Il a toujours souffert de violentes migraines. Il a donc essayé plusieurs traitements, et toujours dans la légalité ! Il est très attentif à sa santé. » Sans compter le sport. « Quelques heures avant son débat télé face à Hollande, en 2012, il courait encore dans les jardins de l'Élysée. »

2 – Denis Demonpion, Laurent Léger, *Le dernier tabou. Révélations sur la santé des présidents*, Pygmalion, 2012.

Nicolas Sarkozy au parc Monceau. Paris, novembre 2012.

Photo d'Abaca Presse. ©ABACA

Ah, le sport ! Le corps sain, l'esprit sain... le message électoral souligné au marqueur. Surtout à droite, allez savoir pourquoi. En 2017, en pleine bataille électorale, François Fillon assumait de pratiquer le ski, la course à pied et le vélo. À ceux qui se demandaient comment, en pareille circonstance, il réussissait à caser des réunions de travail, le candidat des Républicains répliquait que l'activité physique lui permettait de « calmer [ses] nerfs ».
En 2022, Valérie Pécresse semble elle aussi se démultiplier sur le front sportif. Pilates, boxe, marche, yoga, natation. « Pour un candidat, le corps est un outil », résume celle qui sait pouvoir compter sur son petit ange gardien : sa porte-parole et amie Florence Portelli. « Dans les déplacements en voiture, je cède parfois ma place pour qu'elle s'allonge et fasse des micro-siestes. J'isole aussi des moments dans l'agenda, afin qu'elle souffle. Mais dès qu'il y a une case vide, Valérie gueule : "Pourquoi vous m'avez mis un trou, là ?" Elle culpabilise de ne pas travailler. »

La déprime post-élection, une saleté

Condition physique, mental d'acier, craquages contrôlés. Mais quand surgit la ligne d'arrivée, la mécanique se grippe. Beaucoup s'écroulent. Peu l'avouent. Parlez-en à Christiane Taubira. En 2002, cette dernière développe otites et angines. Une jambe bloquée. Ainsi que son premier lumbago. « Pendant cinq ou six mois, j'ai dormi deux heures par nuit. Le corps résiste, puis il flanche. On va jusqu'au bout, et on meurt après [3]. »

Marie-George Buffet, candidate en 2007 pour le Parti communiste, se rappelle la dernière ligne droite. « Vous rentrez à la maison à 2 heures du matin après un meeting, toute la famille dort, vous êtes comme une idiote assise dans la cuisine. Et vous ruminez. Les sondages sont mauvais, l'échec se profile. » 20 heures, les résultats, le couteau dans le ventre. « Les militants vous attendent en bas du QG. Il faut leur dire quelque chose, mais quoi ? Ne surtout pas apparaître terrassée. Alors je m'exclame : "On continue !" Le lendemain, vous comprenez l'ampleur du désastre. » Le corps de la candidate lâche. « J'avais mal partout, j'avais besoin d'aide. Je n'étais pas bien dans ma peau. » Elle habite au quatrième étage d'un immeuble en banlieue parisienne. Impossible de mettre un pied sur le balcon. « J'ai découvert la peur du vide à l'issue de la présidentielle. »
Elle, fille de garagiste, achète dès le lundi matin une voiture. Parce qu'elle croit que sa carrière politique est terminée, que son véhicule de fonction va être cédé à un autre. C'est finalement le contraire qui se passe. Buffet reste patronne du PCF. Elle prend quelques jours de vacances avec ses petits-enfants en Bretagne. L'été venu, elle court les fêtes fédérales. « Tout le monde prenait soin de moi comme si j'étais une grande blessée. »

Lui dit avoir chuté, seul. En 2017, Benoît Hamon porte les couleurs du Parti socialiste et avoue souffrir à l'intérieur comme à l'extérieur. « Je prenais un petit verre de vin blanc pour me donner un coup de fouet avant les meetings. » Dix mois de campagne. D'abord la primaire à gauche. Puis la présidentielle. « Non, pas un marathon, mais une succession de 400 mètres. » En mars, le chemin de croix vire

3 – Citée dans le documentaire *Moi, candidat* (2017).

au supplice. Il y a ce déplacement aux Antilles. La tombe d'Aimé Césaire à Fort-de-France. Le mémorial de l'esclavage à Pointe-à-Pitre. Puis, fissa, de retour à Paris, un meeting au Zénith afin de « relancer la campagne » qui patine dangereusement. Benoît Hamon est physiquement à bout, mais impossible de se poser, même quelques heures, il doit enchaîner avec un débat télé sur TF1, en prime time. Face à Macron, Le Pen, Mélenchon et Fillon. « Je suis alors si fatigué que je n'ai même pas le temps de bosser convenablement cette étape pourtant importante. À un moment, en plein direct, je me surprends à écouter mes concurrents dérouler leurs argumentaires comme si j'étais un simple spectateur. Je comprends alors que ça ne va plus du tout. » Le soir du premier tour, le candidat ne dépasse pas les 6 %. « Une claque historique. J'assume. » Il s'endort. Pour la première fois depuis des mois, il ne met pas son réveil. Son téléphone est éteint. Le mardi ? « J'accompagne ma fille à l'école. Je souhaite affronter le regard des gens dans la rue, encaisser le coup maintenant, au risque sinon de m'effondrer davantage encore. » Il rallume son smartphone. Des dizaines de SMS. Des copains, des connaissances. Qui lui disent bravo, que le combat méritait d'être livré. Mais un détail le fracasse. « Pas un message, pas un SMS d'un élu socialiste ou d'un ministre. Rien. » Benoît Hamon a quitté la vie politique et dit avoir, aujourd'hui, du « respect » pour les candidats du scrutin 2022.

Un Poutou hors des clous

La présidentielle, cette machine à casser, il l'observe avec un œil plus amusé, plus détaché que ses concurrents. Philippe Poutou est, pour la troisième fois, le candidat du Nouveau Parti anticapitaliste (NPA). La politique, un métier ? Il est au chômage, après avoir été licencié de l'usine Ford de Blanquefort (Gironde). Éreintant, le rythme d'une présidentielle ? « Pendant des années j'ai fait les trois-huit ! Alors le réveil le matin pour se rendre dans une radio, ça pique moins que pour d'autres. » Paris, centre du monde ? Il continue de vivre à Bordeaux et profite d'un « bon plan logement » quand il met les pieds dans la capitale, plusieurs jours par mois, campagne électorale oblige. Le reste du temps, il parcourt les bassins industriels et organise des rencontres. La nuit venue, il pose ses valises non dans des hôtels mais chez l'habitant. Gratuitement. « Les camarades du NPA ouvrent leurs portes, et nous, on s'assure juste que le couchage est correct », décrypte Jean-Marc Bourquin, cinquante ans de militantisme et conseiller de Philippe Poutou. « À chaque déplacement ses spécialités locales. En Charente, il a évidemment le droit à un pineau. Certaines soirées finissent très tard ! Philippe est un peu crevé. C'est souvent à cause de lui, pas des militants. »

À la fin, c'est toujours la faute du candidat.

« Je ne prends rien, contrairement à d'autres. »

HANOUNA ÉLECTRISE LE DÉBAT

Dans la trame d'une élection « crazydentielle », l'animateur de C8, histrion du PAF des années 2000 puis phénomène de société, ambitionne désormais de s'imposer comme un acteur à part du journalisme politique. L'époque le sait, le sent : elle devra composer avec Cyril Hanouna.

PAR

Tugdual Denis

Dans un futur qui n'arrivera pas, Cyril Hanouna sonnera quai Voltaire, et déclinera son identité à un majordome. Il pénétrera ensuite dans le grand appartement parisien avec vue sur le Louvre appartenant à la riche famille libanaise Hariri. Il saluera avec déférence Bernadette puis, le cœur battant, s'assiéra à la table du grand Jacques. « C'était mon rêve, de vous rencontrer », entamera-t-il, aussi exalté que gêné, les yeux bloqués sur son assiette. À l'ancien président de la République, l'enfant des Lilas pourrait dérouler sur la pointe des pieds l'imaginaire politique familial. Un père, Ange, fou de Mitterrand, descendant dans la rue pour célébrer bruyamment l'avènement de 1981, sous les yeux interloqués mais ravis de son fils de 7 ans. Esther, sa mère, éprise de Giscard au point de donner Valéry comme deuxième prénom à son fils, deviendra ensuite une fan absolue de Nicolas Sarkozy. Puis l'élection d'Emmanuel Macron, qui met d'accord toute la tribu – une fratrie complétée d'une sœur prénommée Yaël. L'homme-orchestre de C8 repartira chamboulé du quai Voltaire. Déjà, devant sa télévision le 30 septembre 2019, regardant les cérémonies d'hommage à Chirac, il avait été totalement happé par l'émotion.

Place à Baba

Finies les nouilles dans le slip, Cyril Hanouna a grandi. Ou est redevenu ce qu'il était. Dans cette famille juive de la classe moyenne à l'aise, on a toujours parlé politique. Tous les vendredis soir pour shabbat, quel que soit le taux de notoriété ou l'actualité de leur unique fils, les Hanouna mangent ensemble des plats tunisiens et se resservent des avis des uns et des autres sur les dirigeants du moment. Chaban-Delmas a la classe, Philippe Séguin impressionne, Charles Pasqua fait rire. « Même André Lajoinie était drôle », songe l'animateur en évoquant le député communiste aujourd'hui âgé de 92 ans. On égrène alors le plateau actuel, qu'on estime plus pâle. Le joueur obsessionnel de padel – un dérivé du

« Certes, il est politiquement incorrect, mais des deux versants. Parfois c'est positif, parfois non. Parfois toxique. Parfois non. Il est hyper représentatif de l'époque : à la fois utile et dangereux. »

UN CONSEILLER ÉLYSÉEN

tennis –, renvoie fort la balle. « Ah non, là, le casting est bon. Il est même meilleur. Tu prends Macron, Marine Le Pen, Mélenchon... T'as Éric Zemmour ! Cette année, le casting est fou. Même Valérie Pécresse, on ne l'attendait pas là. Aujourd'hui, quand je parle de Koh-Lanta, tout le monde s'en fout. Tu sais, tu évolues. Moi, désormais, parler de *The Voice* pendant vingt-cinq minutes ça ne m'intéresse pas. Je m'en tape total. Peut-être que ça reviendra, bien sûr. C'est simple : à l'antenne, j'ai envie de parler des choses dont je parle dans la vie, avec mes potes ou ma famille. Les 15-24 ans sont à fond dans l'actu. Ils font des vannes de ouf et de très bonnes analyses. Je pense d'ailleurs qu'aujourd'hui les jeunes pourraient voter dès quinze ans. » Les jours précédant la rédaction de cet article, *Touche pas à mon poste !* évoquait le drapeau européen sous l'Arc de Triomphe ou la polémique lancée par le rappeur Gims qui, au nom de l'islam, a réclamé que l'on cesse de lui souhaiter bon anniversaire et bonne année. L'émission a enregistré son record historique dans cette séquence politique du lundi 3 janvier 2022, avec plus de 2 millions de téléspectateurs. Cyril Hanouna n'a pas changé de vie, la vie a changé pour lui. Toujours adulescent, avec ce langage non châtié, son orthographe douteuse, ses amitiés et inimitiés inclassables, et ses tenues parfois bariolées, avec la décoration street art des locaux de sa boîte de production, animateur d'une émission de télévision qui n'a pas changé de nom, locuteur des mots *rassrah* et *darka*, détenteur d'un rire aigu et d'idées arrondies, compagnon des mêmes copains d'enfance, il passe désormais plus de temps au téléphone avec des personnalités politiques qu'avec des stars de la téléréalité.

« Je prends la température, ça m'intéresse tellement. J'essaie de connaître les stratégies, ce qui va arriver dans les prochains mois. » Avec les équipes de Jean-Luc Mélenchon, il peaufine la préparation de son émission, Face à Baba, du 27 janvier. Avec celles de Zemmour, il débriefe celle du 16 décembre dernier. En ce début d'année 2022, il a appelé quelqu'un de chez Pécresse, qui finira par venir. Ils ont discuté notoriété (la candidate Les Républicains est quasi inexistante dans le public de Hanouna) et coups médiatiques. Pourquoi ne pas aller chez Difool, sur Skyrock, par exemple ? Aller chercher les jeunes. On rétorque : si c'est pour dire « Yo les amis » et paraître insincère...

Il se redresse. Hanouna, son principal radar, et ce qu'il traque, ce n'est pas que ça sonne haut, mais prioritairement que cela ne sonne pas faux. « Pourquoi les gens ont aimé Édouard Philippe ? interroge-t-il. Car il est le seul homme politique à avoir dit : "Je ne sais pas." À un moment, les gens préfèrent entendre ça plutôt qu'on leur raconte des conneries. C'est passé direct. Il n'était plus un homme politique, mais un mec comme nous. » Le but ultime de Cyril Hanouna, dans la vie, c'est de recevoir des personnalités politiques qui parleraient à la télé comme elles lui parlent en privé. « Je leur dis pendant nos coups de fil : "Vous savez, je vais en parler sur le plateau, de ce qu'on se dit, là, au téléphone." Ce n'est pas la peine de me raconter des cracs à l'antenne. » Il complète : « Les politiques qui viennent chez moi, ils savent qu'ils doivent donner autre chose. L'émission de France 2 est très bien faite. Mais là, c'est autre chose. Léa Salamé et moi, on est complémentaires. S'il n'y avait pas Salamé, mes émissions seraient beaucoup plus chiantes. » Il faut citer là l'étonnamment réaliste BD de Philippe Moreau-Chevrolet[1], qui a enquêté durant des mois pour que son personnage de Hanouna, mangeant des bonbons et inondant les gens de SMS, soit aussi vrai que celui de l'improbable réalité. Dans la BD, le personnage principal dit, avant de réaliser une interview d'Emmanuel Macron : « Si je fais du Delahousse, les gens vont me défoncer et ils auront raison. Les gens sont même pas en colère, ils sont fous. »

1 – Philippe Moreau-Chevrolet, *Le Président*, Les Arènes, 2020.
2 – Sigle courant désignant *Touche pas à mon poste !*
3 – Cyril Hanouna (avec Christophe Barbier), *Ce que m'ont dit les Français*, Fayard, 2021.

Peu à peu, dans le monde politique, le verrou C8 saute. D'abord réticente, Marine Le Pen a pris la décision au début de l'année 2022 de ne plus dire non. Pécresse viendra sûrement, son directeur de la communication Geoffroy Didier milite pour. L'écolo Yannick Jadot sera aussi de la partie. Le conseiller en communication d'Emmanuel Macron maintient, lui, le suspens : « Je ne sais pas... Pour un candidat en manque de notoriété, ce serait un bon passage. Mais ce n'est pas notre cas. » En janvier, après un passage à *TPMP*[2], Manuel Valls avait pourtant prévenu : « Il faut que tous les hommes politiques viennent ici. Le public est proche. C'est une arène. »

L'art du spectacle

Dans la vraie vie, Cyril Hanouna se lève tôt. Son assistant et conseiller Loïc Flandrin lui a préparé une revue de presse envoyée dans sa boîte mail, composée de PDF d'articles le concernant, mais surtout touchant à un certain nombre de sujets d'actualité, qui, ce salarié de la société H2O le sait, vont intéresser son patron. Lequel retiendra tout. Hanouna, qui revendique l'hypermnésie, n'enregistre pas les contacts dans son téléphone et connaît par cœur les numéros de ses principaux interlocuteurs. Les notes fournies par l'équipe resserrée de collaborateurs ne font jamais plus d'une page, mais les fiches sont nombreuses. « Je lis une fois un truc, c'est fini, je l'ai dans la tête. »

Les réseaux sociaux renseignent l'animateur à la fois sur l'actualité et sur les tendances. Parmi ses 2 millions de *followers*, dont certains ont son 06, nombreux sont ceux qui lui font remonter ce qu'ils ont envie de le voir traiter. L'ancien directeur de *L'Express* Christophe Barbier a écrit avec lui Ce que m'ont dit les Français[3]. Il a suivi de près la mue plus politique de son coauteur et décrypte sa connexion aux moindres signaux faibles du pays. « Il a monté un processus de rabattage : son équipe suit une foultitude des comptes Twitter. Et ce système lui permet de repérer des sujets dont beaucoup de petits comptes parlent. Il plonge en quelque sorte dans le "*deep tweet*", c'est son secret de fabrique. »

À 9 heures du matin, Cyril Hanouna fait un premier point avec l'équipe pour qu'ils se mettent d'accord sur les sujets du jour. À 11 heures, nouvelle réunion. 15 heures, pareil. Et c'est ainsi qu'il peut changer le conducteur de son émission jusqu'au dernier moment, y compris une fois en plateau.

Cyril Hanouna lors de l'hommage national à l'acteur Jean-Paul Belmondo à l'hôtel des Invalides. Paris, septembre 2021.

Photo de Jacques Witt.
© Jacques Witt / SIPA

« Dans *Balance ton post*!, il y a à la fois plus de gens expérimentés, mais aussi plus de fachos. Cette année, globalement, la conversation qui a lieu est celle qui arrange l'extrême droite. Bien que Cyril lui-même ait toujours eu un discours antiraciste. Je dis juste : attention à ce que C8 ne devienne pas CNews. »

RAQUEL GARRIDO

Les émissions politiques, ou avec des politiques, sont construites plus en amont. Valentin Msika, initialement rédacteur en chef de l'émission *Balance ton post* !, est particulièrement sollicité. Il est décrit en interne comme ni de droite ni de gauche, et surtout, « pas snob ». Tout comme un autre de ses collègues, Théo Macel. Jean-François Lancelier, un ancien dirigeant de TF1, aiguille aussi Hanouna, qui assure souvent prendre en compte ses remarques. Ainsi que celles de Lionel Stan, le directeur général de H2O. Seul membre ou presque de l'entourage à porter un costume et une cravate, c'est lui qui gère la relation avec les stratèges des différents partis politiques. « On le laisse appeler les gens pour qu'ils n'aient pas l'impression qu'on est des barges », se marre son chef.

Lors de l'émission *Face à Baba* avec Éric Zemmour, à la fin de l'année 2021, Hanouna paraît bien moins agité que certains intervenants du plateau. Il ponctue parfois un échange en précisant un chiffre, rappelle une citation évoquée par l'un ou l'autre en en donnant le contenu exact. Les politiques ont chez lui toujours été mieux traités que les autres invités. Des discussions ont lieu en amont pour une partie des thèmes abordés, et il peut même concéder à Jean-Luc Mélenchon une exfiltration, comme lorsque Éric Naulleau n'avait pas pu être présent en plateau lors d'une émission. Il lui est arrivé d'inviter des ministres peu connus, assuré de ne pas faire une bonne audience, mais prêt à envoyer un signal aux milieux politique et médiatique. La politique l'excite au moins autant qu'elle l'intéresse : « Il en regarde les personnages comme ceux d'une série Netflix, observe Geoffroy Lejeune, directeur de la rédaction de *Valeurs actuelles* et chroniqueur dans *Balance ton post !*. Cyril, c'est le gars capable de dire – il y a quelques mois : "Si Xavier Bertrand et Édouard Philippe faisaient alliance, ils seraient trop forts." »

Après avoir longtemps été accusé de ne rien penser, Cyril Hanouna se voit désormais reprocher de trop se positionner. « Le Hanouna qui se prend au sérieux nous intéresse moins, glisse par exemple un collaborateur d'Emmanuel Macron. Avant, il avait une vista sur les signaux faibles comme la précarité alimentaire, les violences faites aux femmes. Aujourd'hui, c'est moins spontané. Certes, il est politiquement incorrect, mais des deux versants. Parfois c'est positif, parfois non. Parfois toxique. Parfois

non. Il est hyper représentatif de l'époque : à la fois utile et dangereux. »
Un conseiller confie avoir trouvé le livre écrit avec Christophe Barbier pas terrible, un autre assure que l'invitation des voyous lyonnais, les « Dalton », a rendu furieux le ministre de l'Intérieur Gérald Darmanin. Même ton au cabinet de Brigitte Macron : « On note que l'émission versait plus dans le divertissement avant. Que Cyril Hanouna fait du spectacle avec tout. Y compris la politique. Et qu'il ne cherche pas tant le dialogue que de mettre en scène des gens irréconciliables. »

Voilà la ligne de fracture la plus saillante entre ceux qui ne l'aiment pas et ceux qui le défendent. La sociétalisation de Hanouna s'est cristallisée au moment des Gilets jaunes. Son émission les reçoit, les écoute, et offre donc une tribune à ce public qui fait bien souvent partie des téléspectateurs. L'Insoumise Raquel Garrido, qui n'est pas encore chroniqueuse, tweetera un soir devant ces scènes : « Voilà ce que c'est, une émission de service public. » *TPMP*, émission initialement consacrée aux médias, devenue talk-show généraliste, se mue au fil des ans en émission de société. Or, comme le relève Geoffroy Lejeune : « Le prolongement naturel d'une question de société, c'est sa réponse politique. D'où le glissement de ses émissions. »

Le fantasme de la convergence

La télé de Hanouna, c'est celle de gens qui, dans le petit écran, ne se reconnaissent pas. Banlieues et petits Blancs déclassés de la France périphérique se pressent chez eux, avant le dîner, pour le regarder. Pour comprendre le phénomène, il faut réaliser que son audimat n'est pas interchangeable. Les soirs où il n'est pas à l'antenne, son audience s'évapore des statistiques. On ne reporte pas du Hanouna. Il y a ces jours-là tout simplement moins de Français devant la télévision.
En lisant son livre écrit avec Christophe Barbier, on comprend à quel point Cyril Hanouna insiste pour imposer une vision réconciliatrice. Avec tout ce que cela comporte de candeur et d'utopie, bien sûr. L'animateur met autour de sa table les tapageurs Jean Messiha, ex-membre du Rassemblement national, et Yassine Belattar, humoriste qui se veut le porte-parole des banlieues, tout en espérant qu'un jour les deux hommes prennent plaisir à dîner ensemble. « Il est obsédé par la grande convergence, pose Christophe Barbier. Cyril pense qu'un dîner entre Hitler et des juifs peut accoucher de quelque chose de positif. Et que, dans un autre registre, la confrontation des extrêmes les dé-extrémise. »
À ce tropisme réunioniste, il faut ajouter le mot d'ordre de l'anticonformisme. Hanouna rosit en septembre quand il fait la une de *Télérama* mais se délecte habituellement tout autant de ne pas faire partie du clan : celui des journalistes favoris ou de l'étude des sujets admis. « Il en a rien à foutre du regard du petit milieu, jure Geoffroy Lejeune. Contrairement à d'autres animateurs télé, il n'a pas de problème avec le réel. Y compris quand le réel est d'extrême droite. » Un positionnement qui alerte la mélenchoniste Garrido : « Dans *Balance ton post !*, il y a à la fois plus de gens expérimentés, mais aussi plus de fachos. Cette année, globalement, la conversation qui a lieu est celle qui arrange l'extrême droite. Bien que Cyril lui-même ait toujours eu un discours antiraciste. Je dis juste : attention à ce que C8 ne devienne pas CNews. »
Invité à réagir aux propos cités plus haut, Cyril Hanouna ne semble pas surpris. « Je le sens, qu'ils disent ça, les conseillers de l'Élysée. Mais ils se trompent. Il faut écouter tout le monde. Insulter un électeur d'extrême droite ? Qu'est-ce qu'on sait de sa vie ? Pareil pour un électeur d'extrême gauche. Si tu commences à cornériser les gens, à ne pas leur donner la parole, ça va être une catastrophe. »
La relation entre la star de C8 et Emmanuel Macron fait l'objet de deux types de falsifications. L'une de la part de ceux qui minimisent absolument le rapport entre les deux hommes, afin de faire accroire l'impossibilité d'une compatibilité entre deux cerveaux aussi distincts. L'autre de la part de ceux qui exagèrent le lien, afin de nourrir le scénario d'une trop grande influence d'un animateur proche de Vincent Bolloré[4], avec lequel l'Élysée jouerait à l'apprenti sorcier.
Les deux quadragénaires se sont vus une seule fois en vrai, à la remise de la Légion d'honneur à Jean-Pierre Elkabbach en 2015 par le président de l'époque, François Hollande.

Cyril Hanouna pour la 500e émission des *Pieds dans le plat* au théâtre Comédia. Paris, février 2019.

Photo de Nasser Berzane.

4 – La chaîne C8 appartient au groupe Canal+, lui-même propriété de Vincent Bolloré *via* le groupe Vivendi. Note de l'éditeur : les Éditions Robert Laffont appartiennent à Éditis, également propriété du groupe Vivendi.

Cyril Hanouna et Nicolas Sarkozy au Parc des Princes. Paris, septembre 2021.

Photo de Nicolas Messyasz. © Nicolas Messyasz / SIPA

Emmanuel Macron est intervenu une seule fois dans l'émission : par téléphone, pour souhaiter bon anniversaire lors de la 1 000e de *TPMP*. Depuis : des échanges téléphoniques, par SMS. « Franchement, quand j'ai besoin de lui demander un truc, il me répond, remercie Hanouna. Il n'a jamais été hautain avec moi. On continue d'échanger. Mais aujourd'hui, j'échange avec tout le monde. » Et avec Brigitte Macron, dont le cabinet précise que le dernier SMS remonte à 2017 ? « Je l'ai moins souvent au téléphone maintenant, mais je l'aime beaucoup. Avec elle, c'est plus affectif. Je la trouve très sincère. On parle théâtre. »

L'enfant des Lilas et le milliardaire breton

L'Élysée méprise-t-il Cyril Hanouna ? C'est beaucoup plus compliqué que cela. Parce que Cyril Hanouna permet à La République en marche, un parti avec très peu d'élus locaux, de toucher un public rural, parce que même la froide ministre Élisabeth Borne parvient à faire passer de l'émotion en y allant, parce que *TPMP* raconte autre chose de la France que *C à vous* ou *Quotidien*, parce qu'Emmanuel Macron accorde des feux verts aux ministres invités chez Hanouna, et parce que le président de la République a besoin de capteurs et de gens « qui ne lui disent pas la messe », image Clément Léonarduzzi, l'un des principaux conseillers de l'Élysée. Son collègue de palais, Bruno Roger-Petit, a même été un éphémère chroniqueur de *Touche pas à mon poste !*. Proche de Brigitte Macron et désormais en charge du sujet « mémoriel » à l'Élysée, « BRP » rabroue certains protagonistes de la Macronie : « Le sujet n'est pas de cracher sur Hanouna par principe, mais de savoir pourquoi il attire à lui des gens que la politique n'attire plus. Il est l'objet d'un rejet qui s'accompagne du refus de comprendre les raisons du succès. Comme pour CNews. »
Il s'agit pour l'entourage d'Emmanuel Macron de dépassionner le dossier Bolloré. On aimerait y faire mentir la littérature parfois complotiste consacrée au sujet, qui voudrait qu'une guerre nucléaire se soit installée. « Entre Emmanuel Macron et Vincent Bolloré, ce n'est peut-être pas très fluide, mais ce n'est pas obsessionnel », dédramatise Clément Léonarduzzi.

Ce qui n'empêche pas l'Élysée, comme tout le monde, de chercher à comprendre le lien singulier qui unit le milliardaire breton et catholique à l'indiscipliné enfant des Lilas. Rue du Faubourg-Saint-Honoré, on a bien compris que Hanouna faisait partie des « chouchous », ou pouvait « servir de caution de gauche ». Bruno Roger-Petit, lui, croit surtout deviner que « Bolloré mise sur Hanouna d'abord parce que cela enquiquine les bien-pensants ». Il faut adjoindre à ces raisonnements une relation empreinte de paternalisme entre le patron et le trublion, lequel a par ailleurs pour meilleur ami Yannick Bolloré, l'un des fils de Vincent, président du conseil de surveillance de Vivendi. Ceux qui toisent Hanouna susurrent que le grand manitou n'a pas spécialement goûté le livre écrit avec Barbier ou le glissement de ses programmes sur C8 en émissions politiques, mais ceux qui défendent « Cyril » rappellent que « VB » a surtout toujours eu peur que son protégé s'abîme. Ce que confirme l'intéressé : « Vincent pense toujours à moi, il ne veut pas que des choses négatives me retombent dessus. Mais si je lui dis : "Cette émission de politique, je la sens bien, ça va bien se passer pour moi", il me laisse faire. Il pense que je dois être l'un de ceux qui œuvrent à réconcilier la société. Il me répète : "Tu n'as pas de préjugés. Tu n'es pas là pour embêter les gens, au contraire. Tout le monde doit savoir à quel point Hanouna est un mec sympa !" Et il me laisse ainsi une liberté totale. C'est un truc de fou. Je le jure : il ne m'a jamais mis la pression pour un sujet ou pour recevoir quelqu'un ; ni sur Zemmour, comme j'ai pu le lire, ni sur personne. Vincent, c'est ma famille. On se dit tout. On est très, très proches. Dans mes pires moments, il ne m'a jamais lâché. Heureusement que je l'ai. Dès que je l'appelle, il me rappelle tout de suite. Dès que j'ai un problème, c'est lui que j'appelle. Il me trouve toujours une solution. »

Nouvelle mythologie

Direction le 6e arrondissement de Paris, près du jardin du Luxembourg. Alain Duhamel reçoit dans son appartement, où les livres, les revues et les journaux du jour empiètent sur une décoration bourgeoise et calme. Le dépositaire du journalisme politique français observe cette ébullition médiatique et politique avec intérêt,

détachement aussi, puisqu'il ne travaille pas pour Vincent Bolloré, et la raison qui le caractérise. « L'obsession de Vincent Bolloré, c'est la dislocation de la spécificité française. Cyril Hanouna ne correspond pas à ses ressorts traditionalistes, mais il contribue dans le même temps à sa stratégie, puisqu'il fait surgir les incohérences et les insuffisances de notre société. En résumé, Bolloré est un défenseur, Hanouna un démineur. » On ne s'étonne plus que les sages du journalisme se passionnent pour le personnage principal de cet article. Le choix de Christophe Barbier d'accepter de faire un livre avec lui constituait déjà un signal fort. Le fait qu'il ajoute pour nous que « si Cyril Hanouna est possible, économiquement, juridiquement, politiquement, c'est parce que la société en a besoin » renforce cette conviction.
L'analyse minutieuse d'Alain Duhamel la confirmera définitivement. « Roland Barthes aurait sans problème écrit trois pages formidables sur le phénomène Hanouna. J'ai vu le passage de la communication interdite à celle imposée. On glisse vers une présidentielle plébiscitaire : moins parlementaire, moins censitaire. Et Cyril Hanouna est une forme de point d'arrivée de tout ça. »
Quand nous avons envoyé par SMS à Éric Zemmour la même question que nous avions soumise aux autres candidats – Cyril Hanouna est-il le symptôme d'une société liquide ou la résultante d'un talent ayant su, plus que les journalistes politiques classiques, se réinventer ? » –, il a envoyé cette réponse : « J'ai envie de répondre qu'il est les deux la fois. »
« Les canaux classiques sont trop élitistes, trop suivistes, ou trop prévisibles, sermonne Alain Duhamel. Hanouna parvient à sortir de cette mécanique-là. »

Cyril Hanouna ne sort pas le soir et fuit tout bain de foule le jour. Ultime paradoxe pour cet être craintif du virus, agoraphobe, « hypocondriaque sociétal » selon la formule de Barbier, concentré sur son cocon familial et amical, que d'être devenu l'homme au centre de tous les regards ; éberlués. ■

« L'obsession de Vincent Bolloré, c'est la dislocation de la spécificité française. Cyril Hanouna ne correspond pas à ses ressorts traditionalistes, mais il contribue dans le même temps à sa stratégie, puisqu'il fait surgir les incohérences et les insuffisances de notre société. »

ALAIN DUHAMEL

Plongez dans les coulisses de la présidentielle

ACTE 1
Parution
novembre 2021

ACTE 2
Parution
février 2022

ACTE 3
Parution
mars 2022

ACTE 4
Parution
juin 2022

Une revue éditée par les Éditions Robert Laffont

Rédactrice en chef
Sophie Charnavel

Secrétariat de rédaction et coordination graphique
Revue Zola

Design et direction artistique
Studio Voiture 14

Illustration de couverture
Guillaume Bullat

Diffusion
Diffusion librairie : Editis / Interforum
Diffusion presse : Prisma Media / MLP

Imprimeur
Maury Imprimeur

Photogravure
Apex Graphic

N° d'édition : 63433/01

Dépôt légal : février 2022.